FARBENPRÄCHTIGE VERWANDLUNGEN

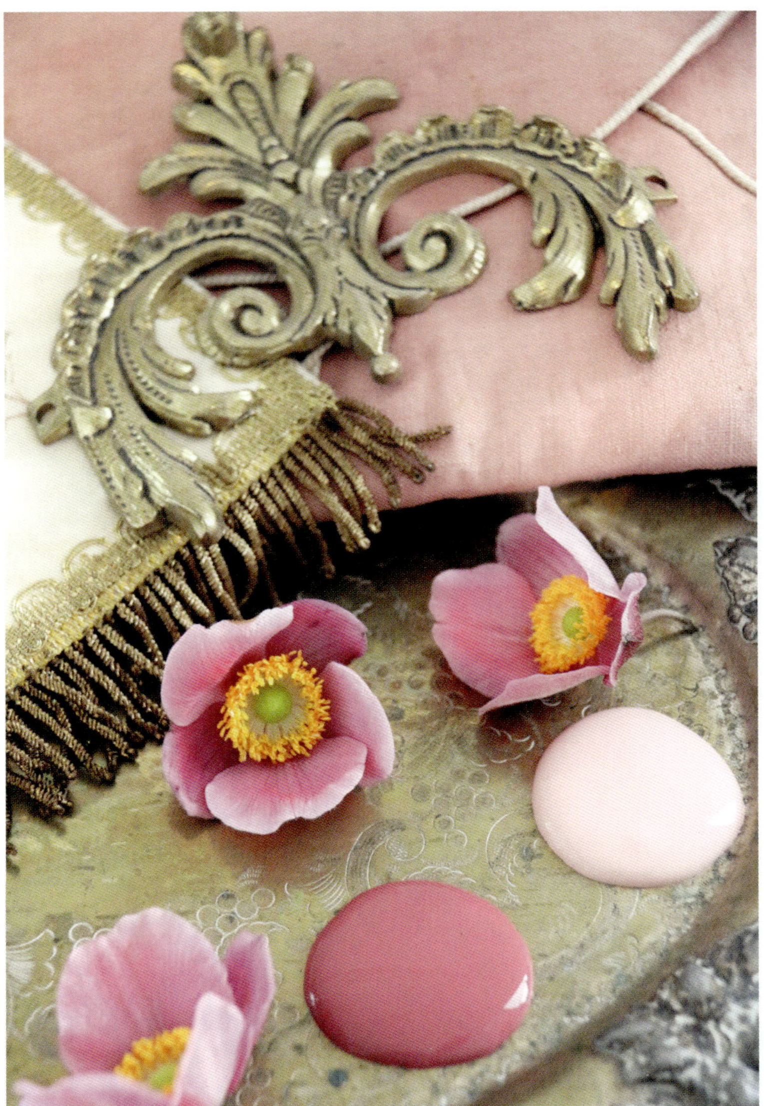

Jeanne d'Arc Living

Vivian Christensen
Lonnie Würtz Jensen

www.jeannedarcliving.dk

GRAFISCHE BEARBEITUNG:
Helle Routhe & Lonnie Würtz Jensen

FOTO:
Rikke Daugaard Thiel & Lonnie Würtz Jensen

ÜBERSETZUNG:
Ins Deutsche, Englische, Niederländische, Schwedische und Finnische:
www.wordtoword.dk

Ins Italienische: Stile Nord Design

1. Auflage 2016

ISBN 978-87-92843-54-8

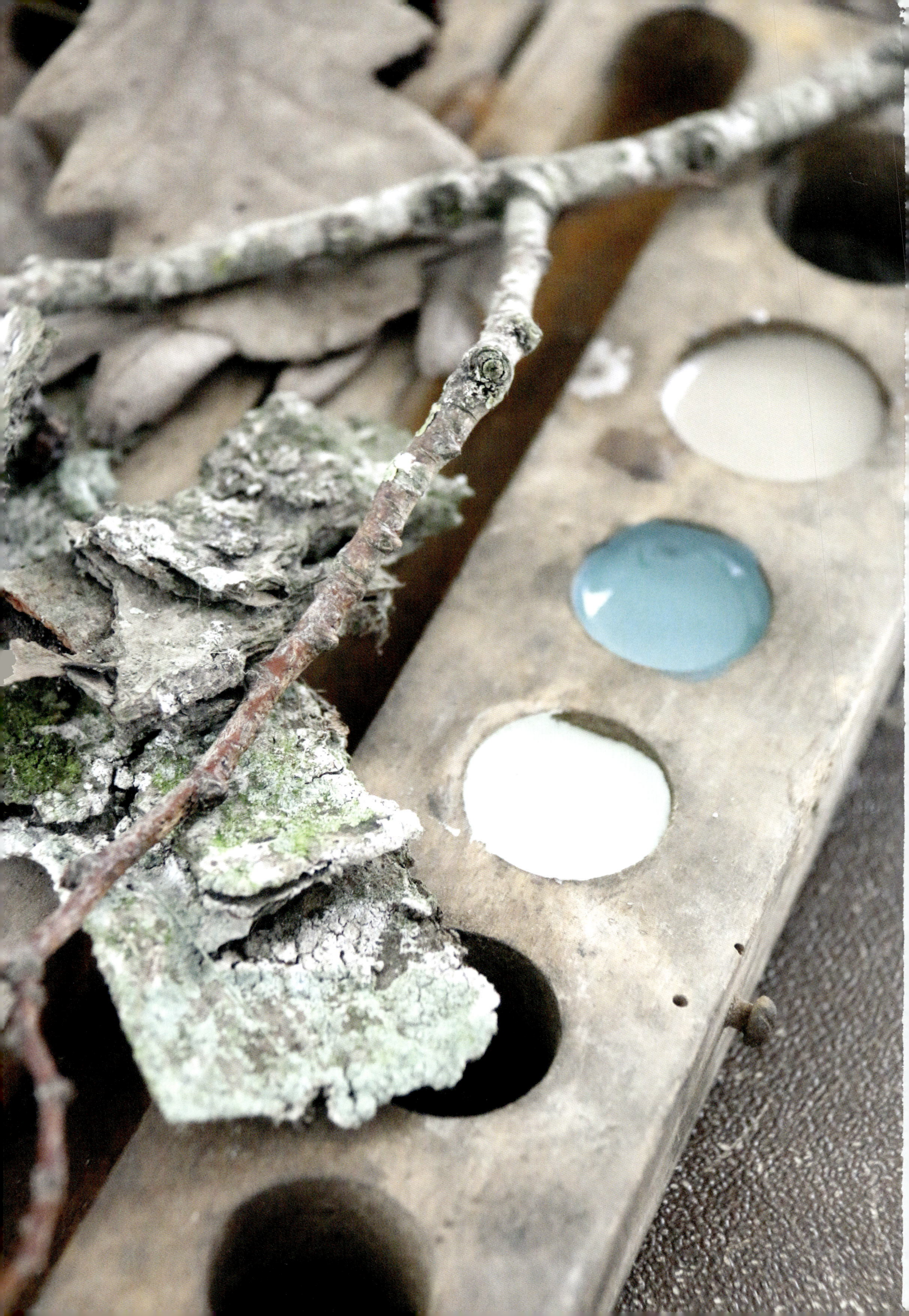

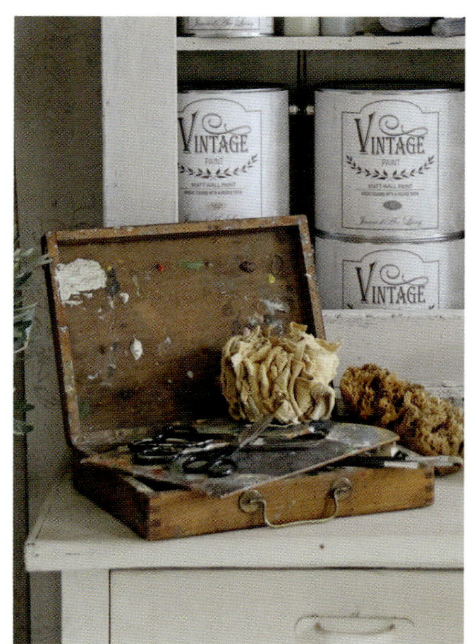

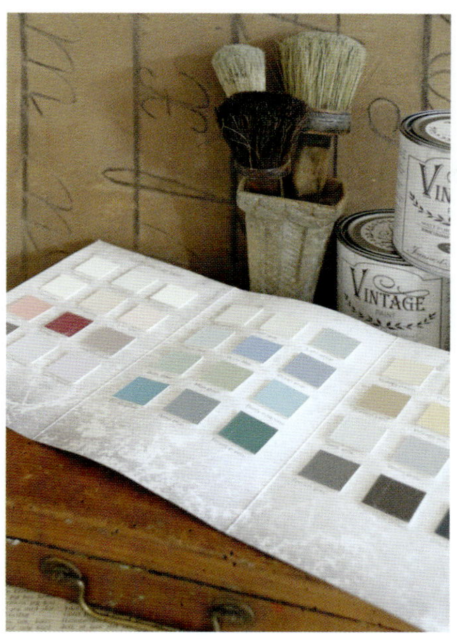

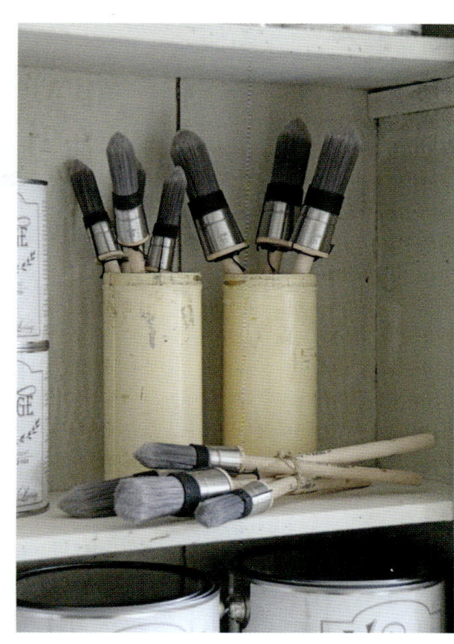

LIEBE LESERIN, LIEBER LESER,

Wir waren ganz überwältigt von den Reaktionen auf unser erstes Farbenbuch „Vintage Paint. Fantastische Verwandlungen", das im letzten Jahr erschienen ist. Seit damals ist unser Sortiment um weitere Farben angewachsen. Vor allen Dingen sind wir aber vom Farbfieber erfasst worden, konnten viele Erfahrungen mit Vintage Paint sammeln und haben einige neue Anwendungsgebiete und Techniken entwickelt. Es versteht sich von selbst, dass wir diese natürlich gerne mit Ihnen teilen wollen. Wir gehen dabei nach Farbthemen vor. Wie Sie vielleicht spüren werden, sind wir auch nach hunderten von Malerprojekten immer noch von der Magie dieser Vintage-Farben erfasst und sind Mal für Mal begeistert, wie einfach die Arbeit mit ihnen fällt. Eine Neuigkeit in unserem Sortiment sind drei Basisfarben, die es Ihnen ermöglichen, nach Lust und Laune eigene Farbtöne zu mischen. Wir entwickelten diese Farben, nachdem Farbenhändler und Malerbetriebe diesen Wunsch wieder und wieder an uns herangetragen haben. Wir müssen allerdings zugeben, dass wir mittlerweile selbst vom Farbenmischen begeistert sind, zumal sich gezeigt hat, wie einfach das geht und wie wenig Vorwissen dafür benötigt wird. Was man zum eigenen Anmischen von Farben an Kenntnissen benötigt, werden wir natürlich auch auf den kommenden Seiten mit Ihnen teilen. Und noch eine Reihe anderer Fakten, die zu kennen von Vorteil ist. Unter anderem weihen wir Sie in die Inhaltsstoffe unserer Farben ein und zeigen Ihnen, wie Sie diese und die anderen Produkte aus unserem Sortiment verwenden können. Diese grundlegenden Informationen haben wir für Sie auf den einleitenden Seiten zu diesem Buch zusammengefasst.

WIR WÜNSCHEN IHNEN VIEL SPASS BEI IHREN MALERPROJEKTEN!

Lonnie und Vivian

INHALT

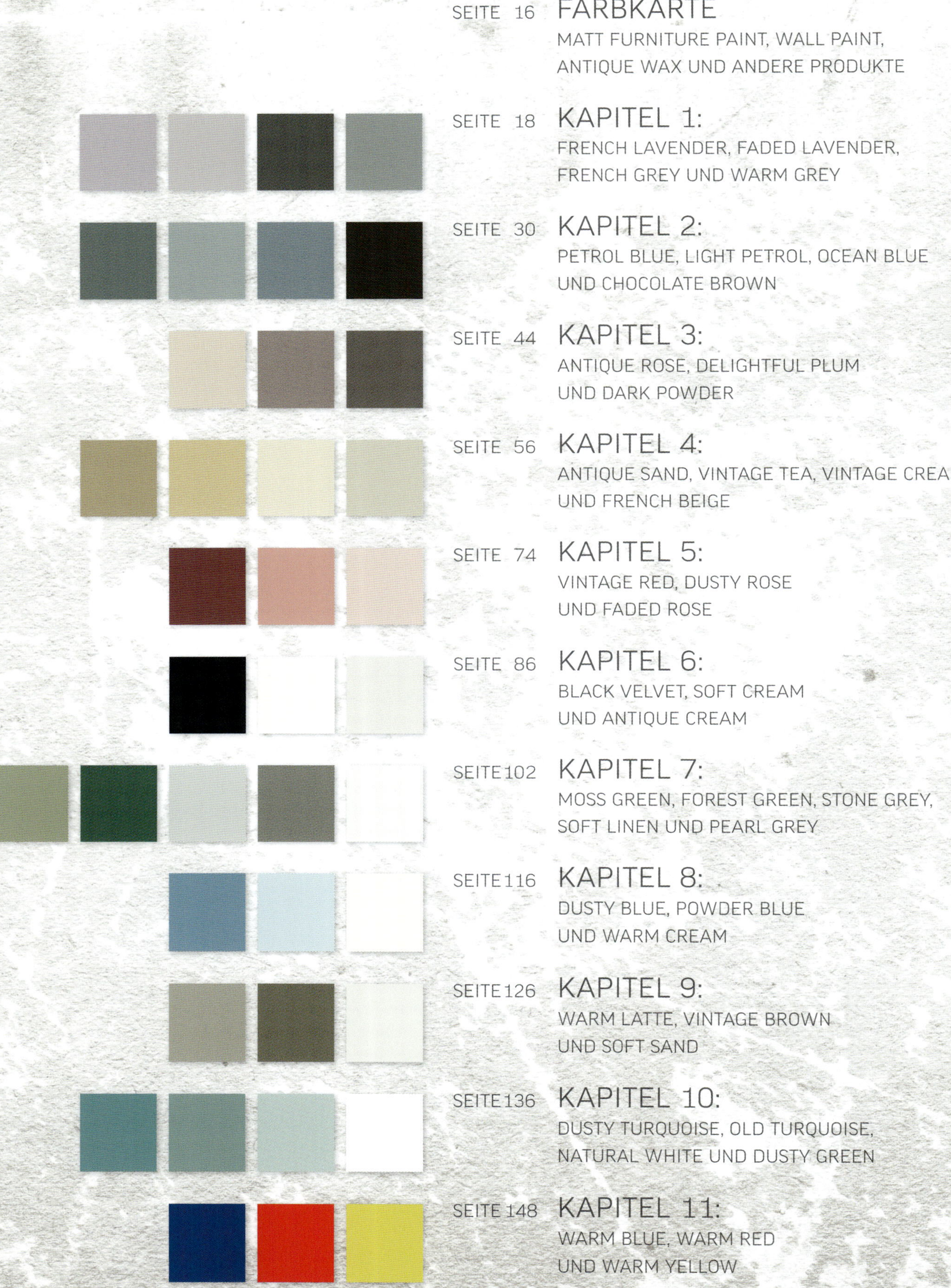

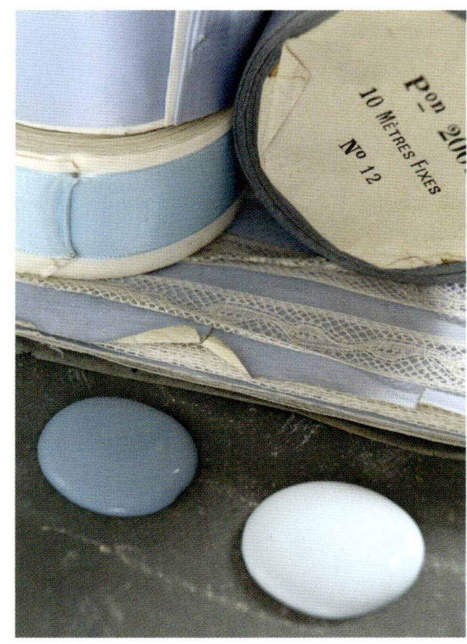

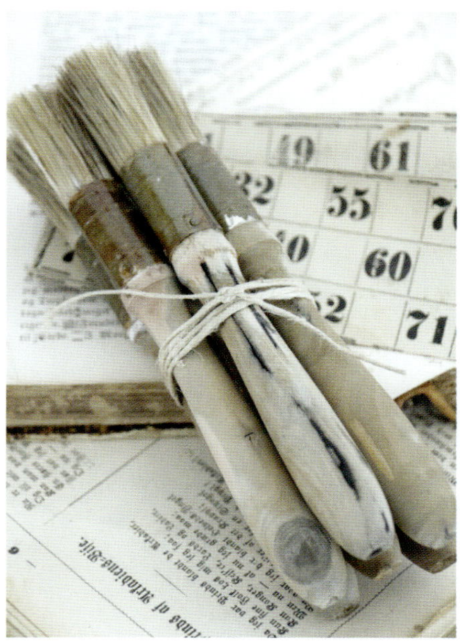

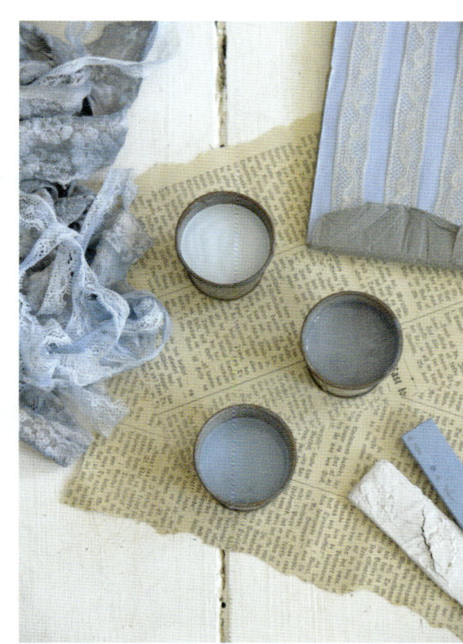

LOS GEHT'S!

FAKTEN

Unsere Farben werden nach alten Rezepten hergestellt und enthalten ausschließlich natürliche Inhaltsstoffe. Die Farbe wird auf Wasserbasis hergestellt und ist geruchsfrei. Sie besteht vorwiegend aus Wasser, Kreide, Bindemittel und Farbpigmenten. Auf giftige Zusatzstoffe wird komplett verzichtet. Daher ist die Farbe auch zum Streichen von Kindermöbeln geeignet, frei von Allergenen und erfüllt die Spielzeugsicherheitsnorm NEN EN 71-3. Die Palette umfasst 36 schöne Farbtöne, die optimal auf den French-Nordic Style abgestimmt sind. Hinzu kommen drei Basisfarben. Die Farbe ist extrem matt und erlangt genau jene natürliche, kalkartige Anmutung, die für viele alte Möbel so charakteristisch ist.

FARBWAHL

Wenn Sie im Zweifel sind, welche die richtige Farbe für Ihre Möbel ist, können wir empfehlen, zunächst einen kleinen Bereich an der Unter- oder Rückseite zu streichen. Hier finden Sie meist die gleiche Holzsorte vor wie an der Vorderseite und können sich daher ein gutes Bild davon machen, wie die Farbe auf dem spezifischen Untergrund wirkt. Bei dieser Gelegenheit können Sie die Farbe auch gleich mit unserem Antique Wax nachbehandeln, um herauszufinden, ob Ihnen der Effekt gefällt. Diese Technik ist auch bei Wänden anwendbar, obgleich Sie hier einen etwas größeren Probeabschnitt wählen sollten, um die Wirkung der Farbe in der Fläche bewerten zu können. Der Charakter einer Farbe kann sehr unterschiedlich sein, abhängig davon, ob man sie auf einem kleinen Fleck oder einer großen Fläche verwendet. Die kleinen Klötze auf unserer Farbkarte können daher in der Regel nur einen ersten Fingerzeig geben, auch wenn Sie hier eine farbgetreue Wiedergabe vorfinden. Ein wichtiger Tipp: Alle unsere Vertriebspartner verkaufen auch kleinere Farbdosen, die es Ihnen ermöglichen, auf kostengünstige Weise mehrere unserer Farben zu testen.

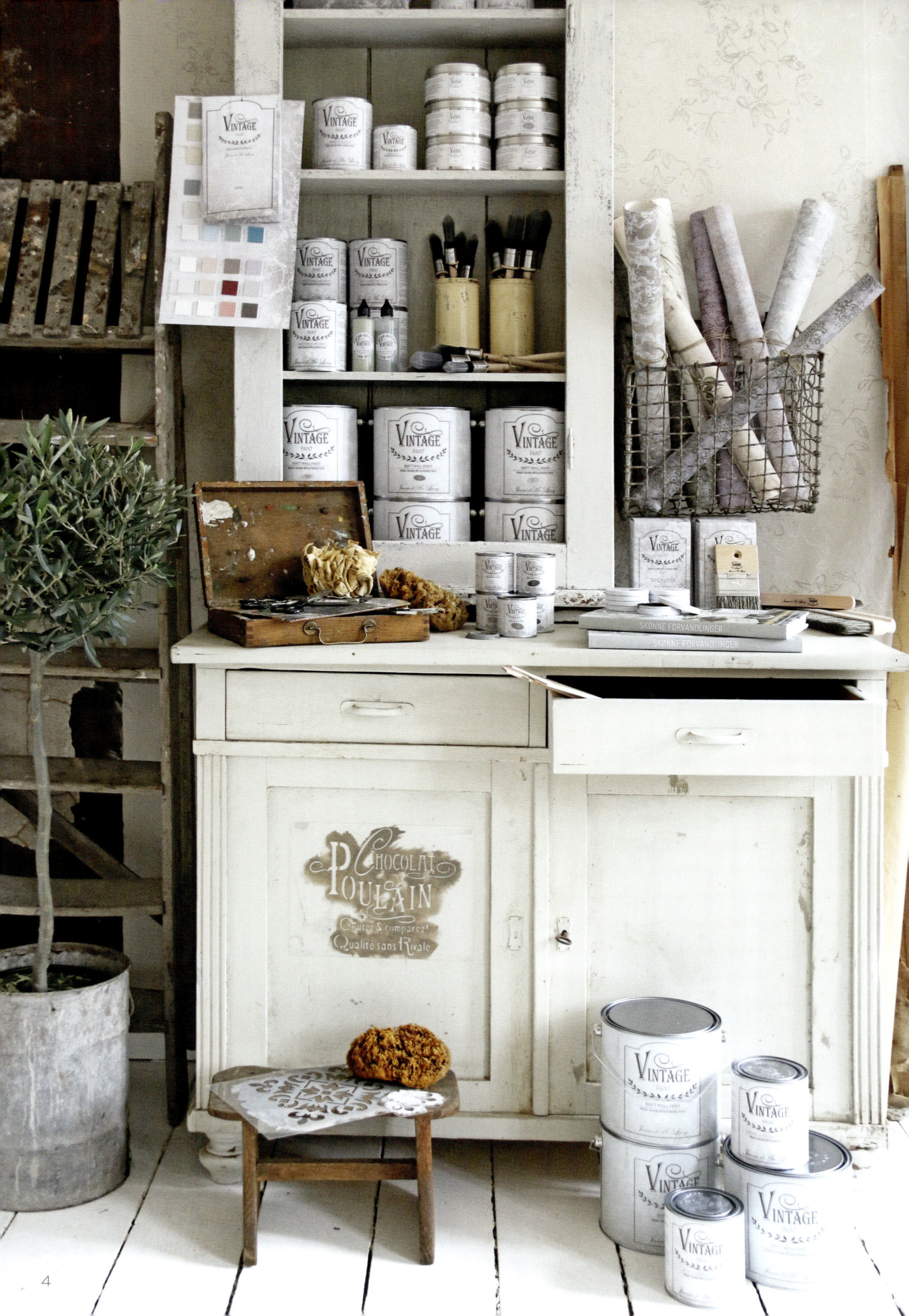

VINTAGE
SKØNNE FORVANDLINGER
SKØNNE FORVANDLINGER
CHOCOLAT POULAIN
Goûtez & comparez!
Qualité sans Rivale

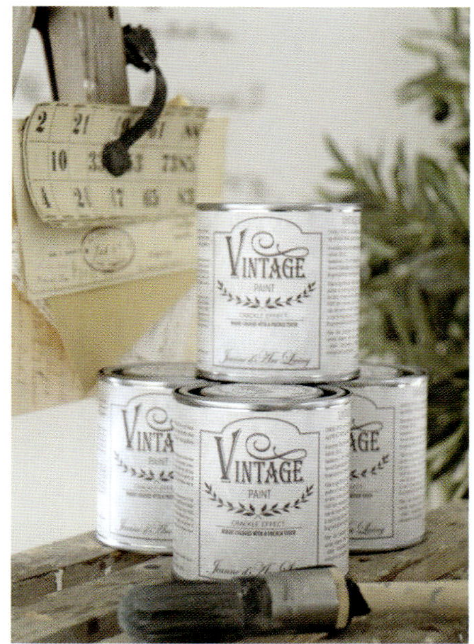

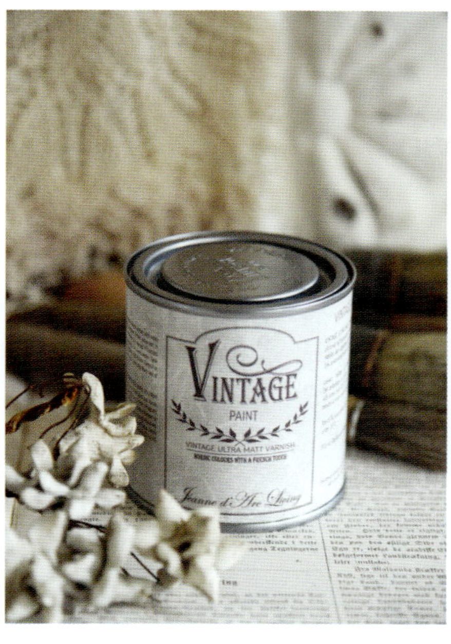

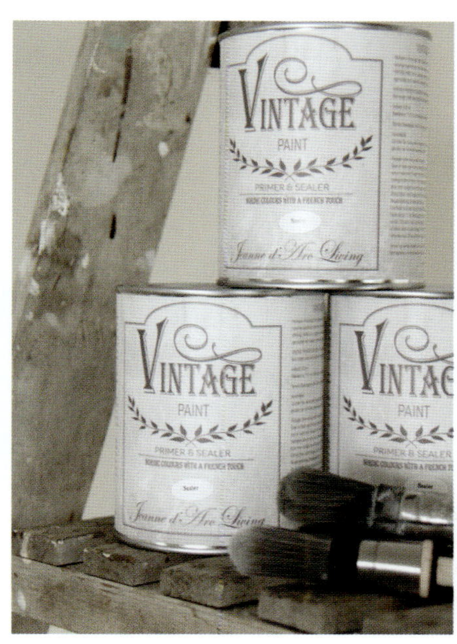

SEALER / PRIMER

Unser Sealer kann sowohl vor als auch nach den eigentlichen Malerarbeiten verwendet werden. Unter anderem kann der Sealer bei allen Möbeln verwendet werden, die einer Grundierung bedürfen. Es gibt Holzsorten, die ausbluten. Die im Holz enthaltene Säure zieht hoch und zeigt sich auf der Oberfläche als brauner Fleck. Nehmen Sie am Anfang auch hier am besten einen kleinen Test an der Unterseite des Möbelstücks vor und schauen Sie sich das Ergebnis nach dem Trocknen an. Der Sealer kann am besten mit einem Pinsel aufgetragen werden. Lassen Sie sich nicht davon beirren, dass er beim Auftragen milchig-weiß aussieht, da er beim Trocknen komplett klar wird. Sie können den Sealer übrigens auch als Leim zum Aufkleben eines Plakats oder eines anderen Motivs auf eine Möbeloberfläche verwenden. Selbst verwenden wir den Sealer am allerhäufigsten für diesen Zweck.

ULTRA MATT VARNISH

Eines der neuesten Produkte aus unserem eigenen Labor ist dieser Mattlack. Er ist viel stärker und strapazierfähiger als der Sealer, sorgt aber ebenfalls für jene matten, authentischen Oberflächen, die wir so sehr mögen. Er eignet sich hervorragend für Tischplatten und Böden, Treppen sowie für alle Möbel, die intensiv genutzt werden. Achten Sie bitte immer darauf, den Lack in maximal 2 Schichten und sehr gleichmäßig und rückstandsfrei aufzutragen, da er sonst nach dem Trocknen einen gelblichen Ton annehmen kann. Dies wäre insbesondere bei weißen Böden sichtbar.

CRACKLE EFFECT

Mit Crackle Effect gestalten Sie spannende Krakelee-Effekte, die den Eindruck einer alten, rissigen Farboberfläche erzeugen. Er kann auf der gesamten Oberfläche oder auch nur sporadisch eingesetzt werden - je nachdem, wie es Ihnen beliebt. Der Krakelee-Effekt kommt zum Zuge, nachdem die erste Farbschicht getrocknet ist. Die Farbe wird in der Maserungsrichtung aufgetragen, Crackle Effect rechtwinklig dazu. Nachdem die Farbe komplett getrocknet ist wird eine zweite Schicht aufgetragen - erneut in Richtung der Maserung. Der Effekt tritt besonders deutlich zutage wenn Sie zwei verschiedene Farben verwenden.

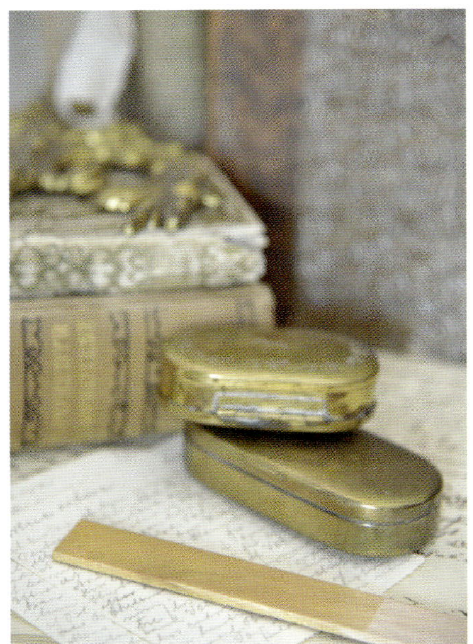

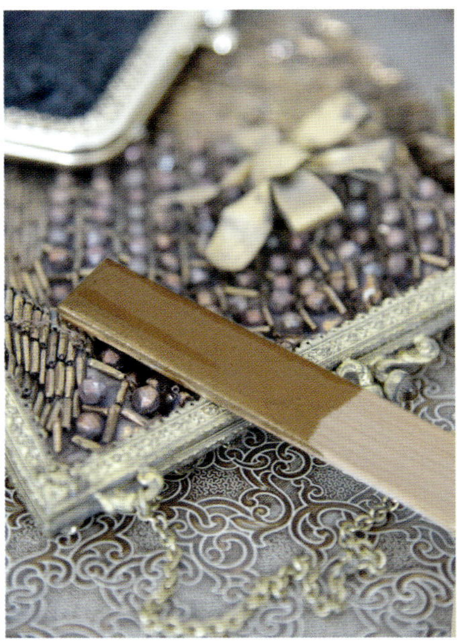

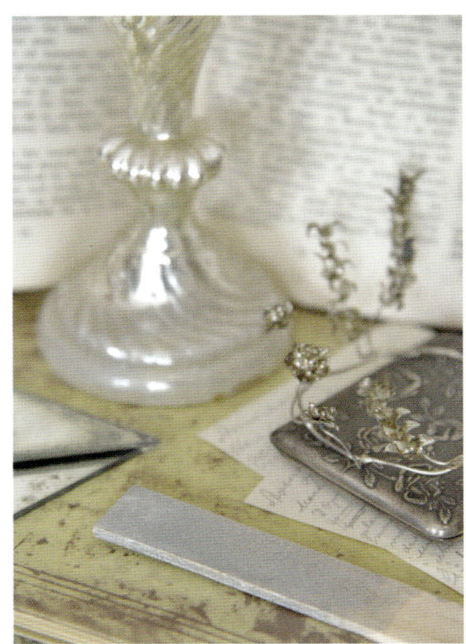

Mit dem Auftrag der letzten Schicht entfaltet sich die ganze Faszination dieser Technik. Wenn der Effekt eher dezent ausfallen soll, empfehlen wir die Verwendung der gleichen Farbe bei beiden Schichten und einem nur punktuellen Auftrag von Crackle Effect. Die Ergebnisse fallen äußerst unterschiedlich aus - probieren Sie am besten selbst aus was Ihnen am meisten gefällt. Entscheidend für ein gutes Ergebnis ist das zügige Auftragen sowohl von Crackle Effect wie auch von der zweiten Farbschicht, jeweils mit einer ausreichenden Menge von Lack und Farbe am Pinsel. Langes Verteilen und Hin- und Herstreichen minimiert den Effect.

METALLIC-EFFEKT

Wir haben eine weitere Effektfarbe auf den Markt gebracht, die in den Farbtönen „Gold", „Silber" und „Bronze" erhältlich ist. Hierbei handelt es sich um eine Farbe mit Metallic-Effekt, die zum Beispiel als eine Art Patina auf eine bestehende Farbe aufgetragen werden kann. Wenn Sie gerne möchten, dass die Metallicfarbe nicht ganz deckend ist, können Sie es mit ein wenig Wasser verdünnen. . Die glänzende und glitzernde Anmutung dieser Farbe eignet sich hervorragend für Leisten, Möbeldekorationen oder Stencils. Mit dem verschiedenen Wachsen können Sie den Metallic-effekt etwas abschwächen oder veraltern wenn gewünscht.

VORBEHANDLUNG

Die Verwendung unserer Farben erfordert keine große Vorbehandlung. Es sind wahrhaft Wunderfarben, sofern Sie mit Bedacht vorgehen. Wenn Sie also zum Beispiel eine helle Farbe auf eine geölte Holzoberfläche auftragen möchten, die nicht vorab lackiert worden ist, tun Sie sicherlich gut daran, zunächst einen Sperrgrund wie Primer / Sealer in mehre dünne Schichten als Voranstrich zu verwenden. Lassen Sie die Primer / Sealer auf jeden Fall 48 Stunden gut trocknen. Das ist wichtig, da sich sonst stellenweise rötliche Schatten bilden werden. Das gleiche Problem kann sich ergeben, wenn Sie die Farbe auf unbehandelter Eiche auftragen. Das liegt daran, dass selbst altes Eichenholz sehr viel Säure enthalten kann, die - wenn sie nicht durch einen Sperrgrund im Zaum gehalten wird - Verfärbungen verursachen kann. Ähnliche Effekte können sich bei gebeizten Möbeln ergeben, weswegen auch hier eine Grundierung empfehlenswert ist.

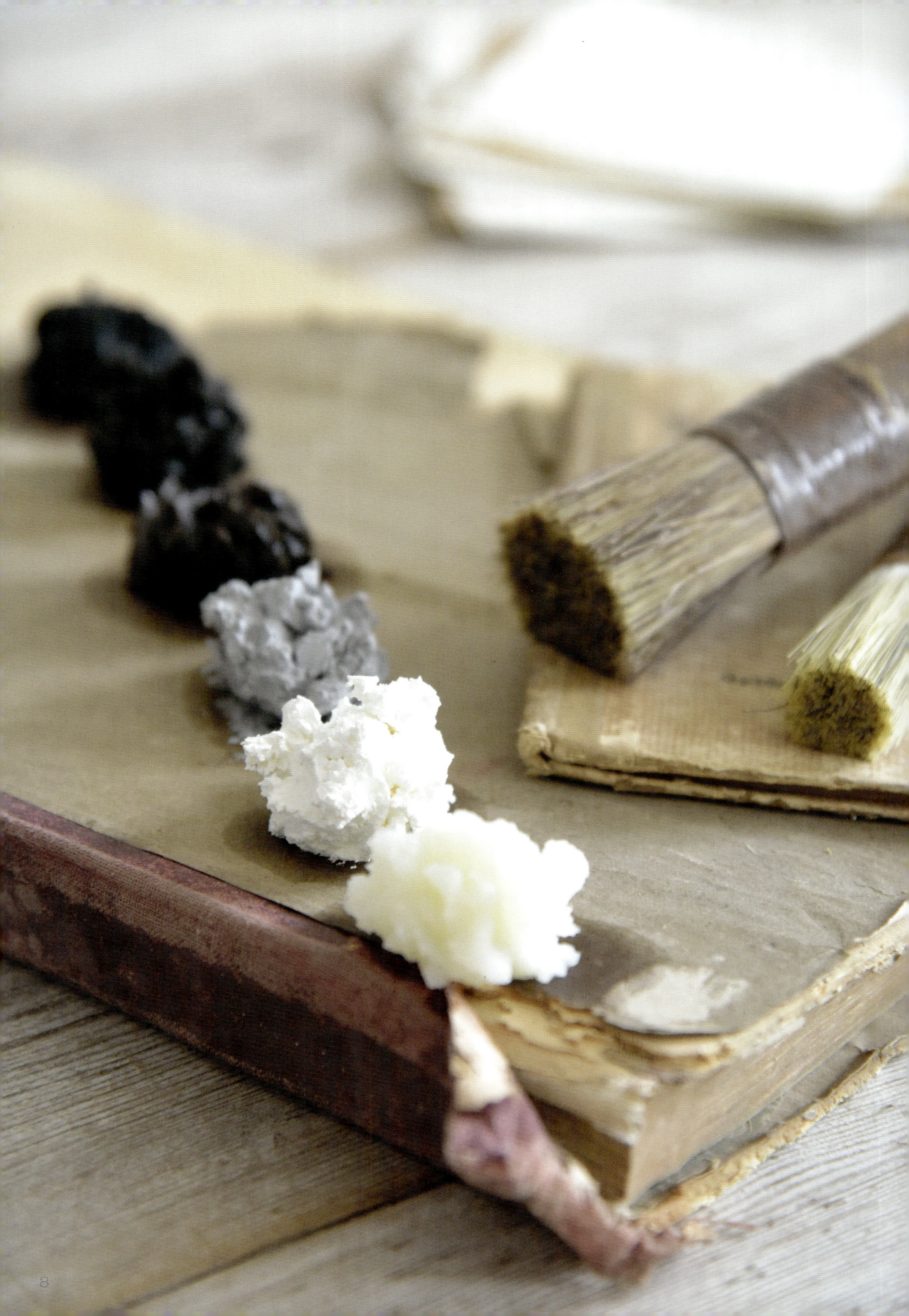

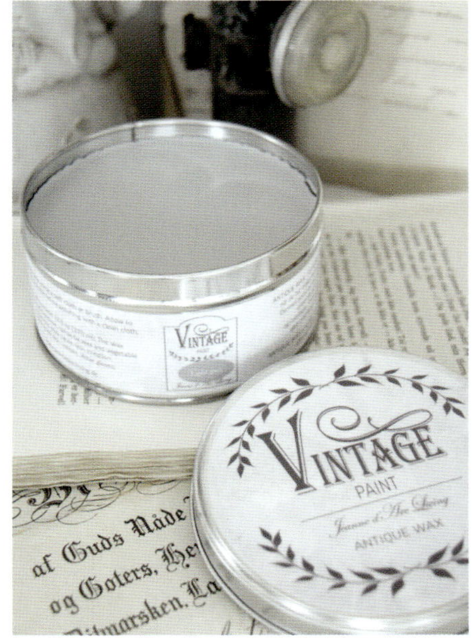

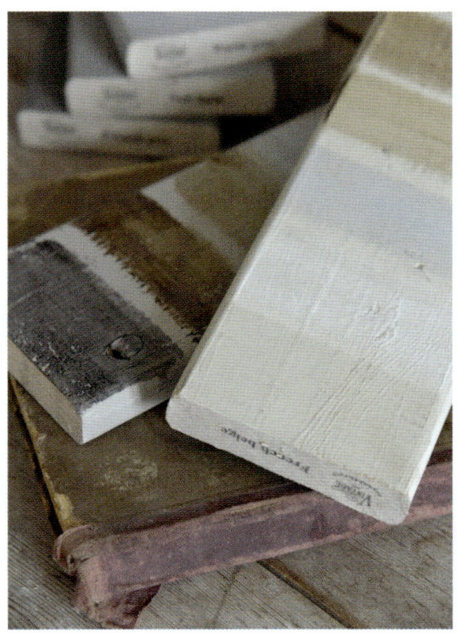

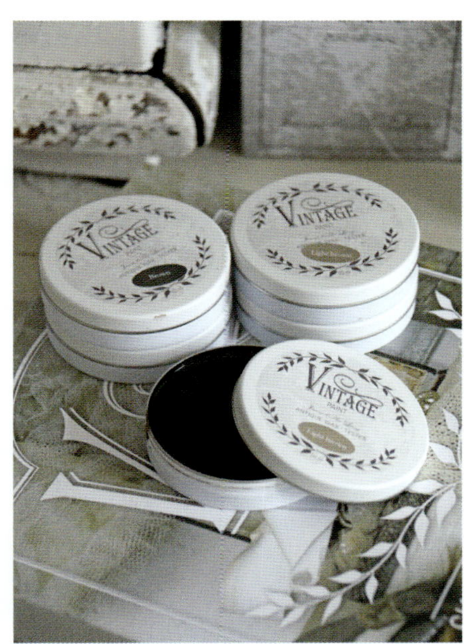

Wir gehen in diesen Fällen meist auf Nummer Sicher. Schließlich ist es nicht das Streichen, das zeitintensiv ist, sondern die ganze Vorarbeit mit dem Abschleifen und Reinigen der Oberflächen.

Übrigens können Sie sich auch überlegen, zunächst eine dunkle Farbe zu verwenden, bevor Sie die helle Farbe auftragen. Auf diese Weise vermeiden Sie ebenfalls Verfärbungen und können zugleich einen schönen Patinaeffekt erzielen, indem Sie die oberste Farbschicht stellenweise mit Sandpapier schleifen.

ANTIKWACHS

Eine Nachbehandlung mit Antikwachs bietet sich in den meisten Fällen an. Dadurch wird das Möbelstück widerstandsfähiger und ist leichter zu reinigen. Es entwickelt sich aber auch durch das Zusammenspiel zwischen Farbe und Wachs eine ganz andere Anmutung. Auf diese Weise kann sogar ein nagelneues Möbelstück authentisch und alt aussehen. Um diese Wirkung zu erzielen, bedarf es einer behutsamen Farbwahl. Ein schlichtes Möbelstück ohne größere Verzierungen wird meistens mit einem klaren Wachs am besten aussehen, während sich bei einem Möbel mit zahlreichen Ornamenten oder mit Kassettentüren gefärbtes Wachs vorzüglich eignet. Das Wachs verteilt sich in den vielen Winkeln der Verzierungen und sorgt für ein wunderbares Farbenspiel, das mit zunehmendem Alter nur noch an Reiz gewinnt. Selbst neueren Kleinmöbeln mit gedrechselten Beinen und gefrästen Kanten kann man auf diese Weise einen authentischen 19. Jahrhundert-Look verpassen. Das Ganze geht spielend einfach, indem man das Wachs ganz komfortabel mit einem Tuch, Schwamm oder Pinsel aufträgt. Bitte auch bei stark belastete Flächen (wie z.B.einem Tischblatt) keinen Mattlack mit dem Wachs kombinieren. Die Lackschicht würde auf dem Wachs nicht so gut haften wie normalerweise und sich möglicherweise bei Druck ablösen. Entweder Wachs oder Varnish!

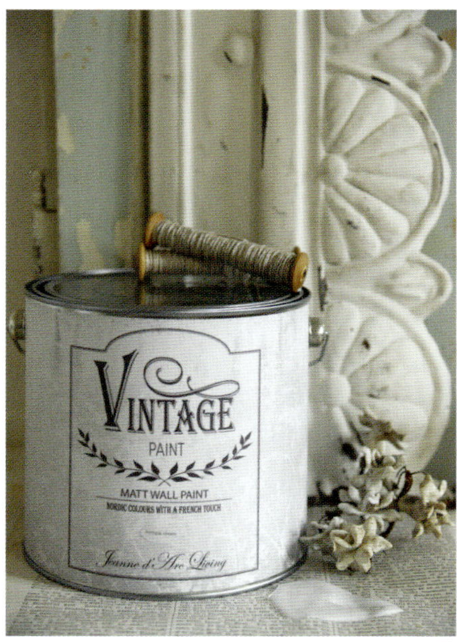

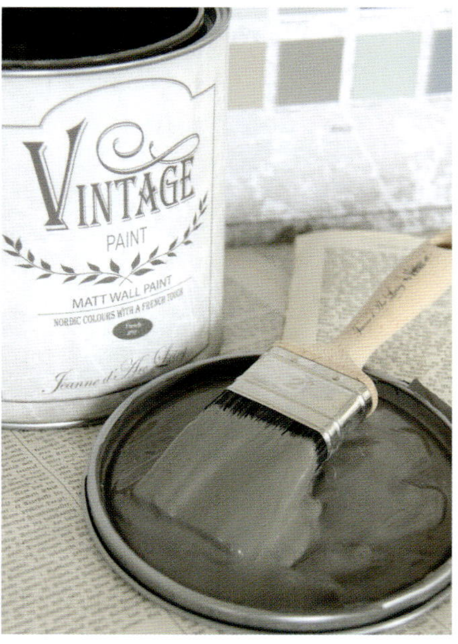

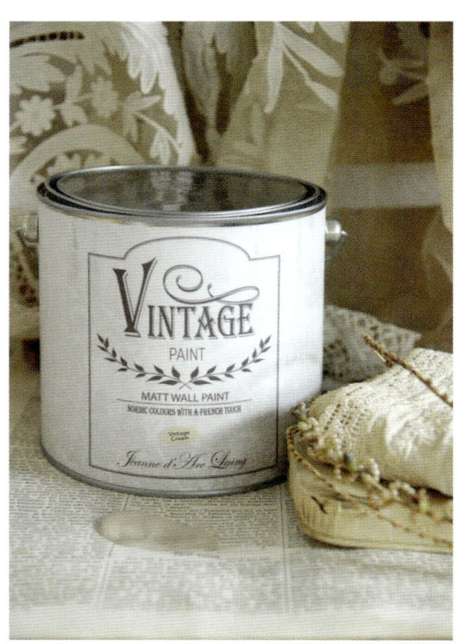

DAS PASSENDE WACHS FINDEN

Antikwachs in „White" und „Grey" eignet sich vorzüglich für alle unsere Farben. Diese Kombination verleiht den Möbeln einen älteren Look, ohne die reine und klare Anmutung der Kalkfarben zu stören. Mit Antikwachs in „Light Brown" und „Dark Brown" wirkt der Look noch älter und wirkt extrem authentisch. Diese Farbwahl ist gerade dann zu empfehlen, wenn Sie auf der Suche nach einem französischen, etwas rustikaleren Landhausstil sind. Wenn Sie das braune Antikwachs etwas zu massiv finden, können Sie es einfach mit etwas Antikwachs „White" oder „Clear" mischen. Dadurch entsteht eine sanftere, ausgeglichen wirkende Färbung. Antikwachs in „Black" verhält sich wie die braunen Farbtöne, harmoniert allerdings besonders gut mit der Farbe „Black velvet". Das Wachs unterstützt diese Farbe auf eine Weise, die sie noch tiefer und dunkler erscheinen lässt. In Verbindung mit dem braunen und dem weißen Wachs können Sie zum Beispiel wundervolle Patinaeffekte an Ihren Wänden erzielen. Das klare Wachs eignet sich für alle Farben und bewirkt, dass diese eine Nuance dunkler aussehen, ihre elegante matte Anmutung jedoch bewahrt bleibt. 2016 brachten wir zwei neue Sorten auf den Markt, die mit ganz neuen Eigenschaften aufwarten können: Zum einen erzeugt „Mother of pearl" einen ganz wundervollen, cremefarbenen Perlmutteffekt, der eine geradezu seidenartige Oberfläche erzeugt. Zum anderen hat „Bronze" einen intensiven Bronze-Ton, der sich vorzüglich für den Brocante-Stil eignet. Im Übrigen kann man sogar „Fleur de Lis"-Stencils mit diesem Wachs auftragen.

WÄNDE

Als wir unsere Wandfarbenserie entwickelt haben, öffnete sich eine ganz neue Welt für uns. Mit diesen Farben können naturgetreue, rustikale Wände gestaltet werden, indem man verschiedene Farben miteinander kombiniert oder die Wände mit Antikwachs patiniert. Hier kommen verschiedene Techniken in Frage, die alle in diesem Buch erläutert werden. Ihnen allen ist gemein, dass Sie damit ein wundervolles Resultat erzielen werden.

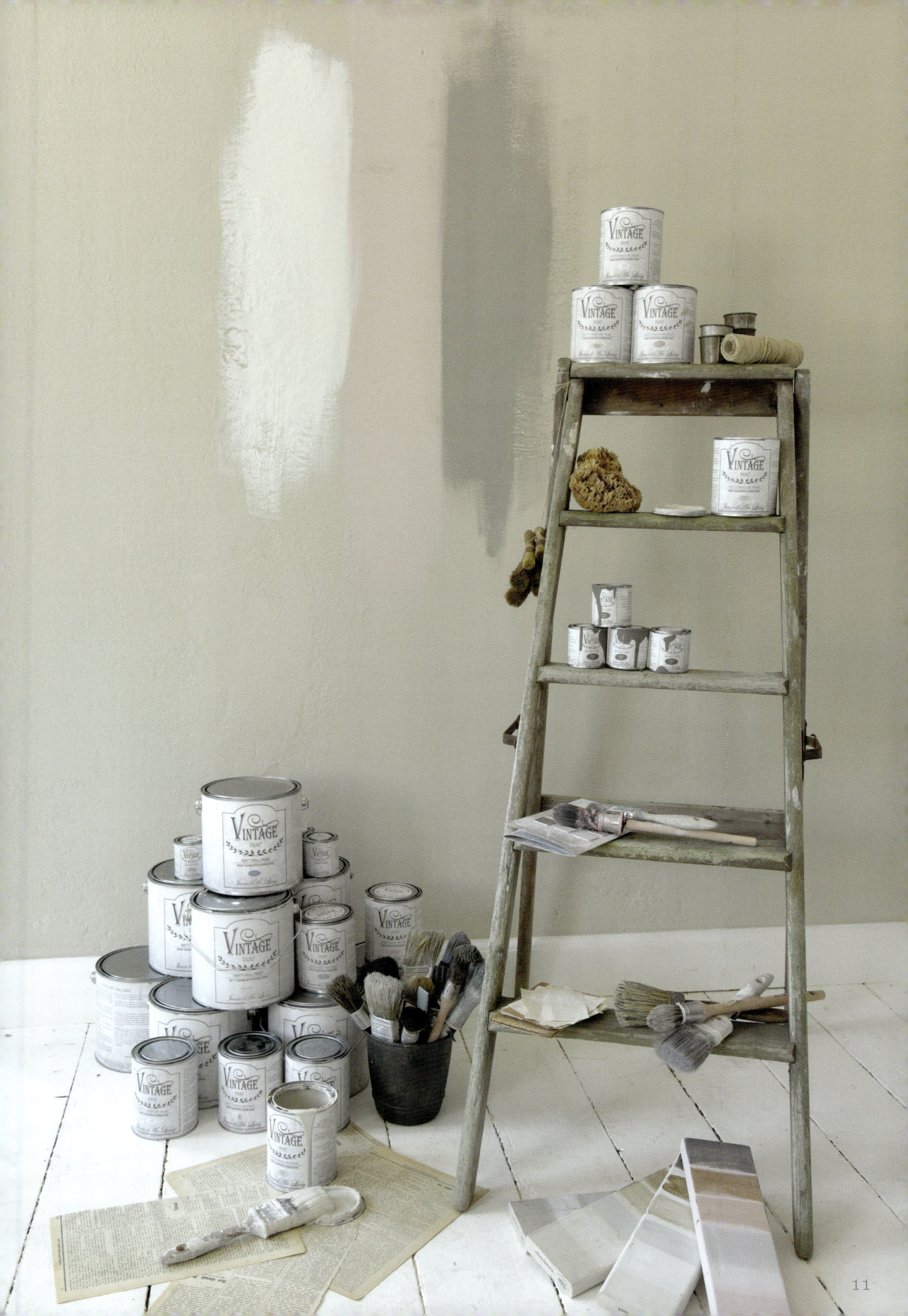
VINTAGE
PAINT

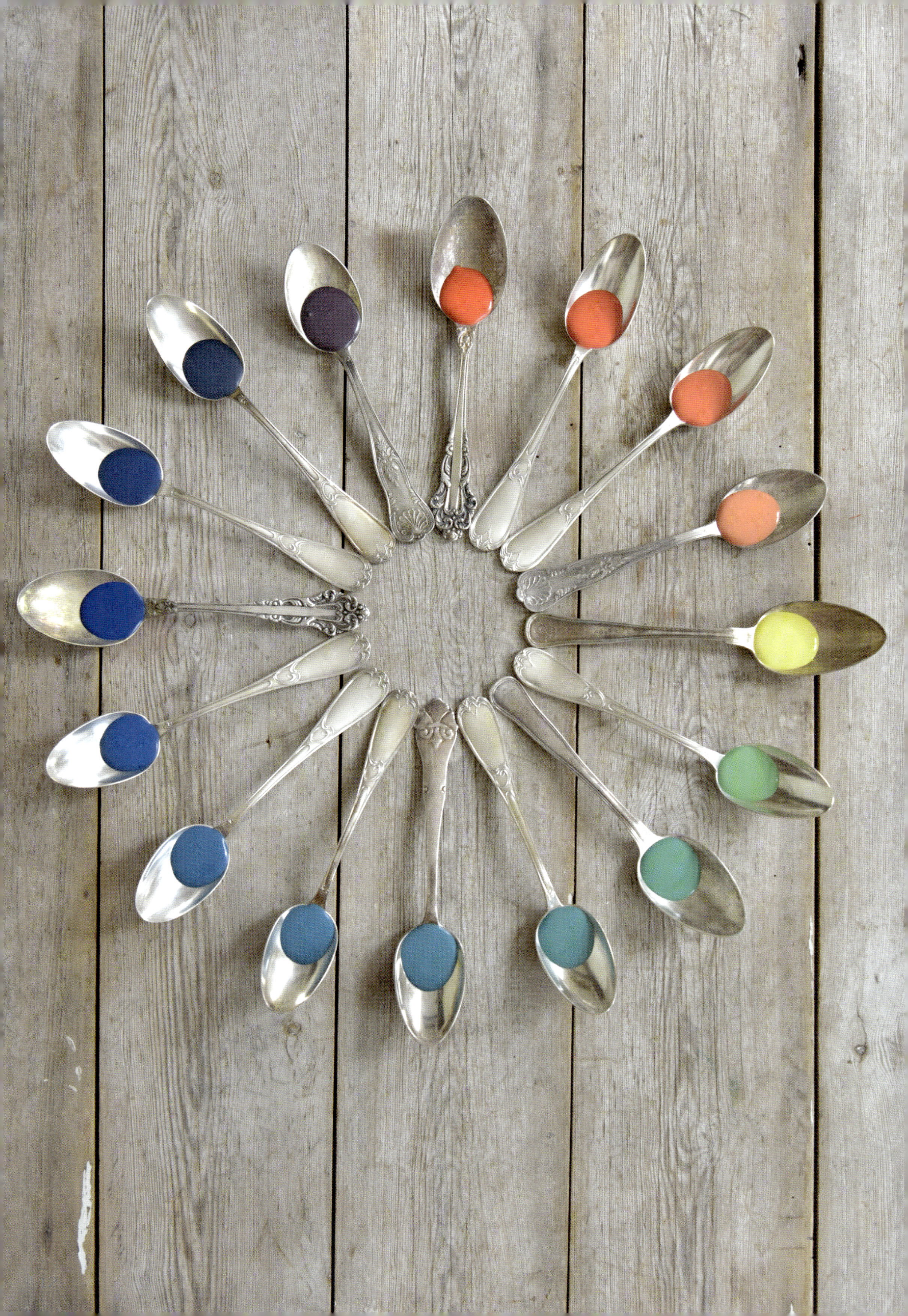

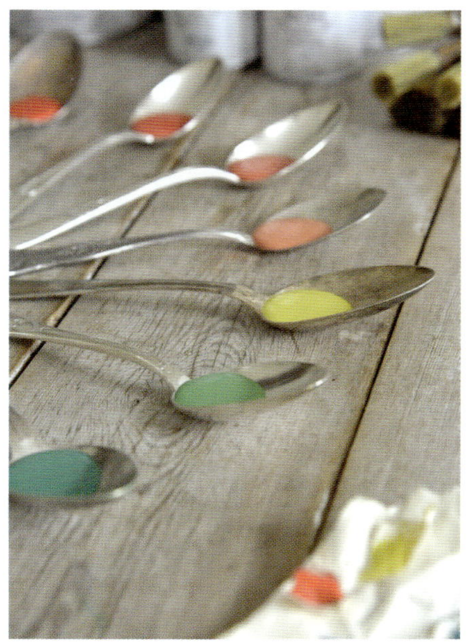

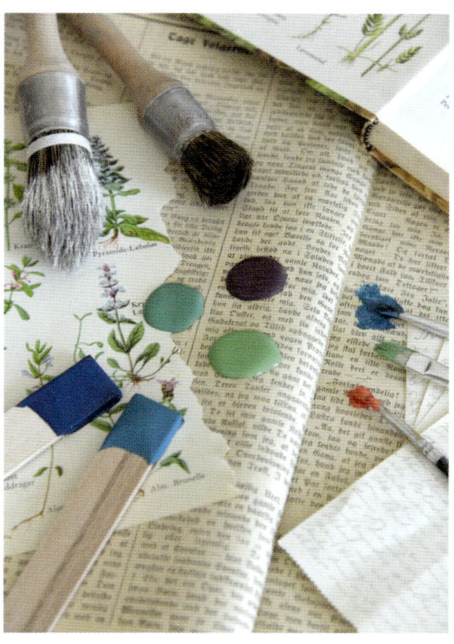

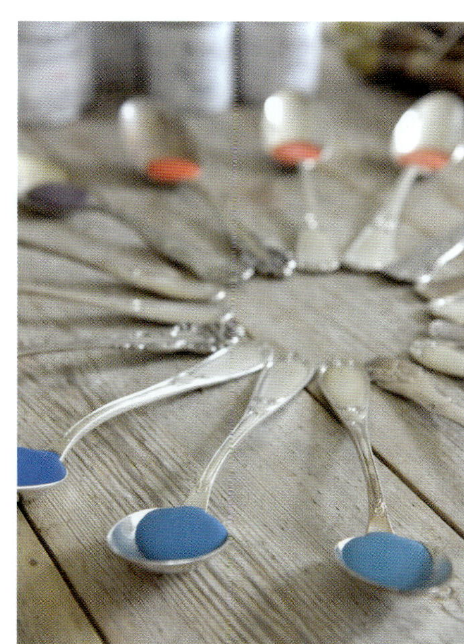

Die gedeckten Erd- und Naturtöne sorgen gemeinsam mit der matten Oberfläche für eine besonders authentische Anmutung. Jüngst haben wir das Sortiment um weitere Wandfarben erweitert. Sollten Sie dennoch die eine oder andere Farbe vermissen, können Sie diese sicherlich selbst mit Hilfe unserer Basisfarben anmischen. Die Wände können Sie mit Primer / Sealer oder die Ultra Matt Varnish von Flecken schützen.

HIER BINDEN DIE FARBEN

Besonders spannend an unseren Farben ist die Tatsache, dass sie praktisch auf allen Untergründen binden. Sie können auf Metall, Glas, Plastik, Leder und auch auf Polstermöbeln aufgetragen werden. Auf diese Weise kann man sie auch zum Färben von Möbeltextilien und Kleidung verwenden. Das Ergebnis: ein herrlich verwaschener Look. Uns ist bislang kein Untergrund vorgekommen, auf dem die Farbe nicht wunderbar funktioniert. Bei einigen speziellen Oberflächen kann es jedoch sein, dass Ihre Geduld gefragt ist. Denn bei einigen Materialien wie Metall, Plastik oder Laminat kann man sich bei der ersten Farbschicht kaum vorstellen, dass die Farbe je decken wird. Das tut sie jedoch – und man kann das bereits beim zweiten Auftragen sehen.

FARBEN MISCHEN

Um Ihren ganz eigenen Farbton mischen zu können, sind gewisse Grundkenntnisse hilfreich. Sofern Sie diese anwenden, können Sie praktisch jede Farbe, die Ihr Herz begehrt, selbst herstellen. Wir haben uns entschieden, die drei Grund- oder Primärfarben Gelb, Blau und Rot in einer warmen Ausgabe zu führen. Dadurch setzt man sich zwar selbst einige Grenzen in der Gestaltungsfreiheit, wir glauben allerdings, dass man immer noch so ziemlich jede Farbe, die einem gefällt, mit diesen drei Farben herstellen kann. Sie sind nämlich die einzigen, die man aus keinen anderen Farben mischen kann. Das Prinzip ist denkbar einfach: Aus Rot und Gelb zu gleichen Teilen entsteht Orange, Gelb und Blau wird zu Grün, und Rot und Blau wird zu Lila. Je nach Mischverhältnis kann man zudem jede beliebige andere Farbe mischen.

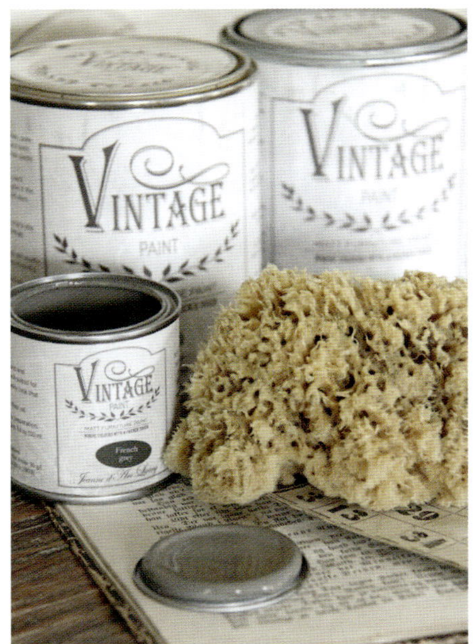

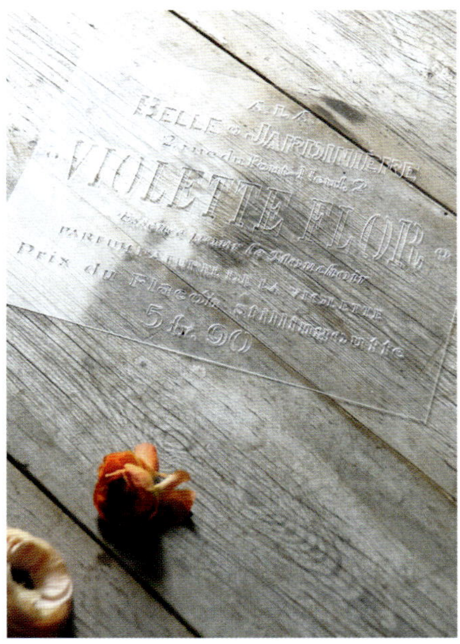

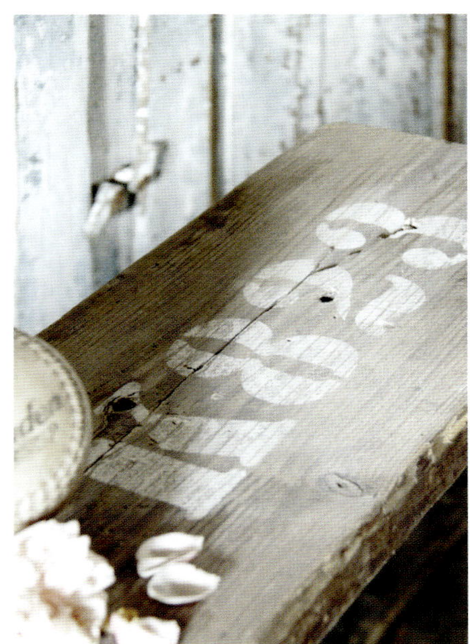

Wenn Sie Farben mischen, ist es im Prinzip das Wichtigste, dass Sie sich langsam an Ihr Ergebnis herantasten. Notieren Sie sich mit jedem Schritt wie sich das Mischverhältnis ändert. Sobald Sie die gewünschte Farbe getroffen haben gilt es nämlich, eine identische, größere Portion herzustellen. Es kann eine ziemliche Herausforderung darstellen exakt den gleichen Farbton zu treffen. Verwenden Sie daher gerne eine Briefwaage, um ein möglichst präzises Ergebnis zu erzielen. Es ist allerdings unsere Erfahrung, dass kleinere Abweichungen stets unvermeidlich sind. In diesem Buch werden Sie einige Anregungen und „Rezepte" für eine Reihe spannender Farbmischungen finden.

UND WAS NOCH?

Neben all´ unseren Farben und Wachsen bieten wir eine Reihe nützlicher Hilfsmittel an: von Schablonen über Schwämme und Pinsel bis hin zu Tapeten. Unser komplettes Sortiment und unsere Händlerliste finden Sie auf unserer Webseite: www.jeannedarcliving.dk.

HILFE UND ANREGUNGEN

Wir bieten außerdem mehrere Facebook-Seiten in unterschiedlichen Sprachen an, auf denen Sie Anregungen finden und Bilder mit anderen Enthusiasten teilen können. Außerdem können Sie sich hier Ihre Fragen von unseren Experten beantworten lassen. Auch unsere Vertriebspartner werden Ihnen jederzeit gerne behilflich sein. In unserem Magazin „Jeanne d'Arc Living" finden Sie außerdem Monat für Monat Anregungen für kleine und große Projekte.

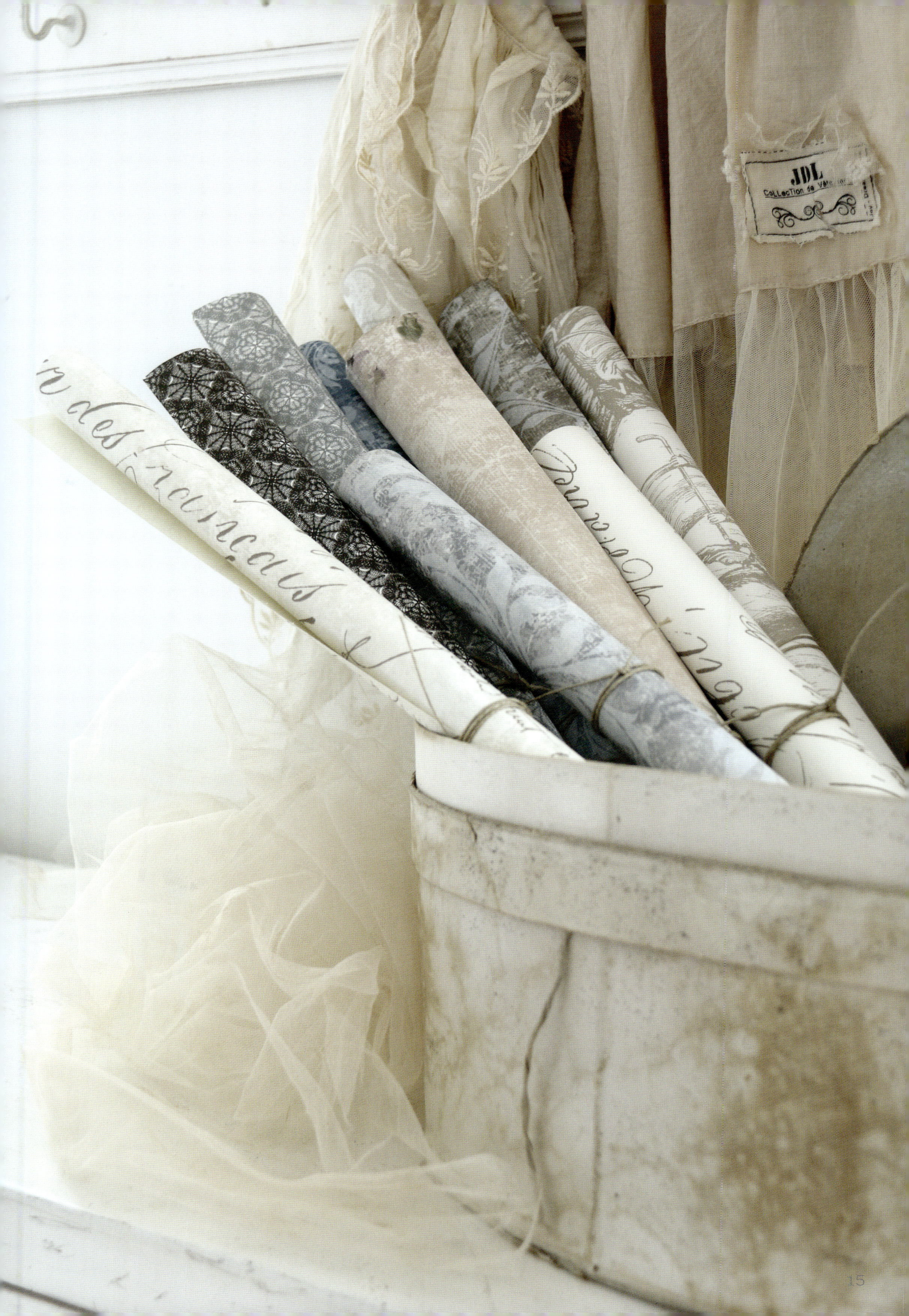
JDL

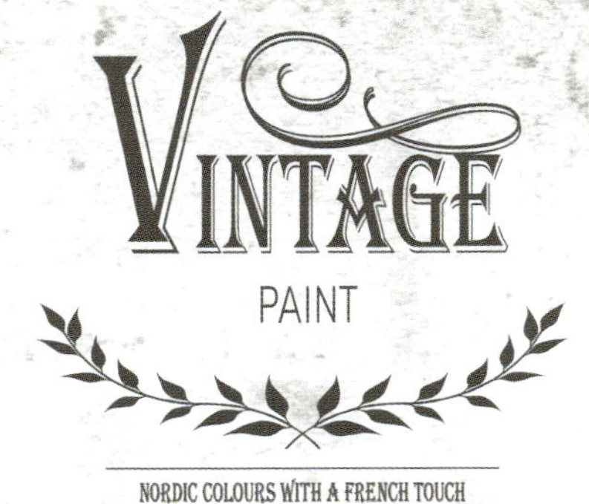

MATT FURNITURE PAINT

Natural white | Antique cream | Soft cream

Warm cream | Antique rose | Faded rose

Dusty rose | Vintage red | Delightful plum

Dark powder | Faded lavender | French lavender

Pearl grey | Soft sand | Light petrol

Powder blue | Dusty blue | Ocean blue

Dusty green | Moss green | Dusty turquoise

Old turquoise | Petrol blue | Forest green

ANTIQUE WAX

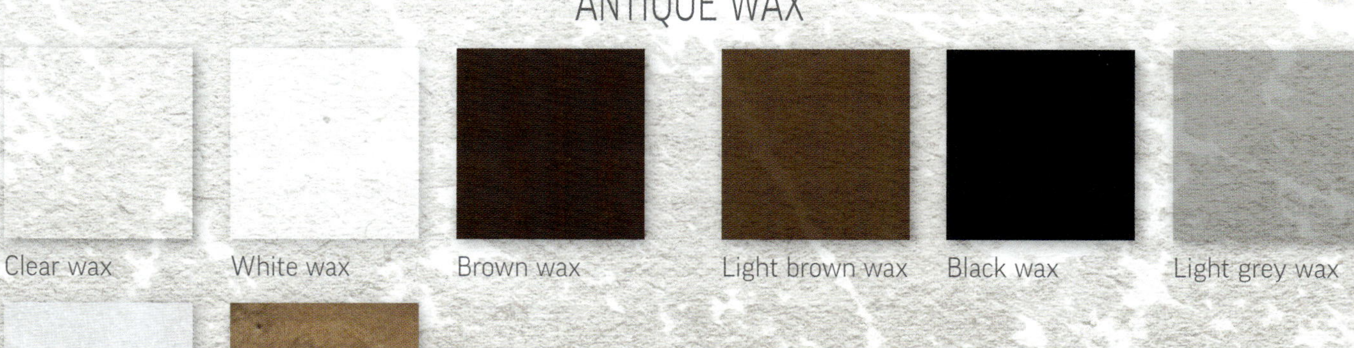

Clear wax | White wax | Brown wax | Light brown wax | Black wax | Light grey wax

Pearl wax | Bronze wax

Bitte beachten Sie, dass die Farben im Druck nicht korrekt wiedergegeben werden. Deshalb sind die hier abgedruckten Farben unverbindlich.

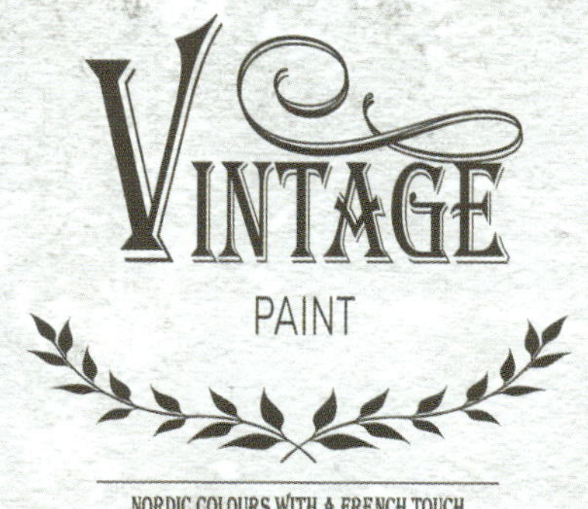

MATT FURNITURE PAINT

Vintage cream | French beige | Warm latte

Antique sand | Vintage tea | Vintage brown

Stone grey | Warm grey | Soft linen

French grey | Chocolate brown | Black velvet

Warm red | Warm yellow | Warm blue

WALL PAINT

Natural white | Pearl grey | Warm cream

Antique cream | Vintage cream | Antique rose

Soft sand | French beige | Warm latte

Soft linen | Stone grey | Warm grey

French grey | Ocean blue | Dusty green

ANDERE PRODUKTE

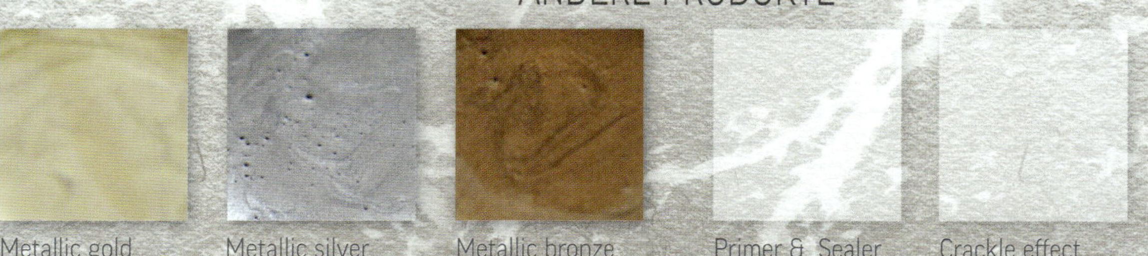

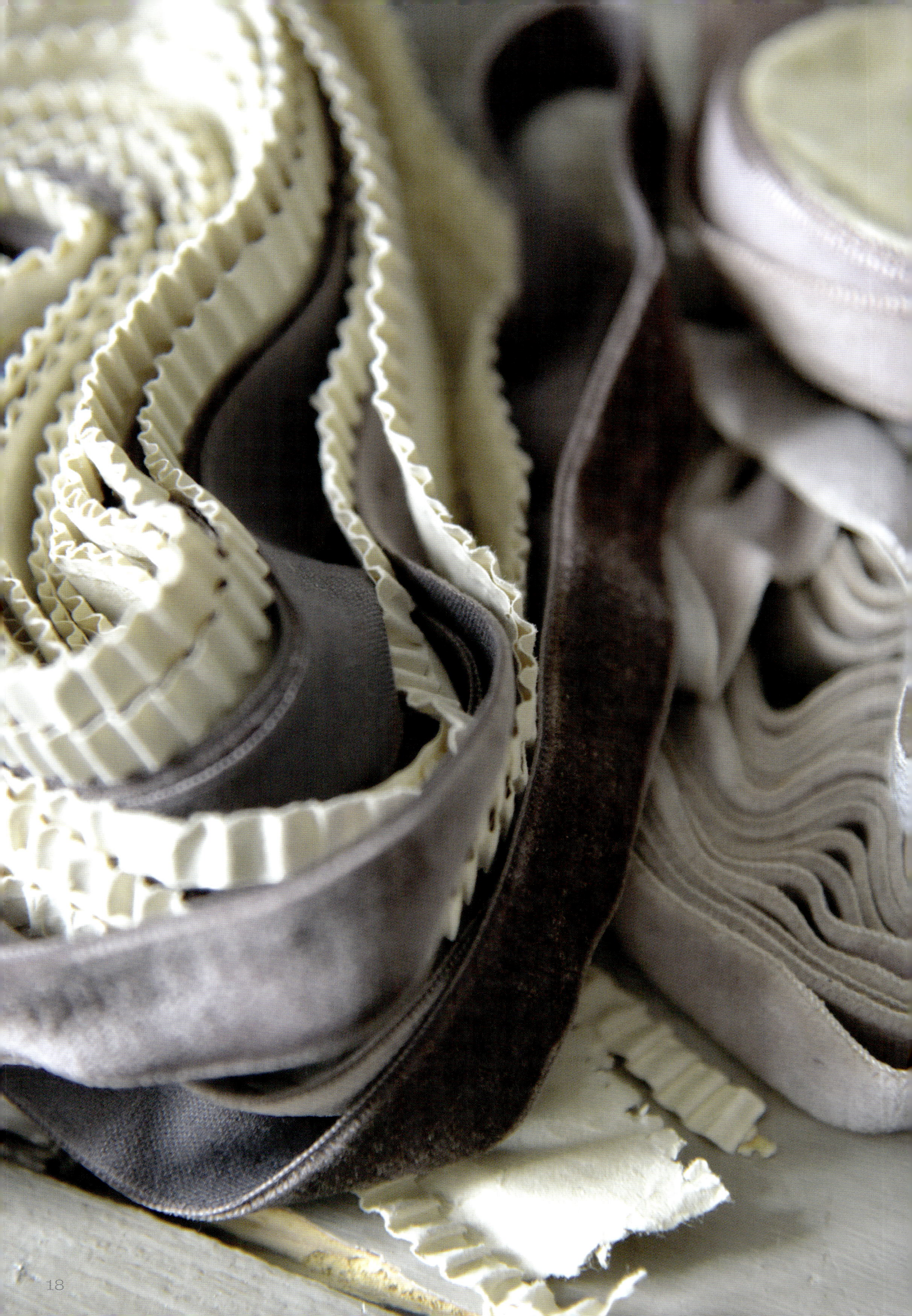

KAPITEL 1

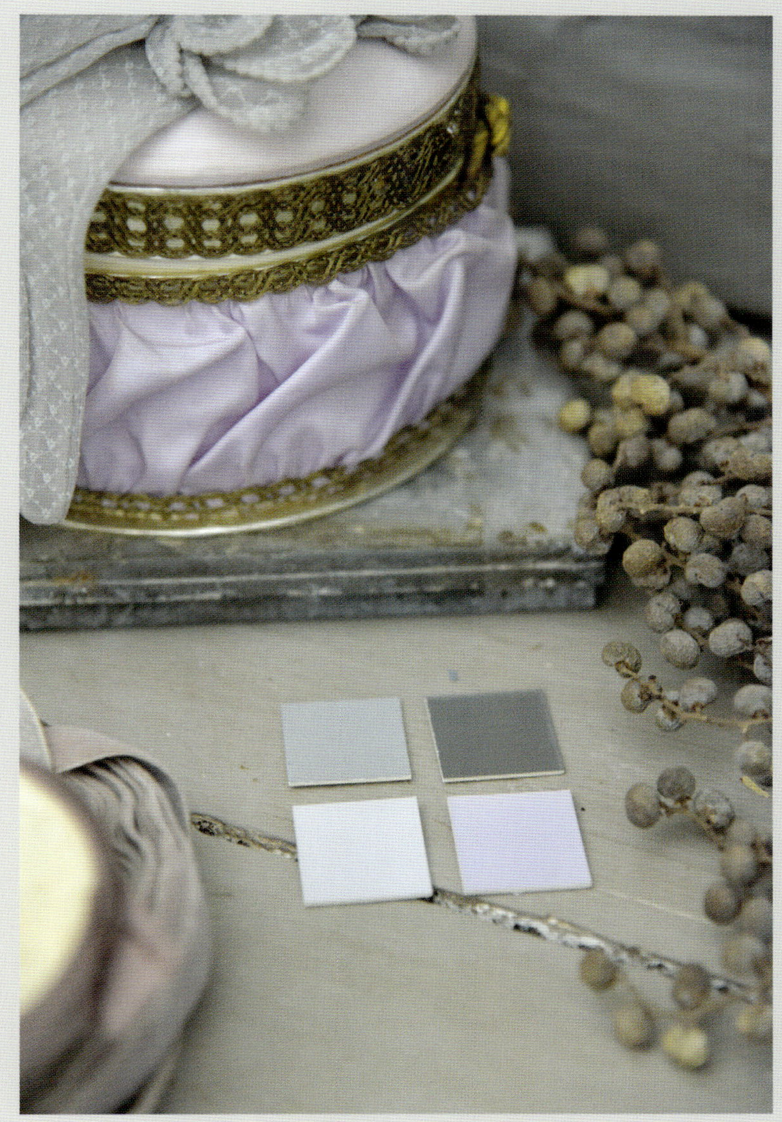

FRENCH LAVENDER, FADED LAVENDER, FRENCH GREY UND WARM GREY

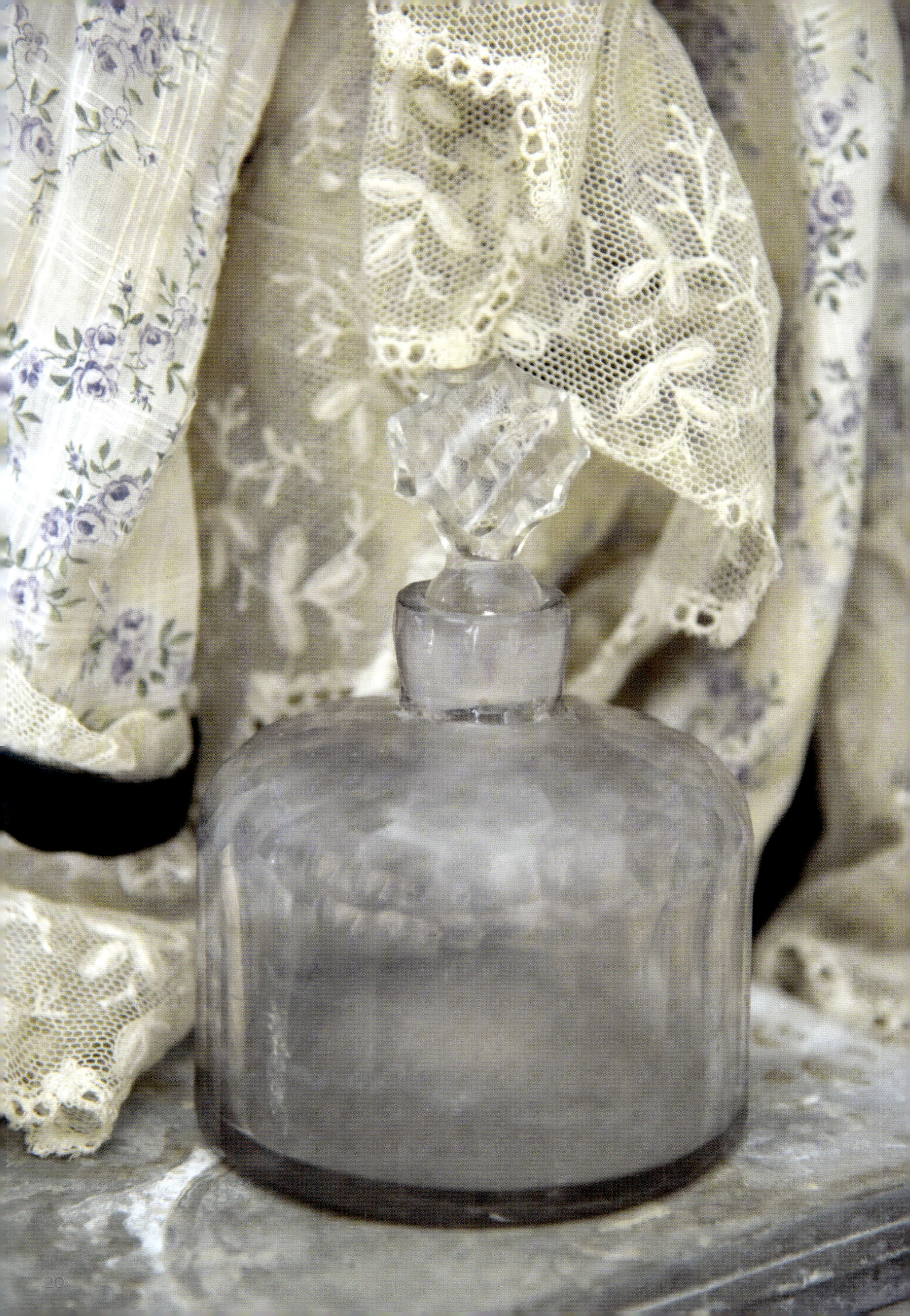

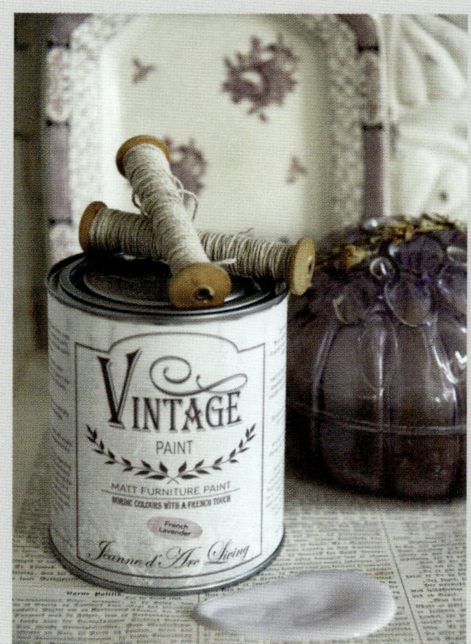

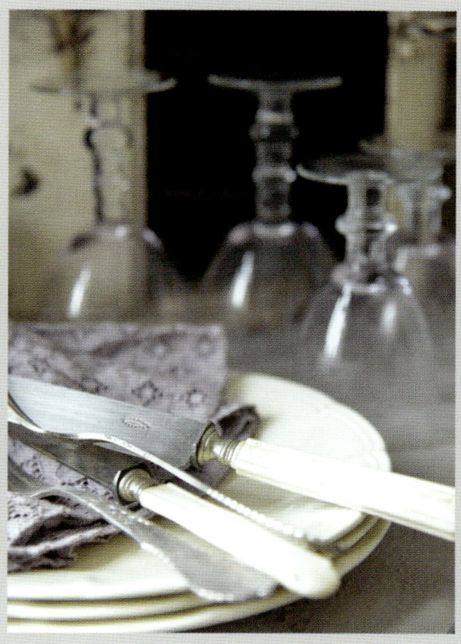

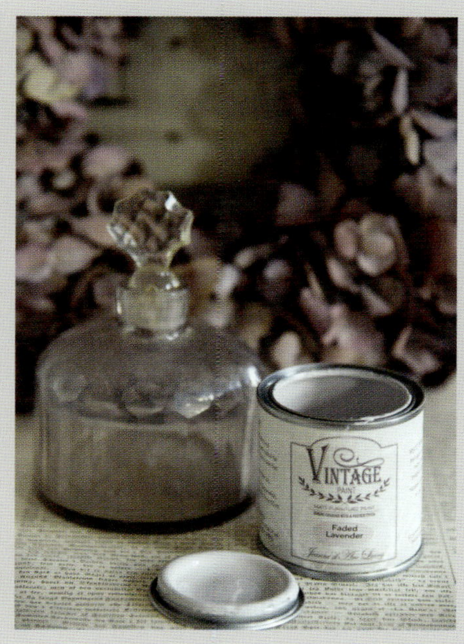

FRENCH LAVENDER, FADED LAVENDER, FRENCH GREY UND WARM GREY

Die Lavendel-Töne „French lavender“ und „Faded lavender“ gehören zu unseren Produktneuheiten, die seit dem Erscheinen unseres ersten Farben-Buches zum Sortiment hinzugekommen sind. Die Farben sind wunderbar zurückhaltend – ganz genau so, wie wir es lieben – und harmonieren gut mit Grautönen wie „French grey“ und „Warm grey“. Wir mögen es, wenn das romantische Lila auf ein eher sprödes Grau trifft. Deshalb lassen sich die Farben auch ganz vorzüglich mit altem Zink und anderen rustikalen Materialien kombinieren. Die Nachfrage nach solchen Farbtönen war und ist groß – vor allem deshalb, weil viele unserer Kunden genau solche Nuancen gerne im Kinderzimmer verwenden möchten. Da ist es natürlich nur von Vorteil, dass die Farben frei von gesundheitsschädlichen Zusatzstoffen sind.

French lavender

Faded lavender

French grey

Warm grey

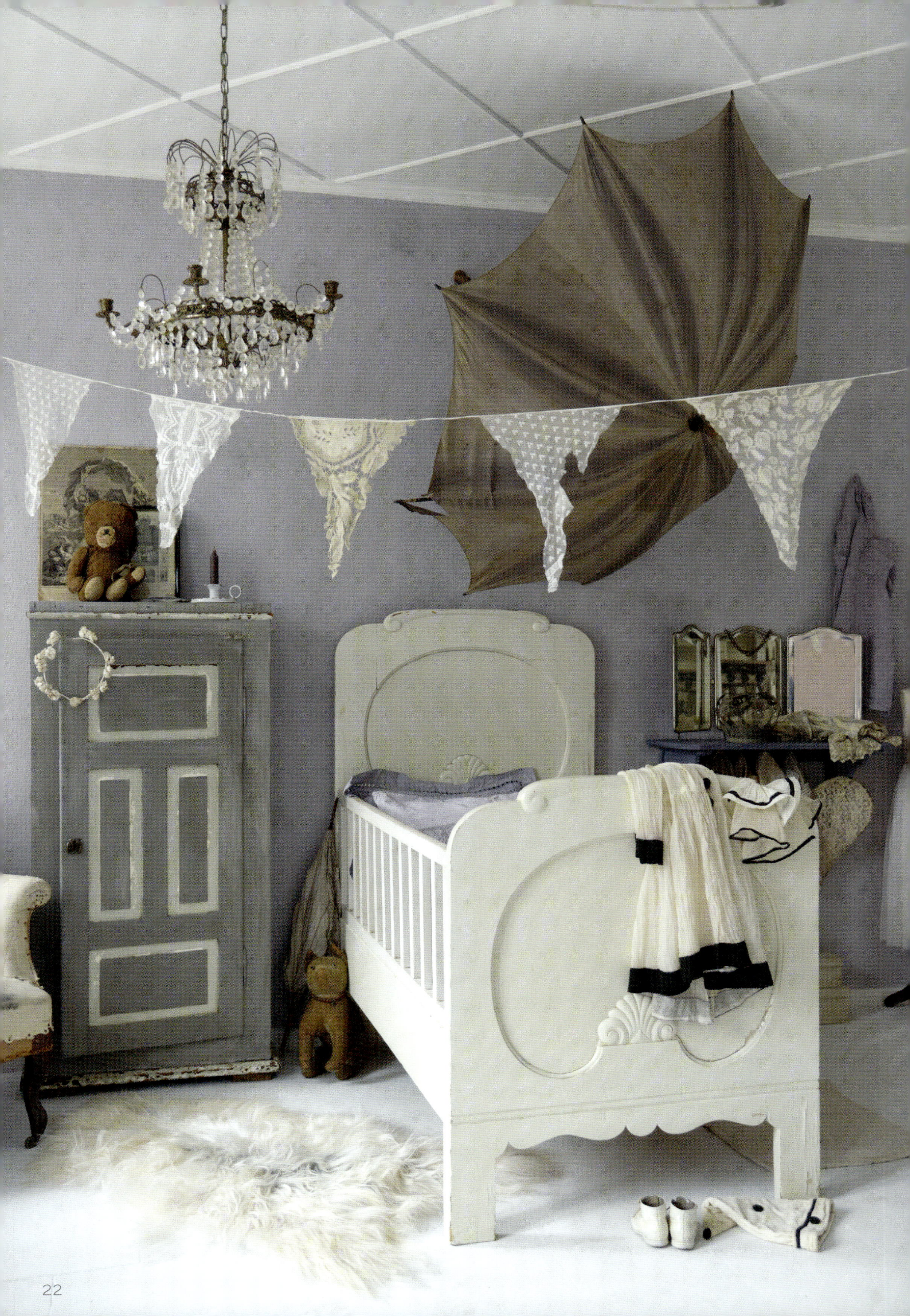

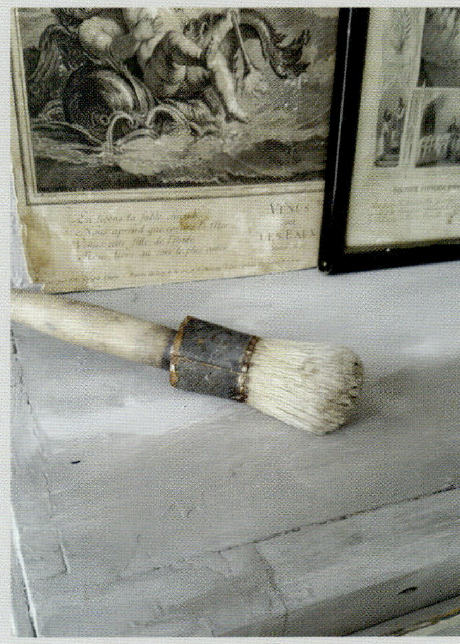

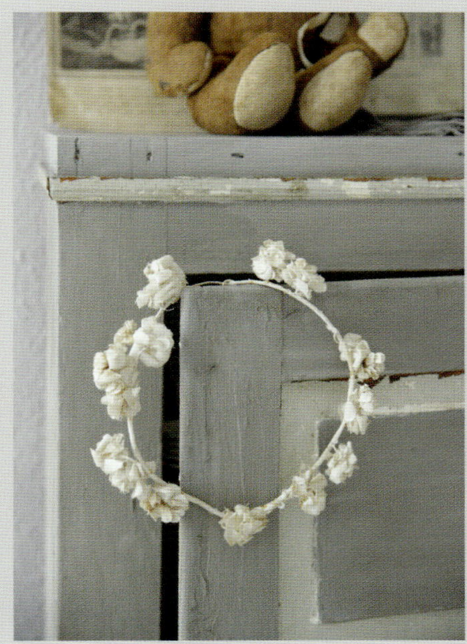

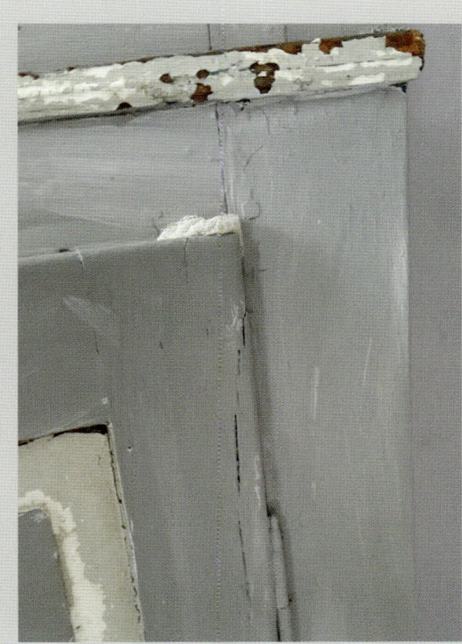

KINDERZIMMER

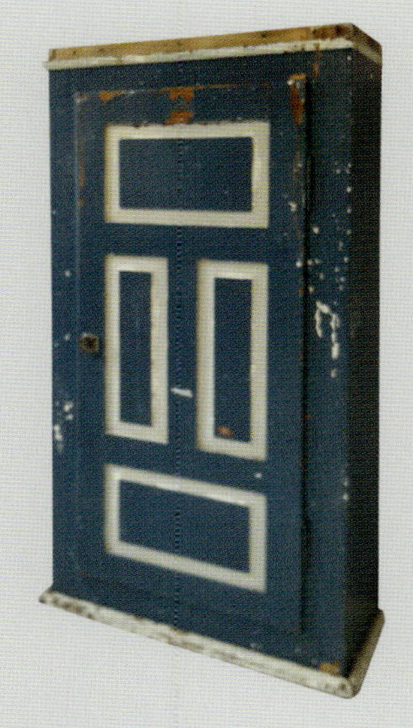

In diesem schönen Kinderzimmer sind wir mit den Lavendelfarben aufs Ganze gegangen. Die Wände sind in „Faded lavender" gestrichen – hierbei reichte bereits ein einziger Anstrich, um eine deckende Farbfläche zu erhalten. Danach haben wir die Wand mit einer Mischung aus den Antikwachsen „Light grey" und „Clear" patiniert. Der Effekt ist sehr zart und subtil, sodass die Wände in der Gesamtheit immer noch Ruhe ausstrahlen. Aus dem gleichen Grund wurden der Boden und die Decke auch im neutralen und zugleich freundlich-hellen „Pearl grey" gestrichen. Das einzige Problem bestand nun darin, dass der Schrank mit seiner schönen Patina farblich nicht mehr so ganz ins Konzept passte. Deshalb entschieden wir uns dafür, die weißen Füllungen im Originalzustand zu belassen und lediglich die großen Flächen neu zu streichen. Hierfür verwendeten wir „Warm grey". Damit die neuen Flächen stilistisch nicht zu sehr von den Kassetten abweichen, haben wir die Kanten mit feinem Sandpapier angeschliffen und mit einer Mischung aus den Antikwachsen „Light brown" und „Light Grey" nachpatiniert. Für das Auftragen des Wachses verwenden wir immer einen großen, weichen Pinsel. Das ist besonders komfortabel, zumal sich das Wachs generell sehr einfach verarbeiten lässt. Wenn Sie zwei unterschiedliche Wachssorten miteinander mischen wollen, um einen variierten Patinaeffekt zu erzielen, tauchen Sie den Pinsel zuerst in das eine, anschließend in das andere Wachs. Wechseln Sie immer wieder den Farbton, mit dem Sie beginnen. In diesem Kinderzimmer haben wir alte Möbel mit Originalfarbe neben neu gestrichenen Möbeln verwendet. Wir finden, dass diese Mischung aus Alt und Neu sehr gut aufgeht.

French lavender

Faded lavender

Warm grey

Light grey wax

Clear wax

Light brown wax

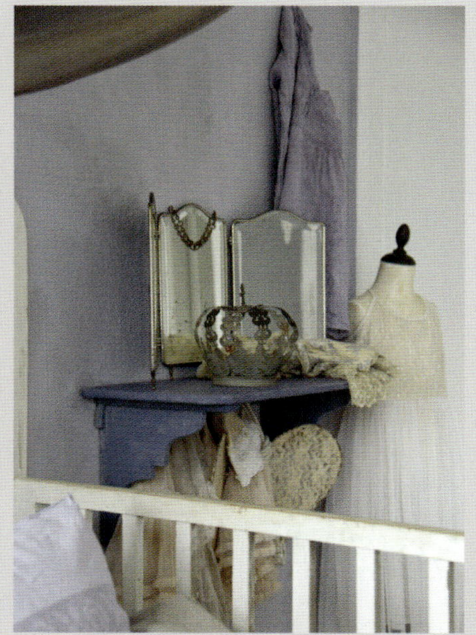

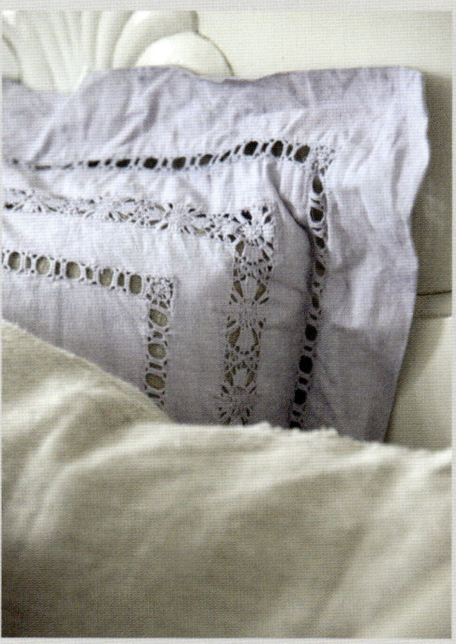

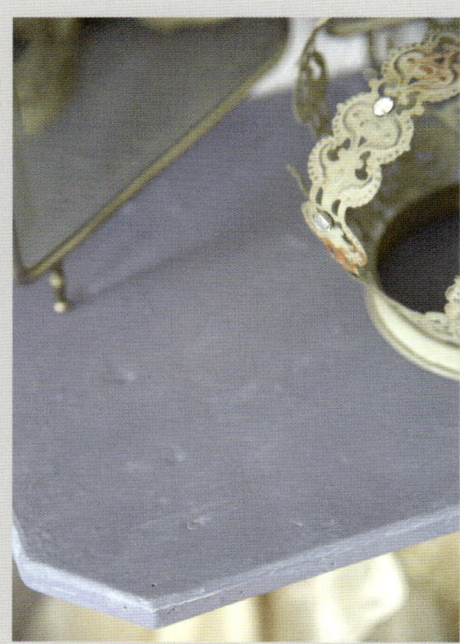

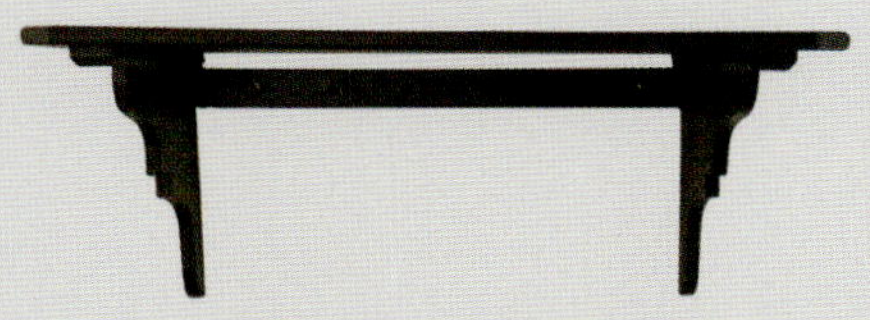

KLEINE ABLAGE

Wir fanden, dass es hübsch aussehen könnte, mehrere Lavendel-Nuancen in einem Raum zusammenzubringen. Da wir keine dunklen Lila- oder Lavendeltöne in unserem Sortiment führen, mussten wir uns diesen Farbton selbst mischen. Auch sie sollten sich nicht davor scheuen, mit dem Mischen von Farben zu experimentieren. Es ist leichter als man denkt. Für die Ablage haben wir eine Farbmischung aus 3 Teilen „Warm red", 1 Teil „Warm blue" und 1 Teil „Natural white" hergestellt. Verwenden Sie hierfür eine Waage sowie eine Schale oder eine gereinigte Dose zum Anmischen. Für eine kleine Ablage wie diese braucht es nicht sonderlich viel Farbe. 100ml sollten reichen. Mischen Sie die Farben gründlich und prüfen Sie, ob Sie den gewünschten Farbton getroffen haben. Soll die Farbe heller werden, fügen Sie etwas mehr „Natural white" hinzu, soll die Farbe dunkler und kräftiger werden, verwenden Sie etwas mehr „Warm blue" und „Warm red". Wir haben die Ablage zweimal gestrichen und danach mit dem Antique Wax „Light grey" nachbehandelt. Auch die Textilien im Raum greifen das Farbthema auf. Wir verwendeten hier „French lavender" für die helleren Stücke und Reste von der Farbmischung für die Ablage bei den dunkleren Textilien. Achten Sie darauf, dass die Farbe deutlich heller ausfällt, wenn sie bei Textilien verwendet wird. Wir haben hier 1 Teil Farbe mit 20 Teilen Wasser verdünnt und die Textilien darin gefärbt. Danach haben wir die Textilien mit klarem Wasser ausgespült und zum Trocknen aufgehängt. Die gefärbten Textilien können problemlos in der Waschmaschine gewaschen werden.

French lavender

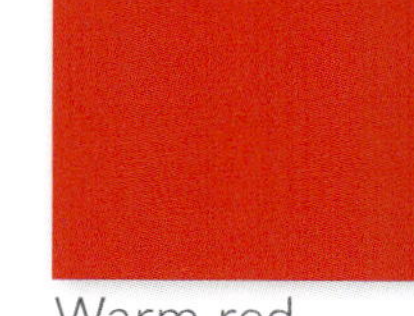
Warm red

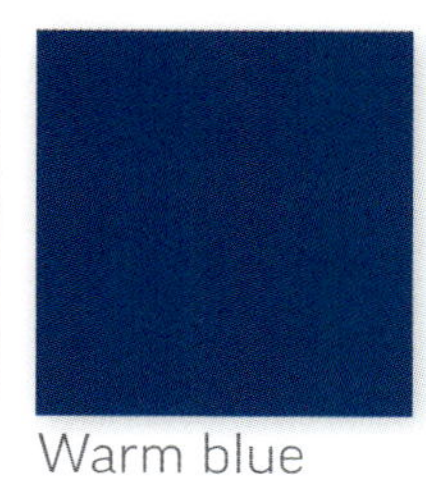
Warm blue

Natural white

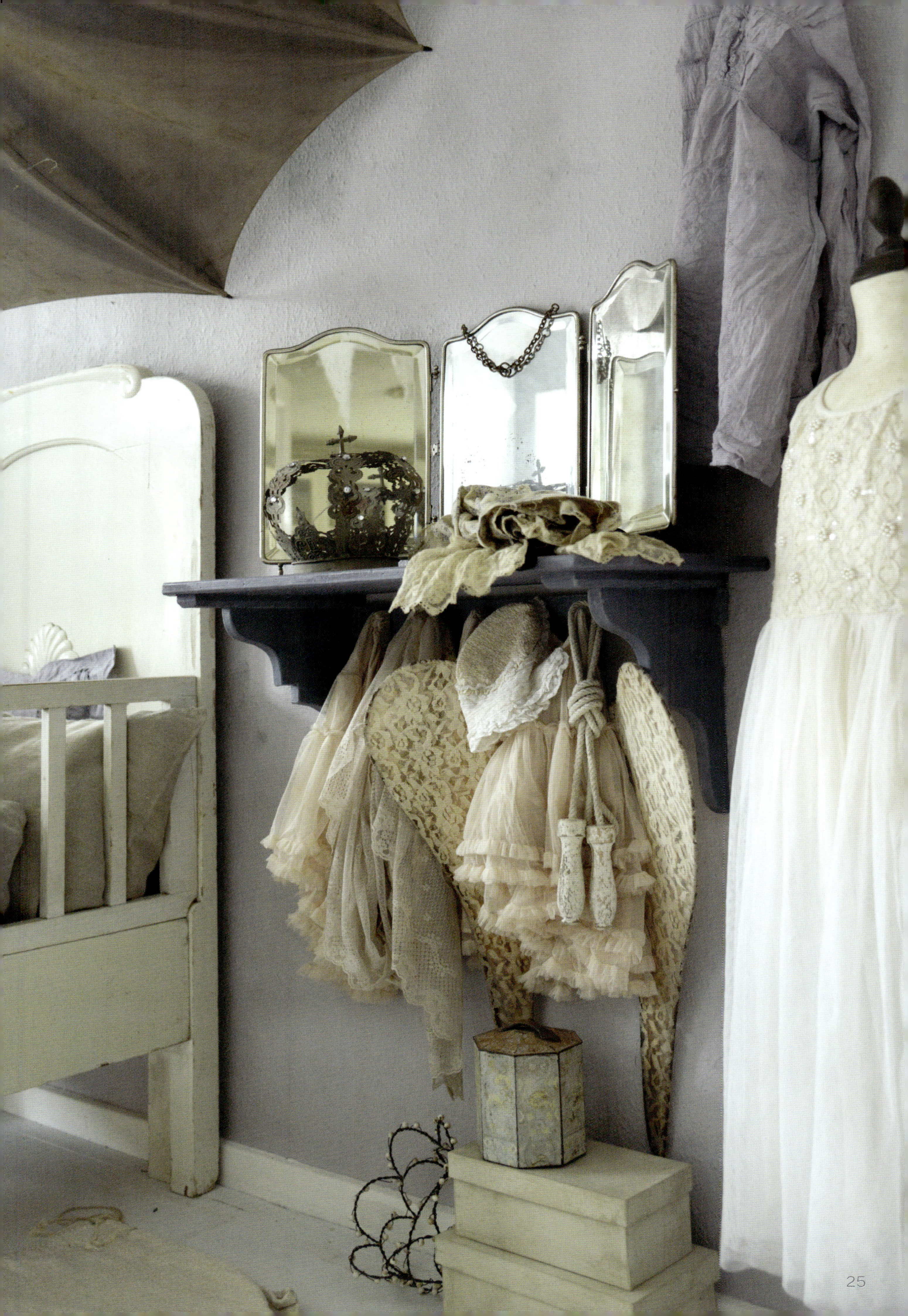

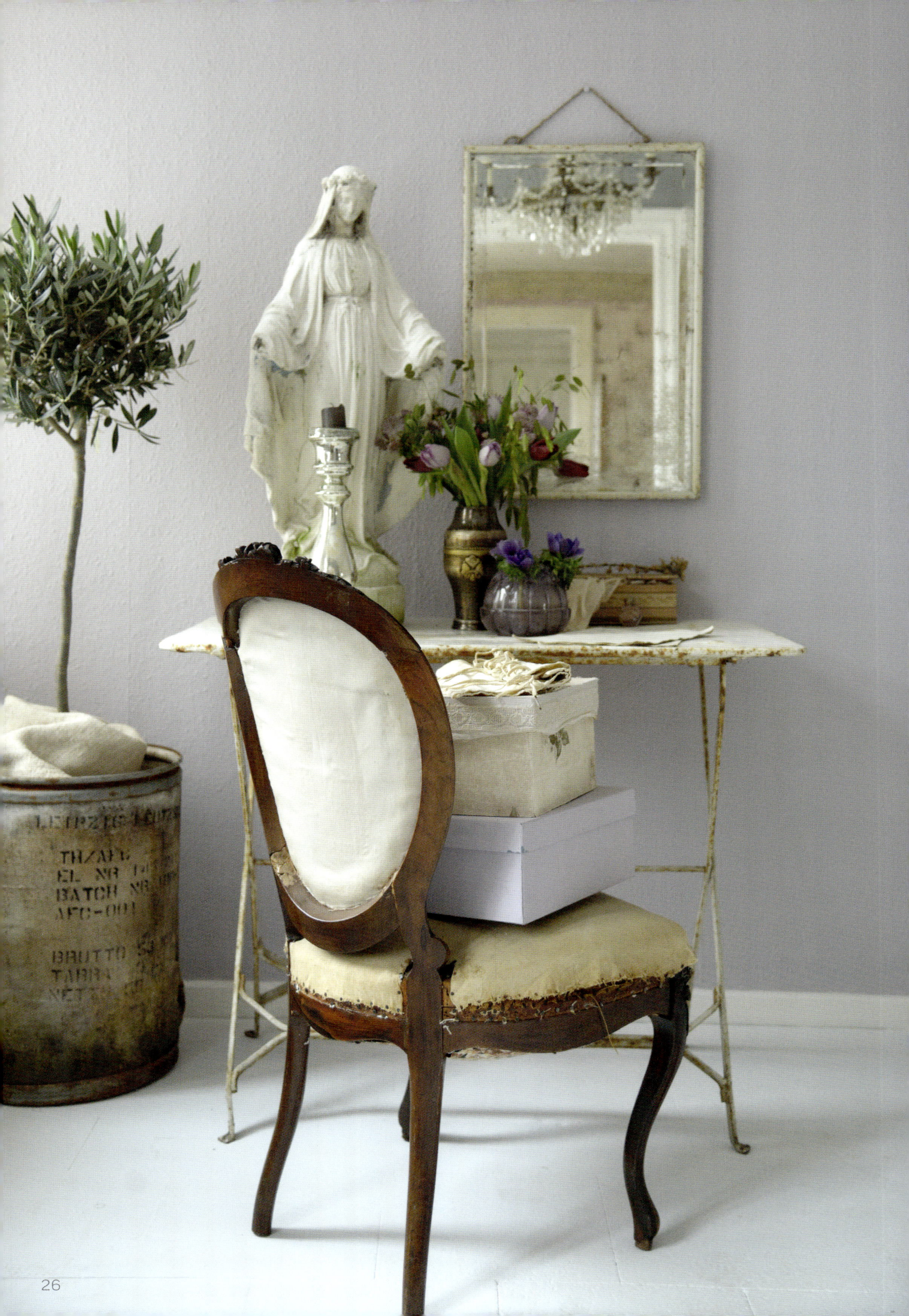
BATCH NR
BRUTTO

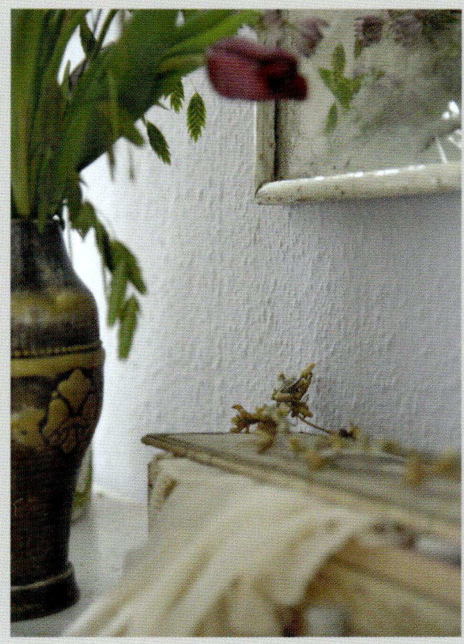
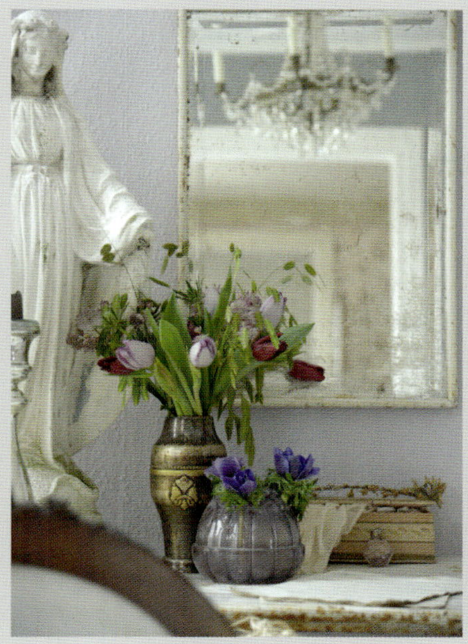
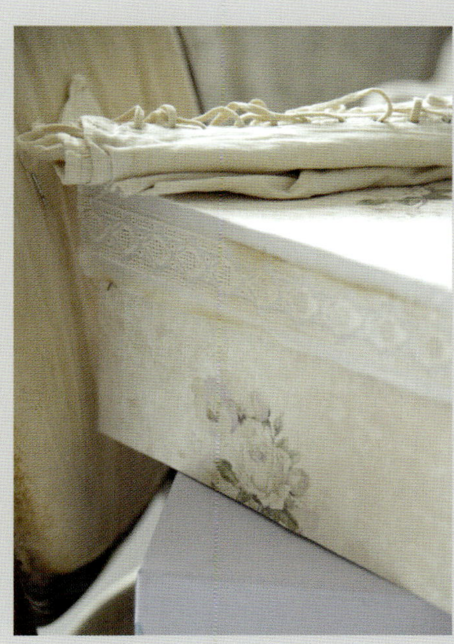

WOHNZIMMER IN LAVENDEL

Eine oder mehrere Wände in einem Zimmer zu streichen, ist keine große Herausforderung. Wir nehmen dieses Thema dennoch auf, weil wir Ihnen gerne zeigen möchten, wie schön das Ergebnis und wie groß der damit erzielte Effekt sein kann. Die meisten Menschen scheuen sich ja vor farbigen Wänden. Wir finden jedoch, dass man auf diese Weise – mit dem richtigen Fingerspitzengefühl – ein Zimmer enorm verschönern kann. Wir haben die Wand in diesem Fall in „French lavender" gestrichen. Unmittelbar hätte man glauben mögen, dass diese Farbe für ein Zimmer viel zu extrovertiert ist. In Kombination mit hellen, alten Möbeln entsteht allerdings eine ganz besondere Atmosphäre, die man mit einer in schlichtem Weiß gestrichenen Wand sicherlich nicht erzielt hätte. Um die Wandfarbe und die Einrichtung optisch miteinander zu verbinden, haben wir einen Schuhkarton in der gleichen Farbe angemalt. Zwei Schichten Farbe genügten für einen deckenden Auftrag, danach konnten wir die Kanten mit etwas Sandpapier abschleifen. Dass die ursprüngliche Farbe des Kartons nun etwas hindurchscheint, stellt gar kein Problem dar. Ganz im Gegenteil: So entfaltet die Schachtel erst ihren unwiderstehlichen, authentischen Charme. Eine etwas kleinere Schachtel haben wir mit einer geblümten Tapete aus unserer Kollektion beklebt. Die Tapete scheint vordergründig die Farben Beige und Rosa zu zeigen, wenn man allerdings ganz genau hinschaut, wird man auch hier in den Blumen den Lavendel-Ton der Wand wiederfinden. Es ist beeindruckend, wie eine Tapete abhängig von den Farben, mit denen man sie konfrontiert, ihren Charakter verändern kann. Um dem Raum einen letzten Feinschliff zu verpassen und die Farben miteinander zu verbinden, haben wir ein paar Blumen in einem passenden Lila-Ton auf den Tisch gestellt. Natürlich haben wir hierzu eine alte Vase verwendet.

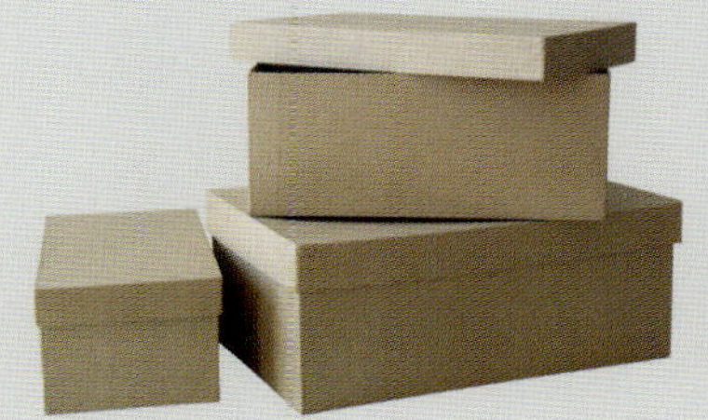

French lavender

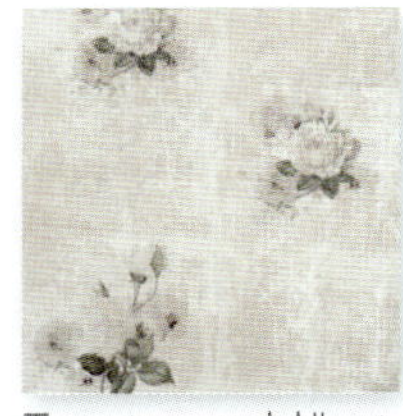
Tapete - geblümt

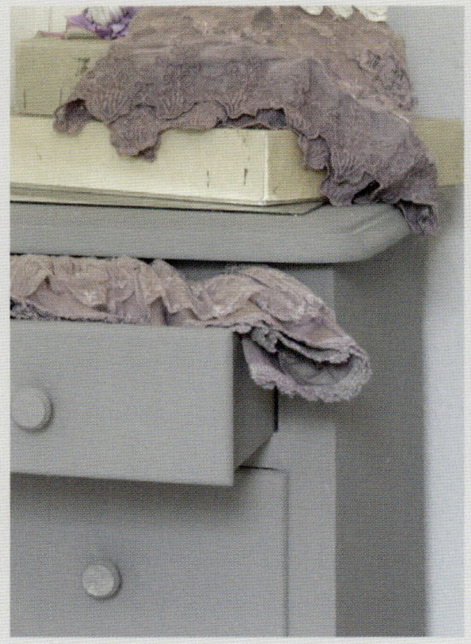
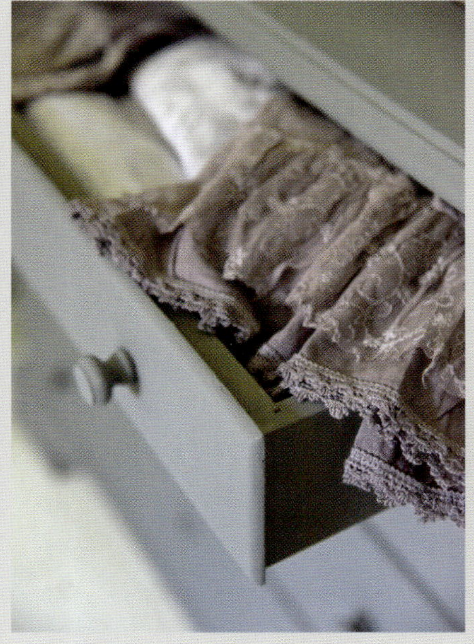
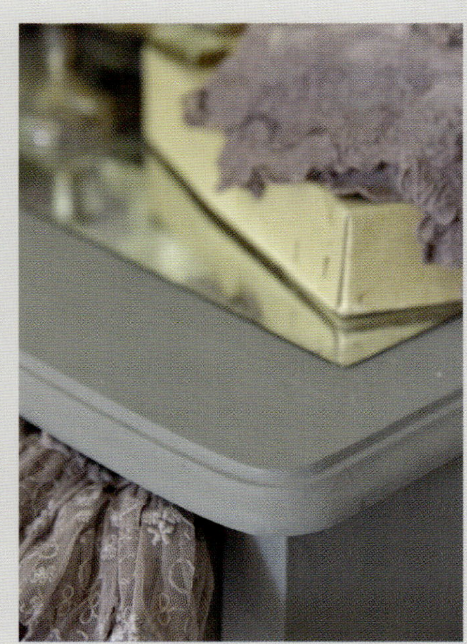

GRAU IN GRAU

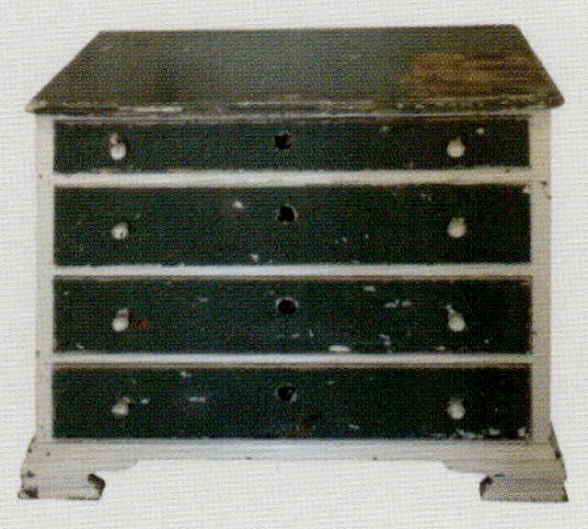

Es gibt unendlich viele Grau-Nuancen. Die Bandbreite reicht nicht nur von ganz dunkel bis ganz hell, sondern es gibt auch verschiedenste Möglichkeiten, einen Grauton warm oder kalt zu gestalten. Der ästhetische Unterschied kann gewaltig ausfallen. Hier haben wir eine Wand in „Warm grey" gestrichen – eine Farbe, die wie der Name bereits andeutet sehr angenehm und warm ist. Die Kommode wurde in „French grey" angemalt, ein dunkles Grau, das ebenfalls warm ist, sodass die Kommode hervorragend zur Wand passt. Die Kommode wurde nach zweimaligem Anstrich noch mit dem Antikwachs „Clear" nachbehandelt. Hier sehen Sie ein Beispiel dafür, dass die Farbe sehr hübsch aussieht und recht prakmatisch ist in all ihrer Schlichtheit. Eine der praktischen Vorteile liegt darin, dass Sie bei der übrigen Einrichtung mehr gestalterische Spielräume haben. Manchmal ist es eben etwas zu viel, wenn alle Oberflächen patiniert sind. Frisch gestrichene Möbel können zum Beispiel gerade vor einer rustikalen, patinierten Wand sehr beeindruckend aussehen.

Warm grey

French grey

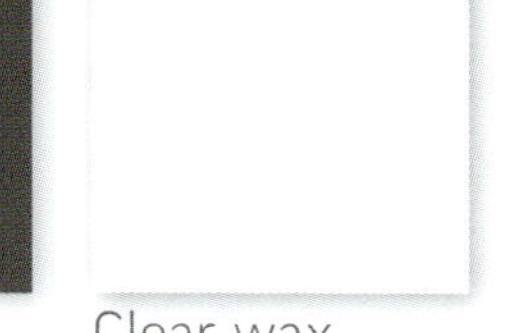
Clear wax

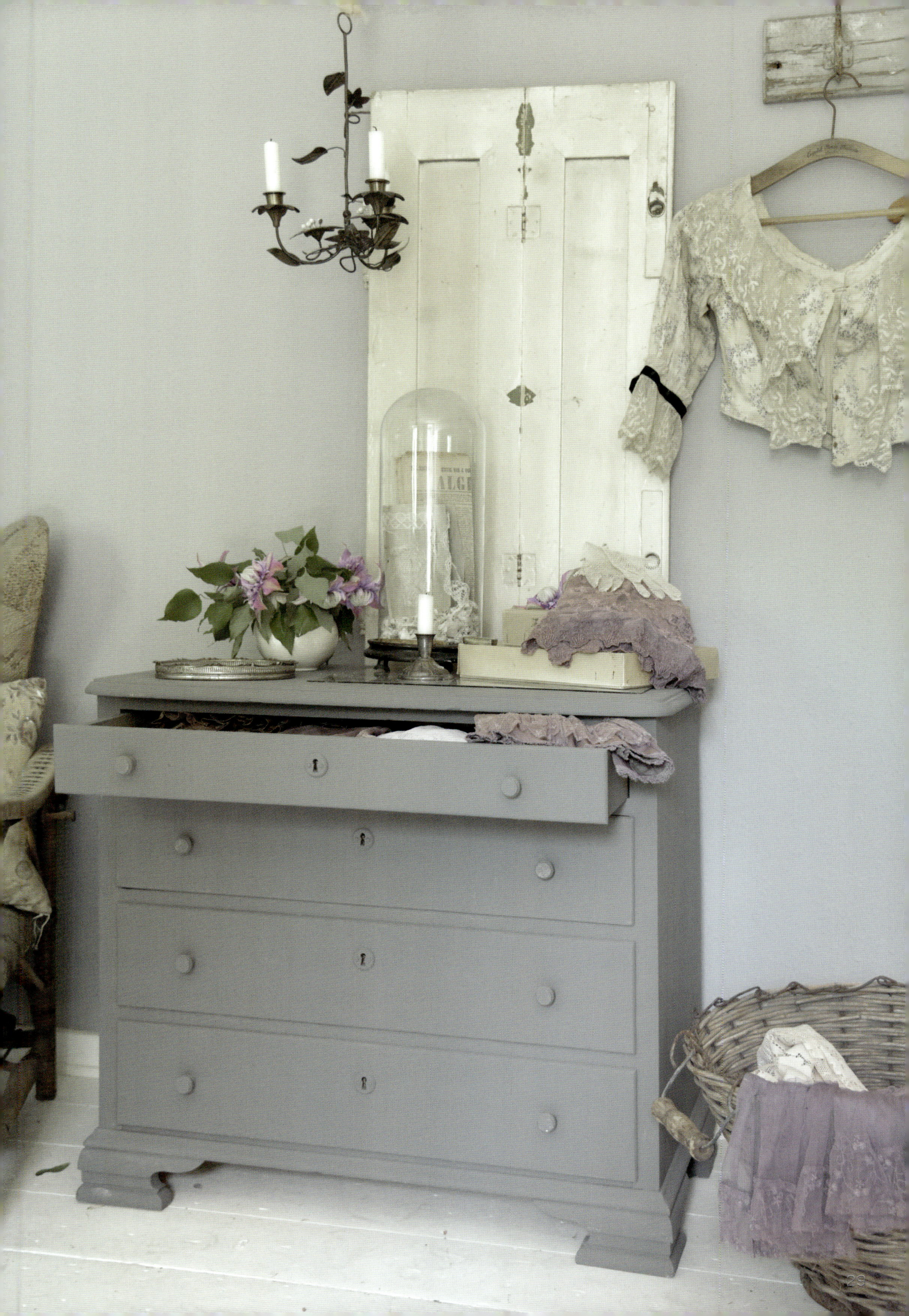

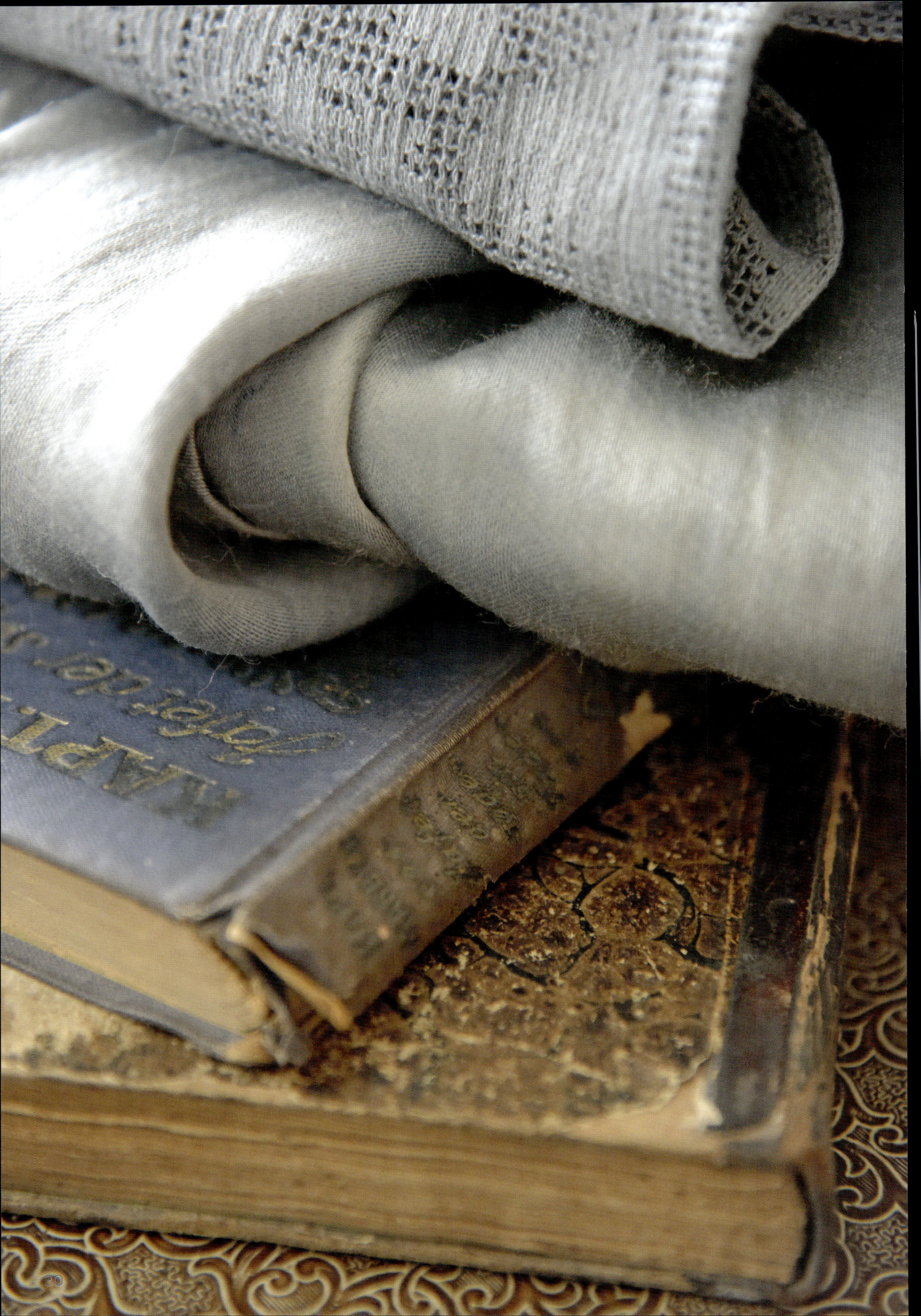

KAPITEL 2

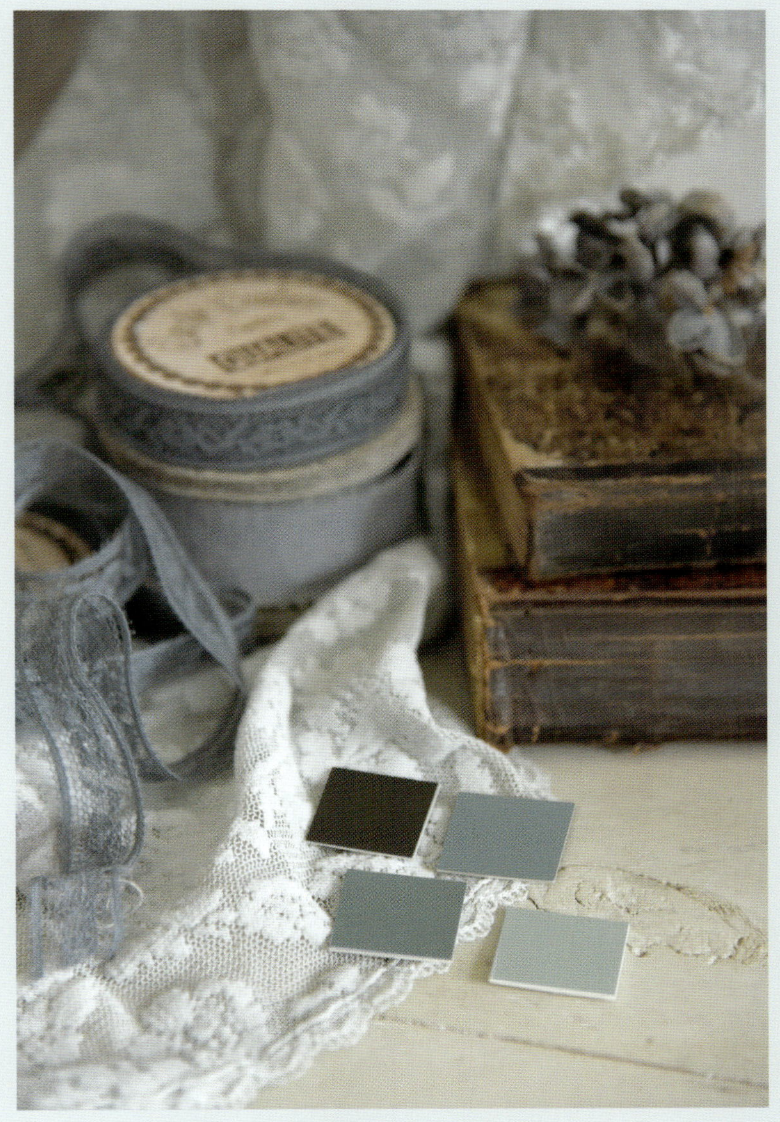

PETROL BLUE, LIGHT PETROL, OCEAN BLUE UND CHOCOLATE BROWN

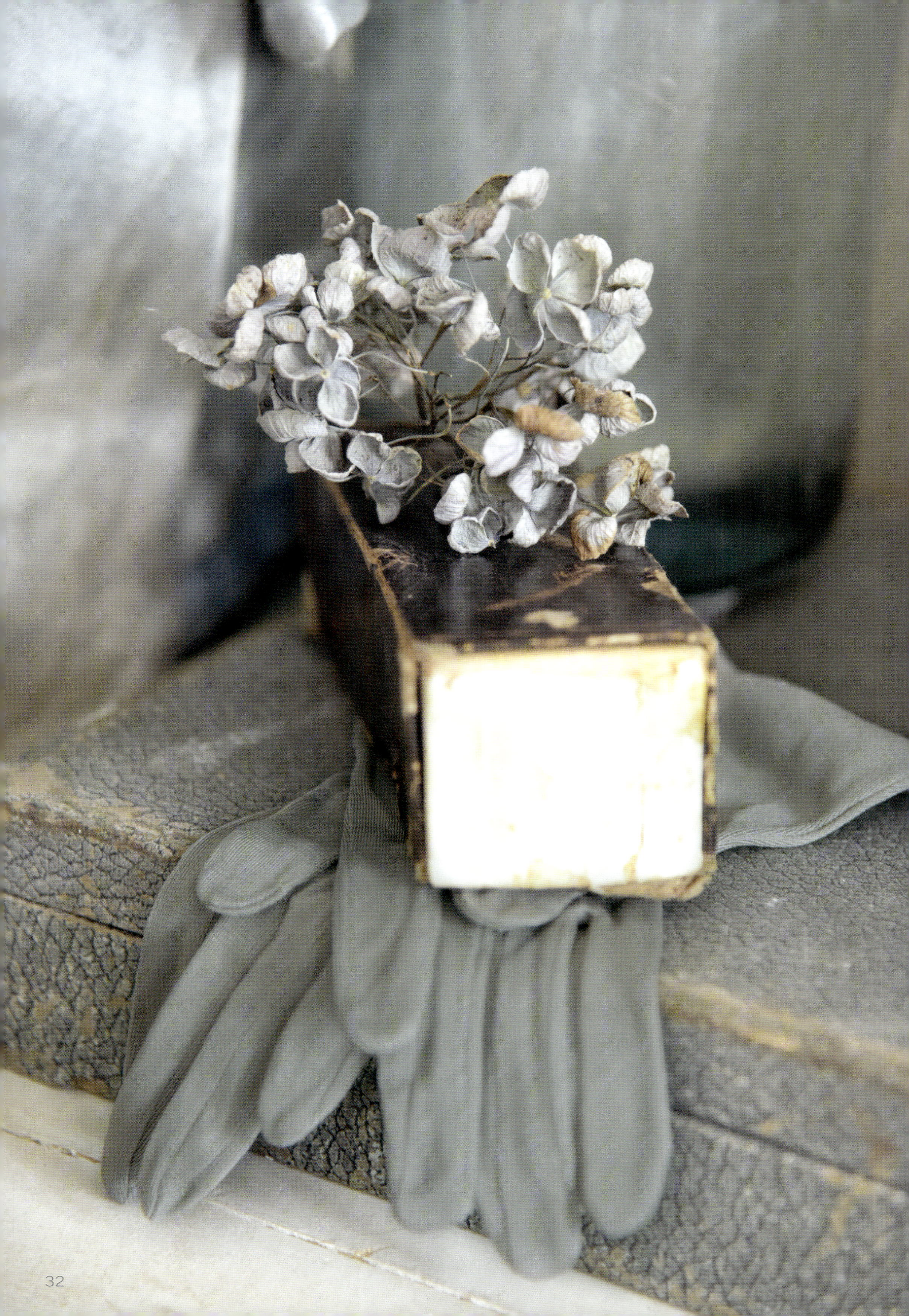

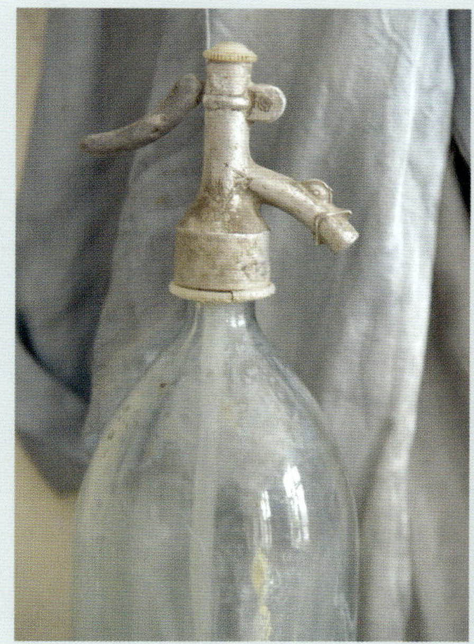

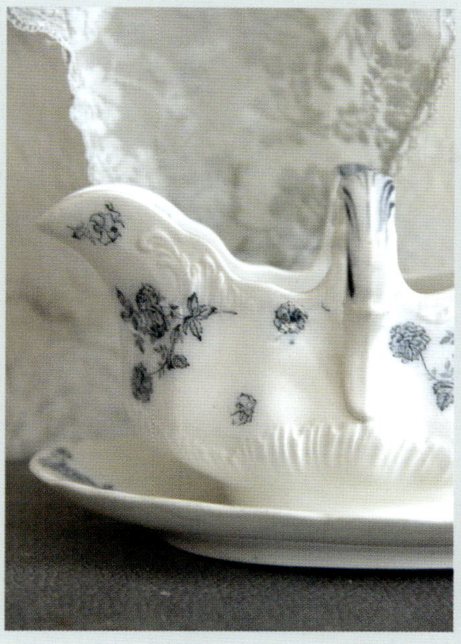

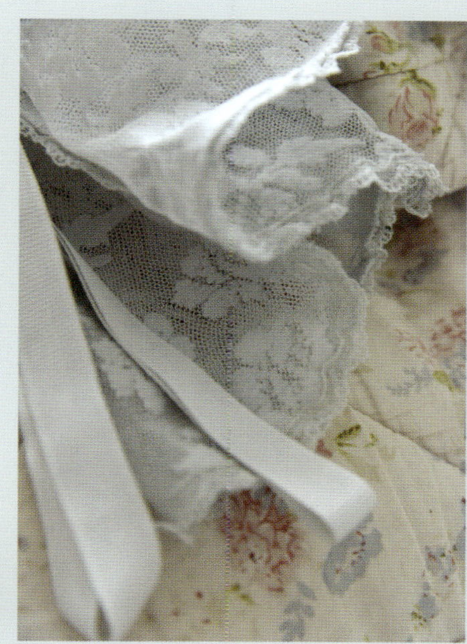

PETROL BLUE, LIGHT PETROL, OCEAN BLUE UND CHOCOLATE BROWN

Wir lieben die Petrolfarben. Kein Wunder, dass das die erste Farbe war, die in unser Sortiment aufgenommen worden ist, als wir mit unserer Vintage Paint-Serie begonnen hatten. In all seinen Varianten zeichnet sich das Petrolblau durch seine gedeckte, zurückhaltende Anmutung aus. Die Farbe ist äußerst schön und vielseitig anwendbar. Gerade in Kombination mit Braun wird diese Farbe zum Leben erweckt. Es heißt, dass Blau beruhigend wirke und Kreativität ausstrahle. Viele von uns verbinden das Blau auch mit der Natur: mit dem Himmel und dem Meer. Vielleicht ist das auch der Grund, warum wir finden, dass Petrol vorzüglich zu Holz passt – egal ob altes, verwittertes Holz, das jahrelang Wind und Wetter ausgesetzt war und mittlerweile ganz hell ist, oder dunkles, rustikales Holz. Wenn Sie diese Farben miteinander kombinieren, können Sie hinreißende Möbel und Einrichtungen kreieren.

Petrol blue

Light petrol

Ocean blue

Chocolate brown

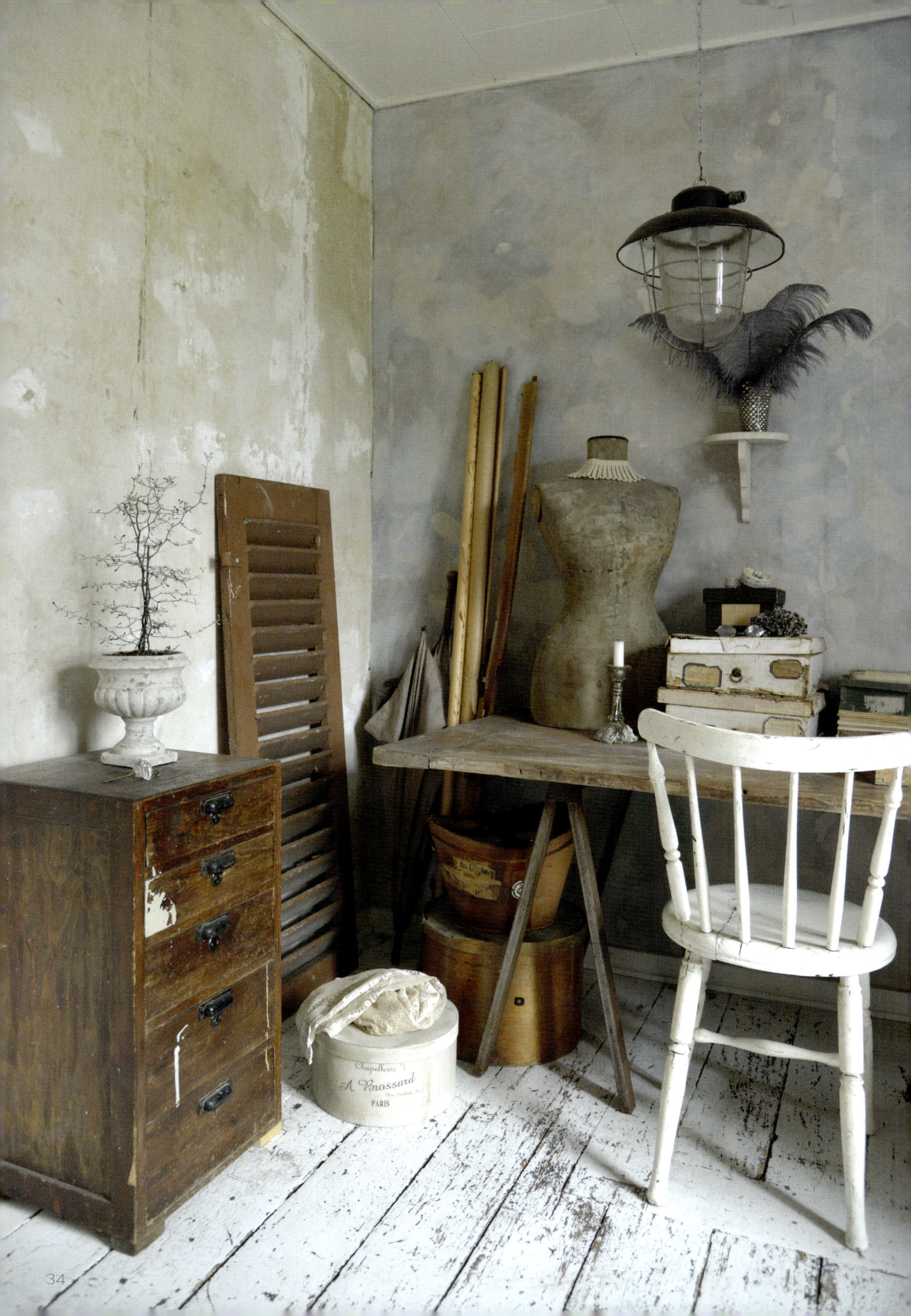
Chapellerie
A. Brossard
PARIS

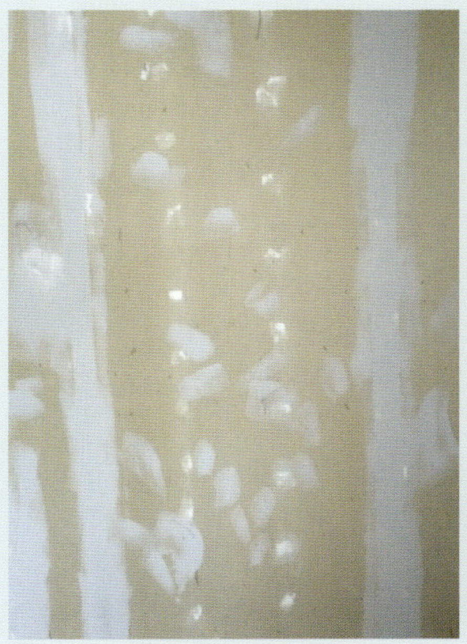

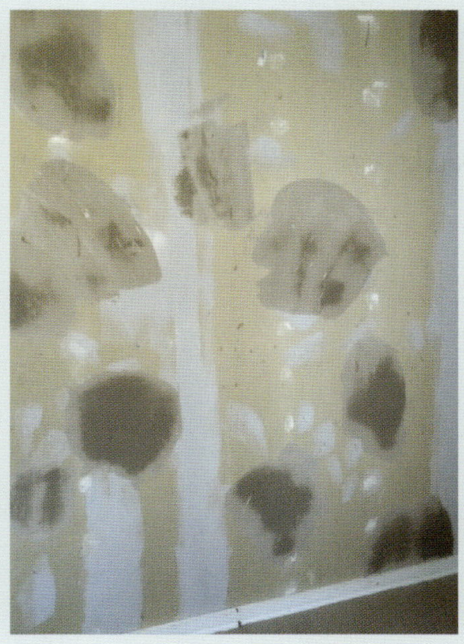

RUSTIKALES ARBEITSZIMMER

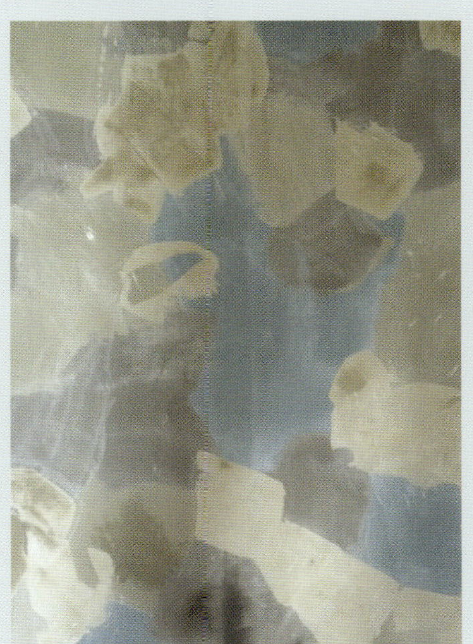

Dieses Zimmer bedurfte einer Totalrenovierung. Deshalb begannen wir zunächst damit, die alten Tapeten von der Wand zu entfernen. Nachdem wir uns durch alle Schichten hindurchgekämpft hatten, trat hier und dort eine wunderbar verputzte Wand hervor, die einen ganz besonderen Charme ausstrahlte. Leider bot sich dieses Bild nicht an jeder Wand, da sie hier und da hinter Gipsplatten verborgen blieben. Hier mussten wir also mit einer kreativen Lösung herangehen. Zunächst experimentierten wir etwas mit Spachtelmasse und Farbe, dann bearbeiteten wir die Gipsplatten mit einer Spachtelmasse auf Gipsbasis. Diese verrührten wir mit einem halben Teil Farbe und einem halben Teil Wasser und trugen sie dann willkürlich auf in verschiedenen Farben. Farben können anders wirken, wenn sie mit einer Spachtelmasse vermengt wurden. Daher sollten Sie immer erst eine kleine Probe anrühren, an einem einzelnen Fleck ausprobieren und trocknen lassen. Wir haben hier folgende Farben verwendet: für den ersten Durchgang „Vintage Brown", für den zweiten Durchgang „Ocean blue", danach „Chocolate brown" und abschließend „Antique sand". Nach dem Trocknen wird der Prozess mit allen vier Farben in kleineren Feldern wiederholt, bis die gesamte Wand bedeckt ist. Wichtig ist, dass jede einzelne Mischung über das gesamte Bild hinweg verwendet wird, da es praktisch unmöglich ist, exakt denselben Farbton nochmals zu treffen. Wenn die gesamte Oberfläche getrocknet ist, werden die Wände abgeschliffen, bis sie ganz glatt und gleichmäßig sind. Hierfür empfehlen wir den Einsatz einer Schleifmaschine. Die Oberfläche komplett von Hand abzuschleifen, kann sich hingegen als äußerst anstrengend erweisen.

Ocean blue

Chocolate brown

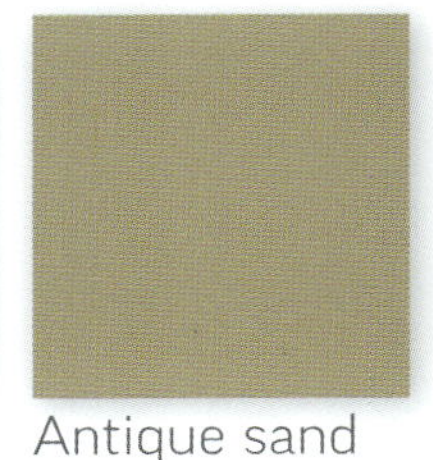

Antique sand

Vintage brown

White wax

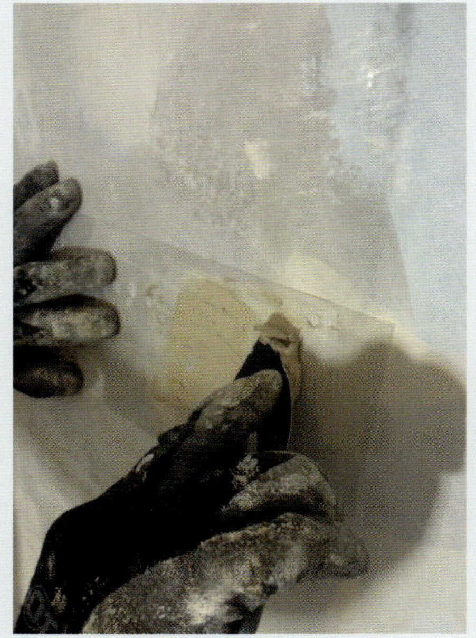

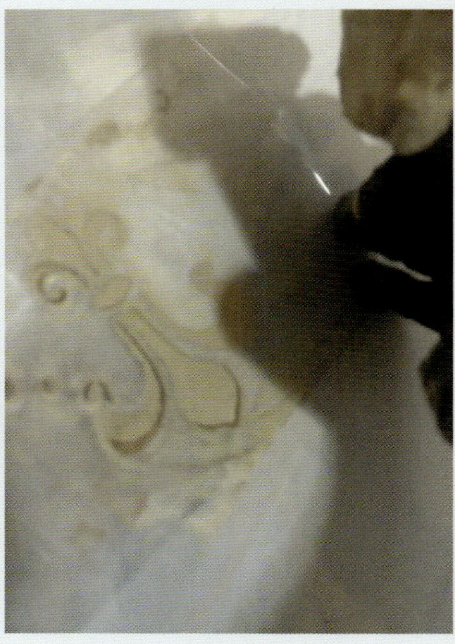

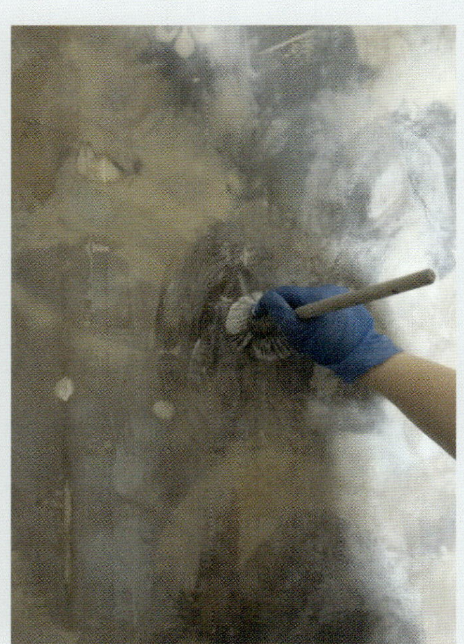

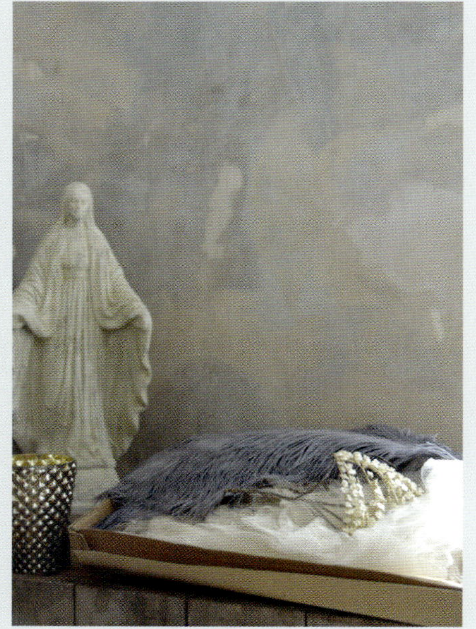

WANDDEKORATION

Da wir nun schon mit der Spachtelmasse zugange waren, kam uns eine lustige Idee, die wir unbedingt ausprobieren mussten: Sollte es nicht auch möglich war, Stencils mit Spachtelmasse zu „malen"? Und ob! Wir haben einfach eine Schablone mit dem Muster einer französischen Lilie genommen und die Spachtelmasse, die wir zuvor mit Vintage Paint „Antique sand" angerührt haben, direkt auf die „fertige" Wand aufgetragen. Im Handumdrehen entstand eine Dekoration, die sich wunderbar reliefartig von der Wand abhebt. Nach dem Trocknen haben wir die Lilien noch einmal behutsam von Hand geschliffen und von Hand etwas Antikwachs „White" aufgetragen. Das Wachs wird mit einem Tuch oder mit der bloßen Hand, die man durch Einmalhandschuhe schützen sollte, sanft verteilt, damit sich eine glatte, seidenweiche Oberfläche ergibt. Der Boden wurde bereits vor acht Jahren weiß gestrichen. Zwischenzeitlich war der Raum als Schlaf-, Kinder- und als Gästezimmer verwendet worden. Dabei wurden immer wieder die Möbel umher gerückt, was den Boden sichtlich in Mitleidenschaft gezogen hat. Diese Gebrauchsspuren sind es allerdings auch, die dem Boden seinen ganz eigenen Charakter verleihen. Wir entschieden uns daher dafür, die Patina zu bewahren. Da sie allerdings nicht in allen Bereichen des Bodens vorhanden war, halfen wir an den unverbrauchten Stellen ein wenig mit dem Spachtel nach.

Antique sand White wax

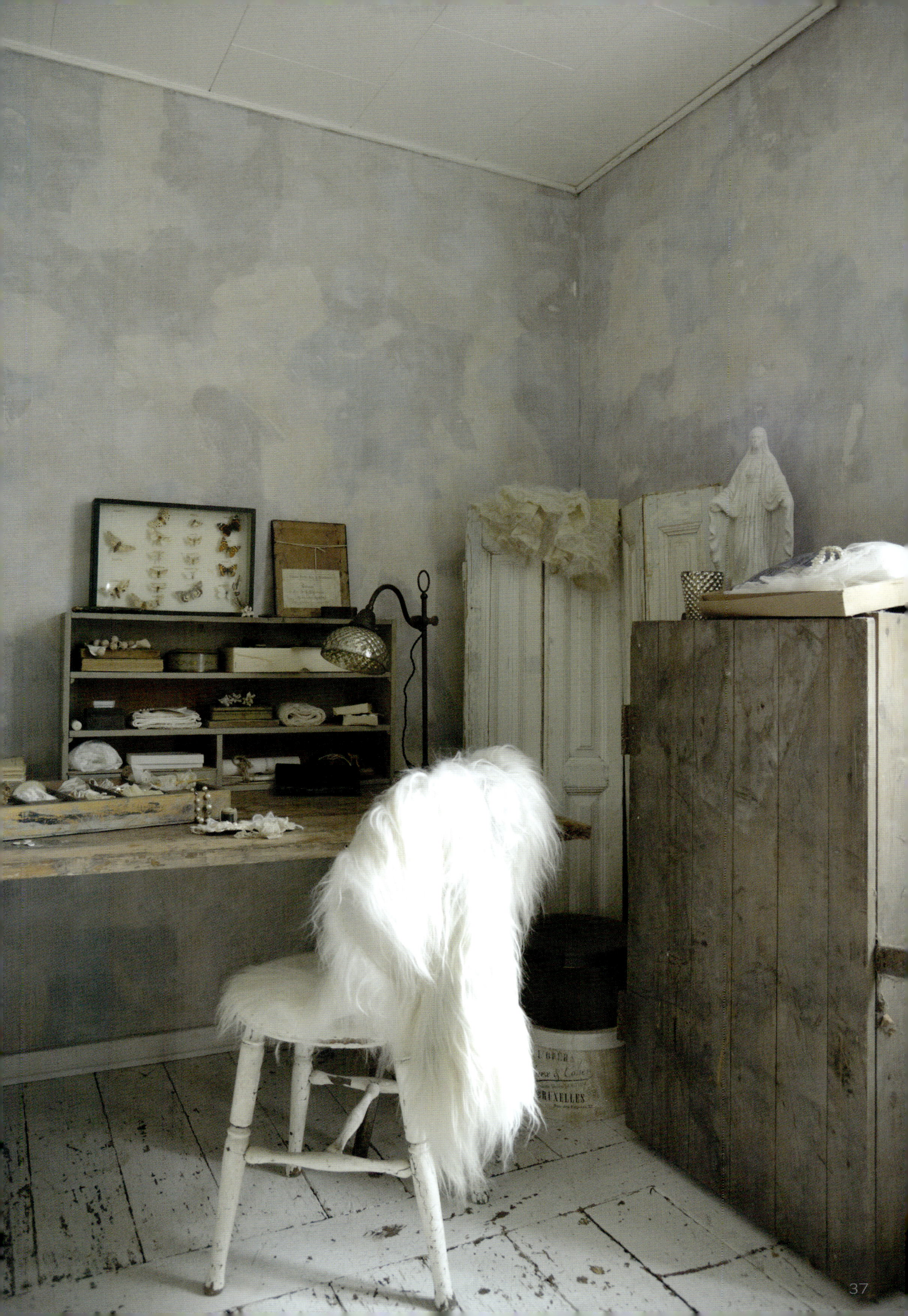

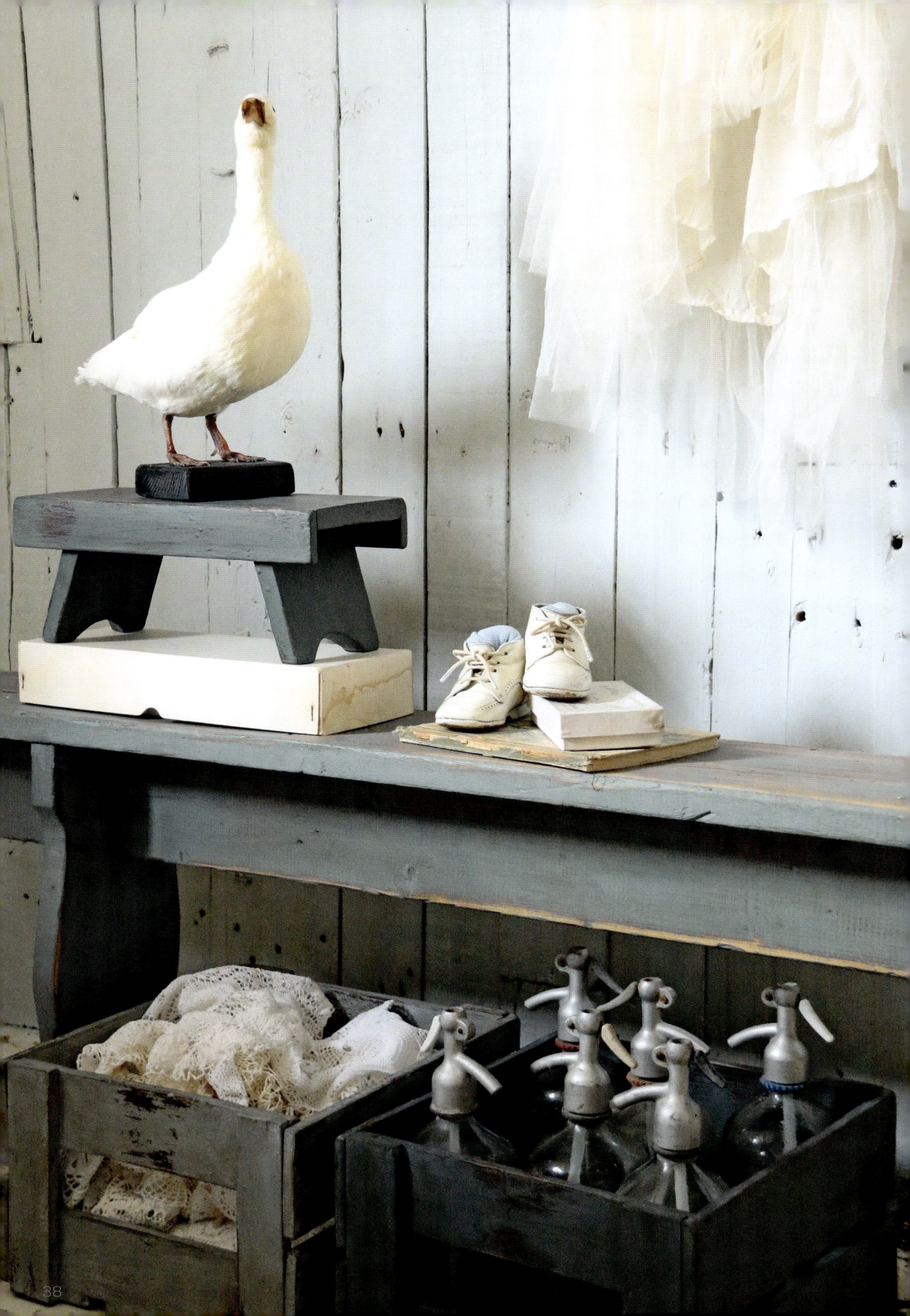

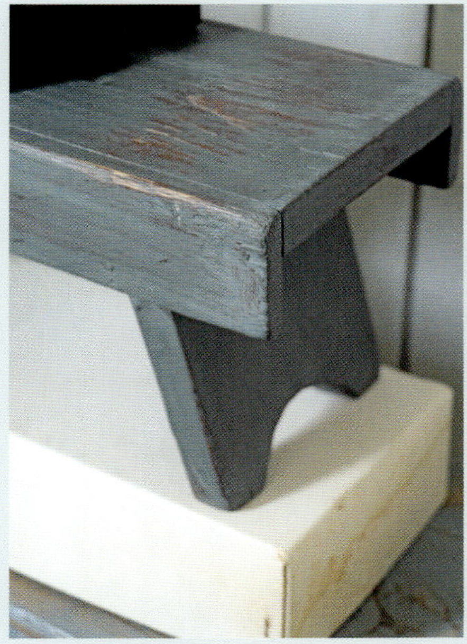

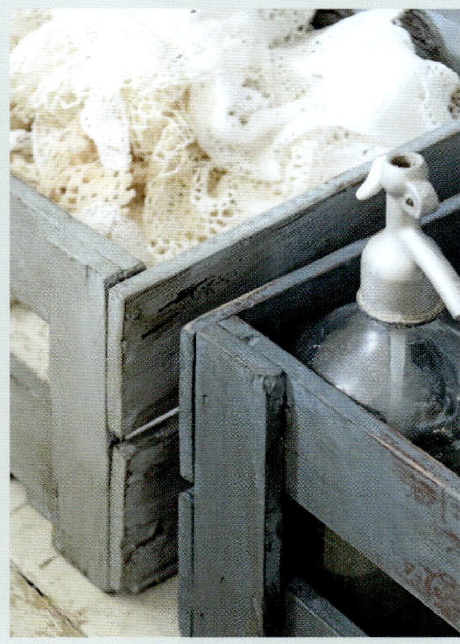

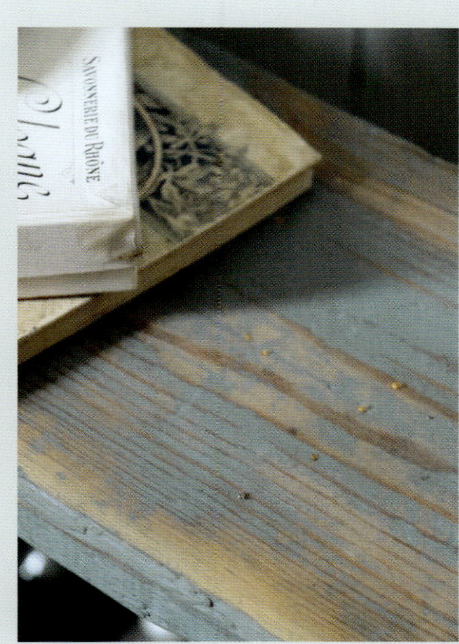

BLAUE BÄNKE

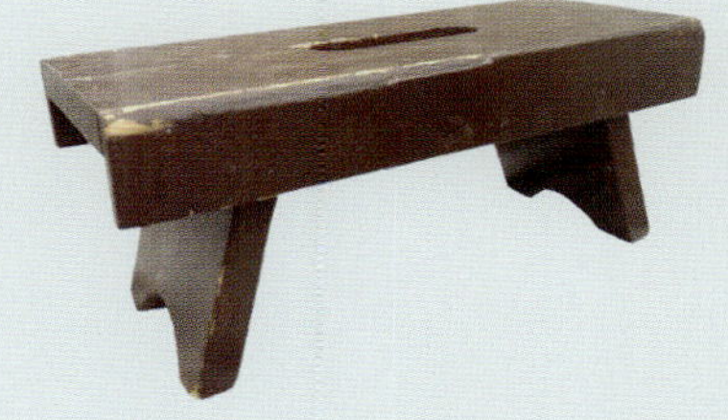

Wenn Sie Möbel im Naturholzdekor besitzen, können Sie diesen ganz wunderbaren Patinaeffekt erzielen. Wir haben hier zum Beispiel einen alten Schemel in unserem dunkelsten Blauton, „Petrol blue", gestrichen. Ebenso verfuhren wir mit der langen Bank. Die Holzkisten strichen wir mit „Light petrol" und „Petrol blue". Wir trugen die Farbe jeweils nur einmal auf und schliffen die Oberflächen und Kanten nach dem Trocknen mit der Maschine, sodass ein großer Teil der Farbe wieder verschwand. Wenn Sie mit der Schleifmaschine zugange sind, sollten Sie sich überlegen, an welchen Stellen solch ein Möbelstück im Laufe der Jahre am ehesten die Farbe verloren hätte. Wenn eine künstlich herbeigeführte Patina unnatürlich aussieht, dann liegt es meistens daran, dass man die Abnutzungseffekte an den falschen Stellen nachgebildet hat. Bei einer Bank sollte die Farbe daher besonders stark an den Kanten und auf der Sitzfläche abgetragen werden. Achten Sie auch darauf, beim Schleifen nicht zu systematisch vorzugehen. Sind die Gebrauchsspuren zu gleichmäßig, kann es das Gesamtbild ebenfalls ruinieren. Wenn Sie die Arbeit mit Patinierungstechniken noch nicht gewohnt sind, kann es sich lohnen, hier erst einmal ein wenig zu experimentieren, bevor Sie sich an Ihre besten Möbel heranwagen. Doch keine Angst: Diese Technik ist gar nicht so schwer, wenn Sie nur diese Ratschläge beachten. Was passiert, wenn man die neue Farbe abträgt ist, dass das rustikale Holz unter der Farbe wieder zutage tritt. Aufgrund des alten Holzes sieht das nicht nur sehr authentisch aus, sondern weiß auch durch die wirklich schöne Farbkombination aus Blau und Braun zu überzeugen. Wir haben die Bank mit unserem Antikwachs „Clear" nachbehandelt, den Schemel und die Kisten mit „Brown".

Petrol blue

Light petrol

Clear wax

Brown wax

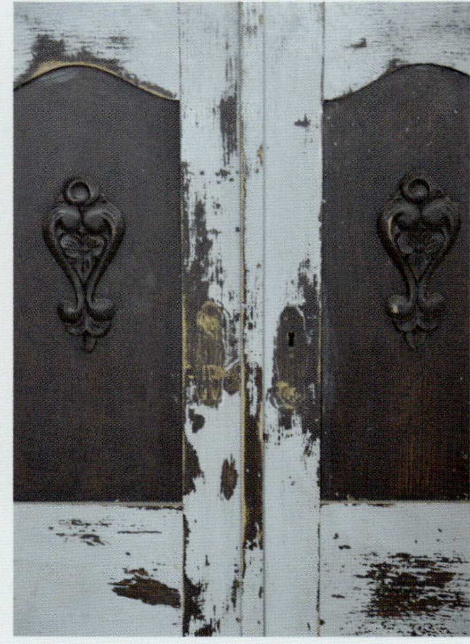

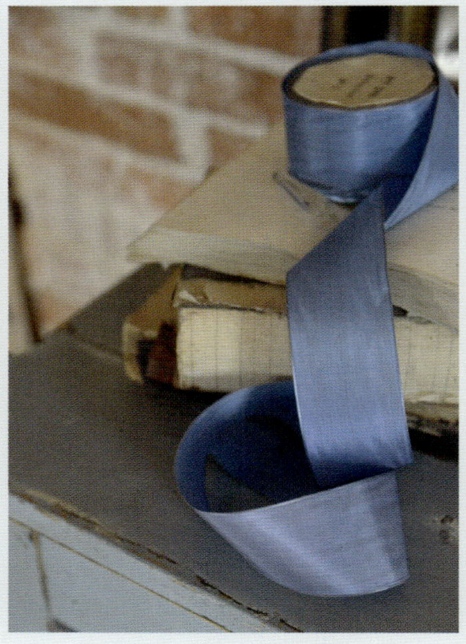

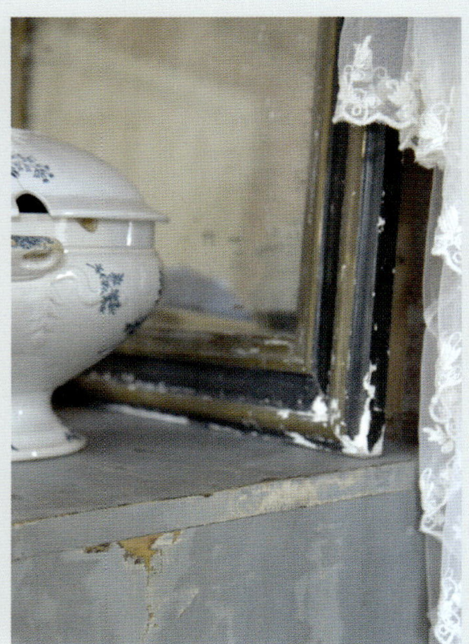

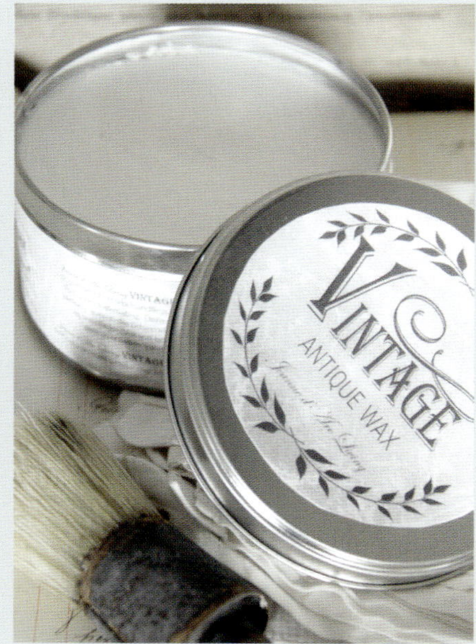

ANRICHTE

Als wir diese Anrichte entdeckten, präsentierte sie sich in ihrer wirklich schönen Originalbemalung. Die Kombination aus Petrol und Braun ist einfach unvergleichlich! Deshalb haben wir die Oberfläche weitestgehend bewahrt. Leider war jedoch die Arbeitsplatte stark beschädigt. Also stellten wir uns der Herausforderung, eine passende Farbe selbst anzumischen. So sehr wir uns allerdings bemühten, wollte es uns nicht gelingen, den bestehenden Farbton zu treffen – bis wir den Farbton „Light petrol" in die Hände bekamen und fanden, dass das gar nicht so verkehrt aussah. In der Tat lag diese Farbe sehr dicht am Original-Farbton, sodass wir sie ausschließlich für die Ausbesserung der Arbeitsplatte verwendeten. Was die übrige Anrichte anging, wollten wir den Patinaeffekt gerne noch etwas verstärken. Also gingen wir mit einem kleinen Winkelschleifer mit grobem Sandpapier zu Werke. Neben den Kanten schliffen wir auch rund um die Griffe, auf der Arbeitsplatte und an den Türen nach, um die Oberfläche etwas lebendiger zu gestalten. Abschließend behandelten wir die gesamte Anrichte mit unserem Antikwachs „Clear" nach, damit die Oberfläche geschützt wird und leichter zu reinigen ist.

Light petrol Clear wax

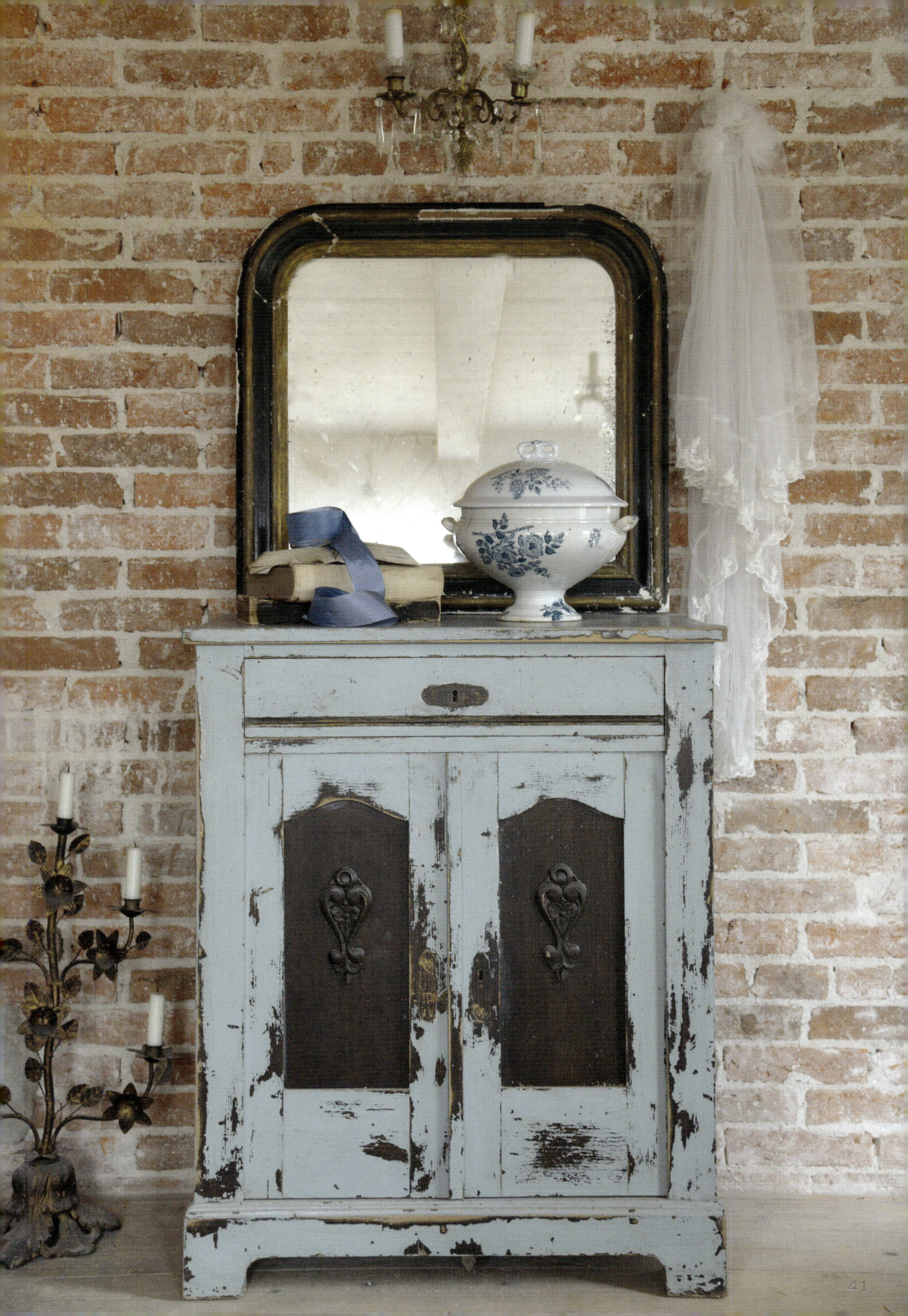

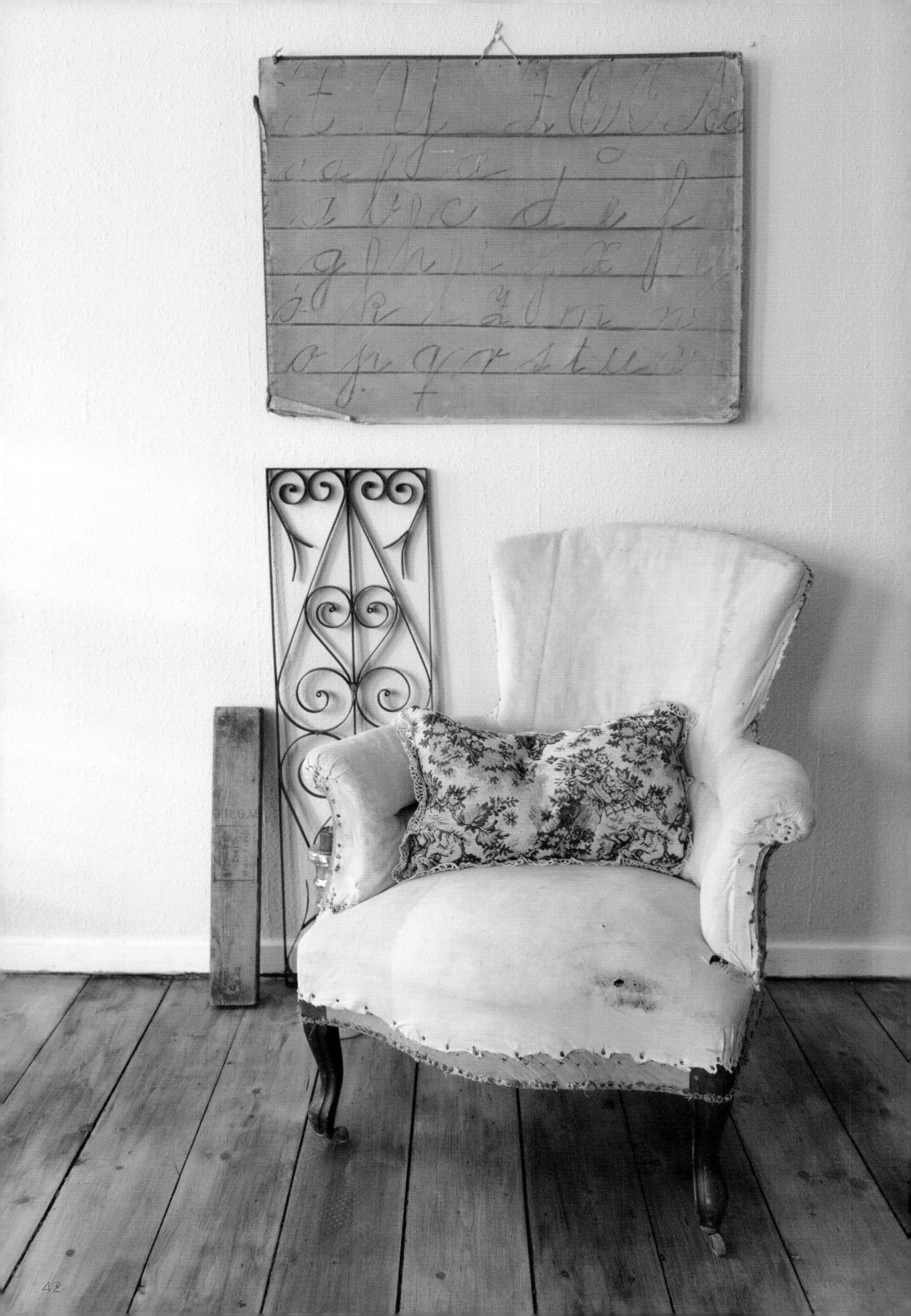

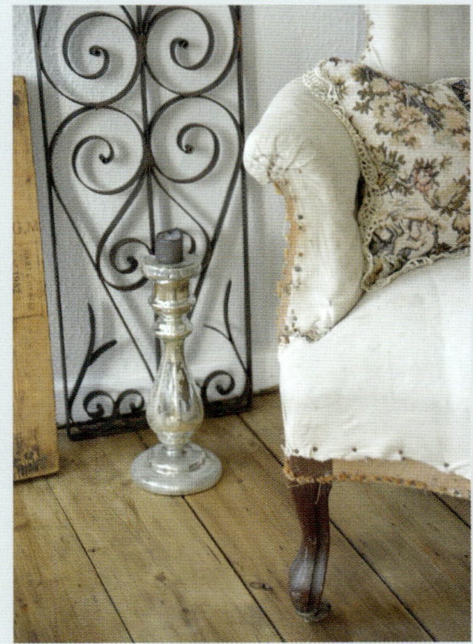
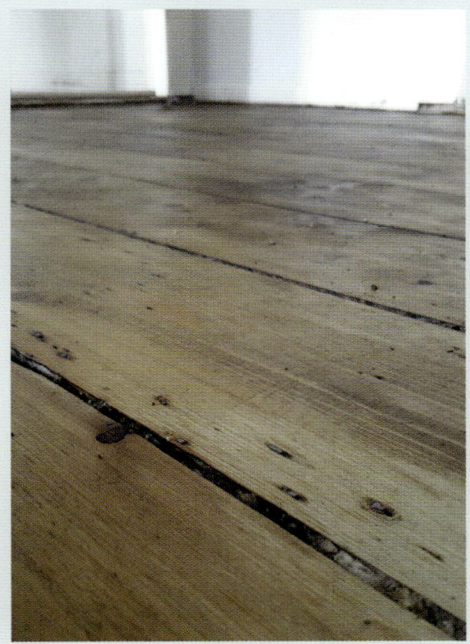
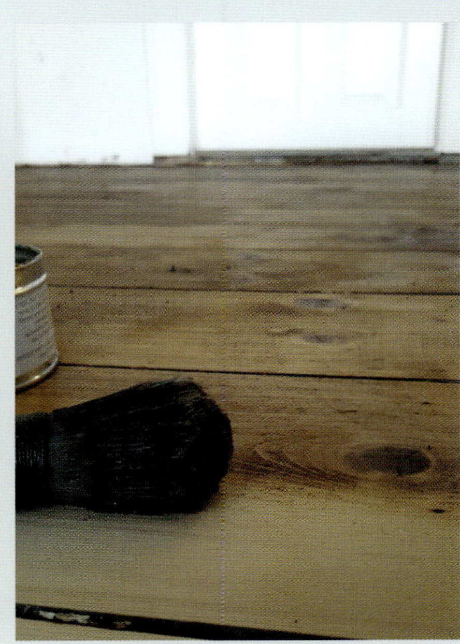

GEWACHSTER BODEN

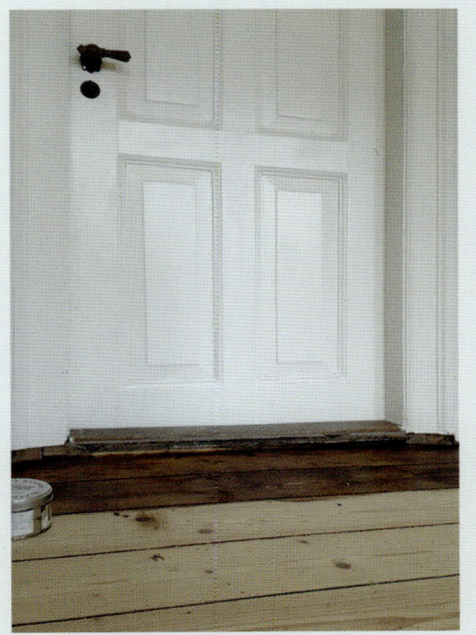

In vielen alten Häusern und Wohnungen findet man immer noch originale Holzböden vor. Häufig verbergen sie sich unter diversen Lagen Linoleum oder Kork. So war es auch hier. Die neuen Böden waren bombenfest auf den Holzboden geleimt und ließen sich kaum noch entfernen. Deshalb mussten wir uns Spezialisten ins Haus holen, die den Boden mit schwerem Gerät entfernten. Die frisch abgehobelten Böden wollten wir weiß streichen, aber zunächst ein kleines Experiment wagen: Ob es uns gelingen würde, die alten Dielen so zu behandeln, dass sie wie verwitterte, alte Planken aussähen? Da der Boden ja sowieso gestrichen werden sollte, ließen wir es auf einen Versuch ankommen. Die Erfahrungen im Umgang mit unserem Antikwachs sagten uns, dass es mit ihm durchaus gelingt, Kisten aus Kiefernholz alt und authentisch aussehen zu lassen. Um einen vergleichbaren Patinaeffekt auf diesem Boden zu erzielen, verwendeten wir „Clear", „Light brown" und „Brown". Das Wachs trugen wir mit einem großen, buschigen Pinsel auf, mit dem wir den Boden abschnittsweise zunächst mit dem klaren, anschließend mit den beiden farbigen Wachsen – zuerst das hellere, danach das dunklere Braun – betupften. Hier und da mischten wir die beiden Farben auch, um das Farbspiel auf dem Boden lebendig und natürlich wirken zu lassen.

Brown wax

Light brown wax

Clear wax

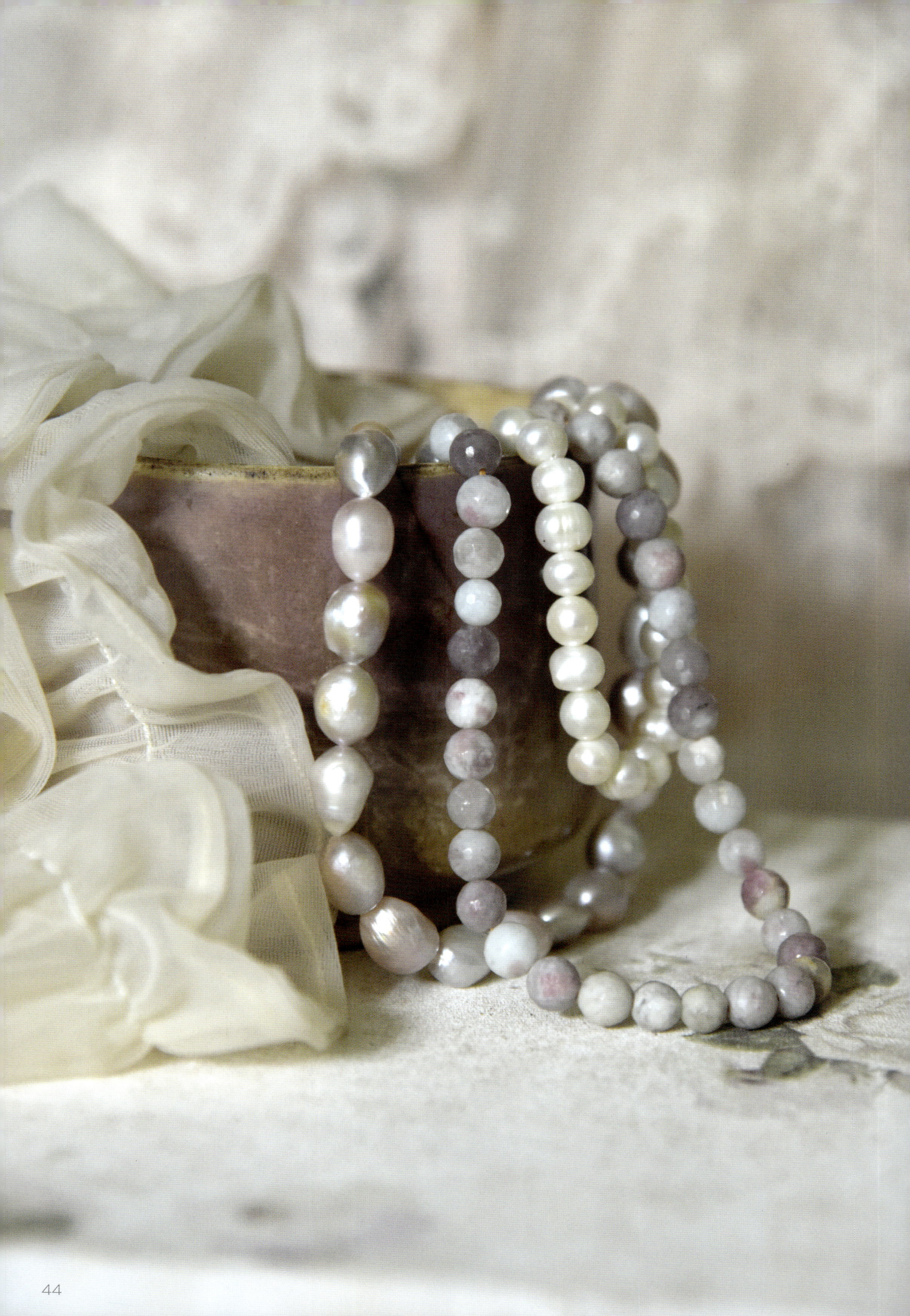

KAPITEL 3

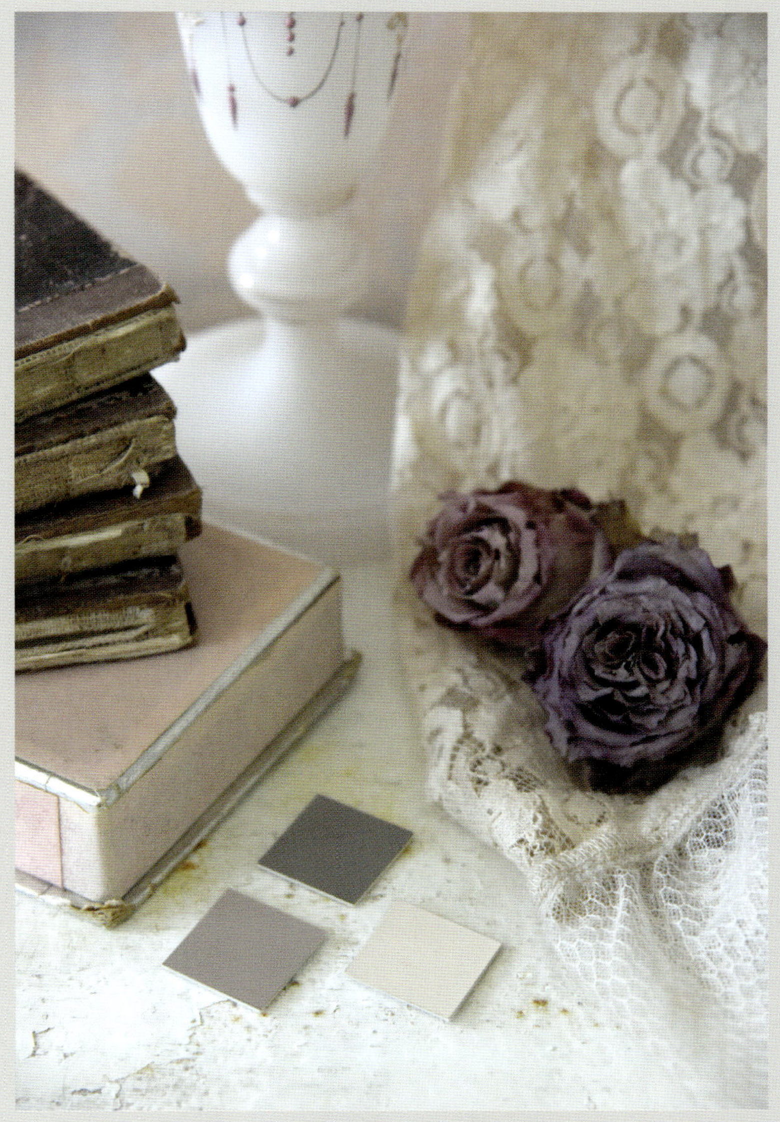

ANTIQUE ROSE, DELIGHTFUL PLUM UND DARK POWDER

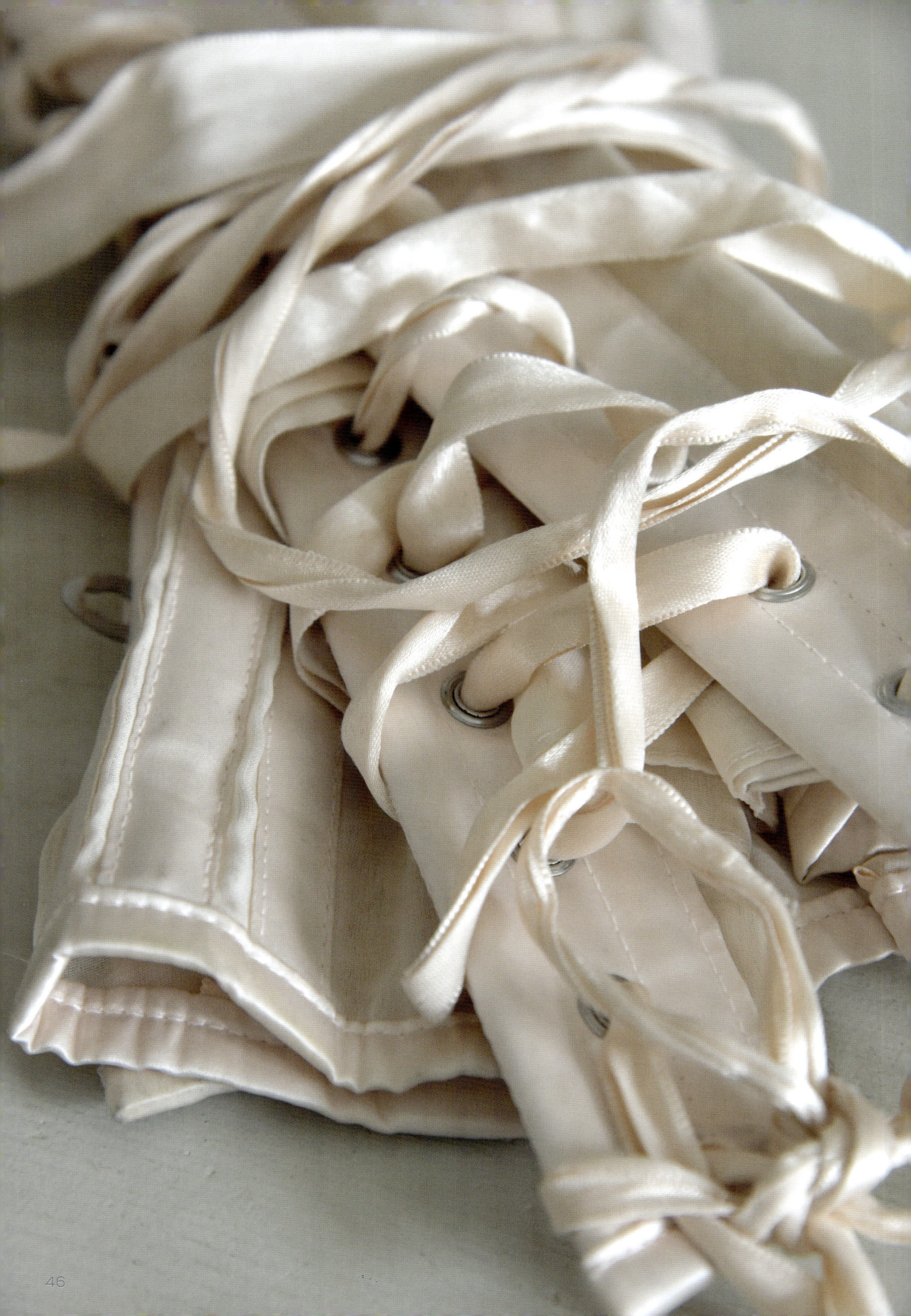

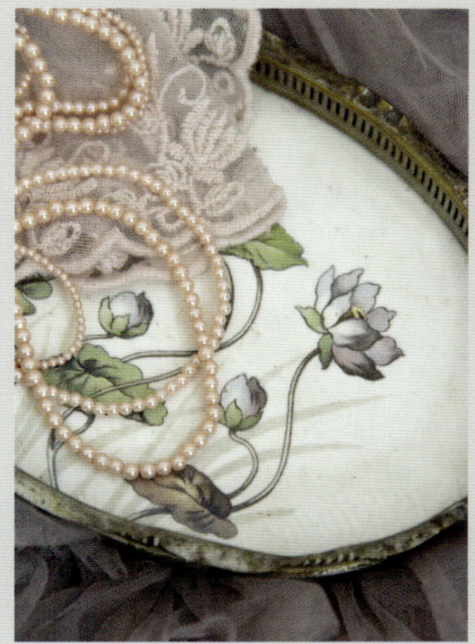

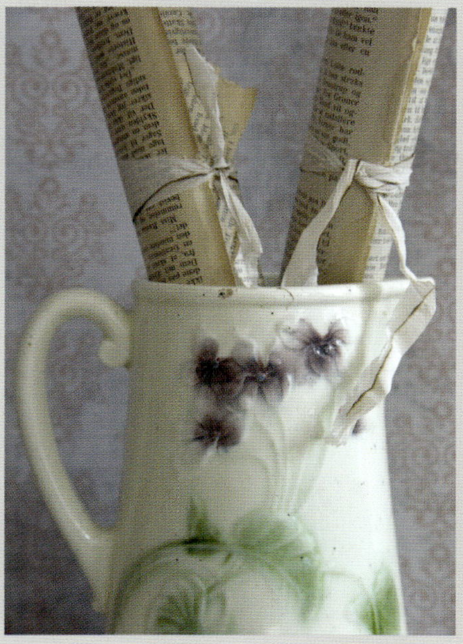

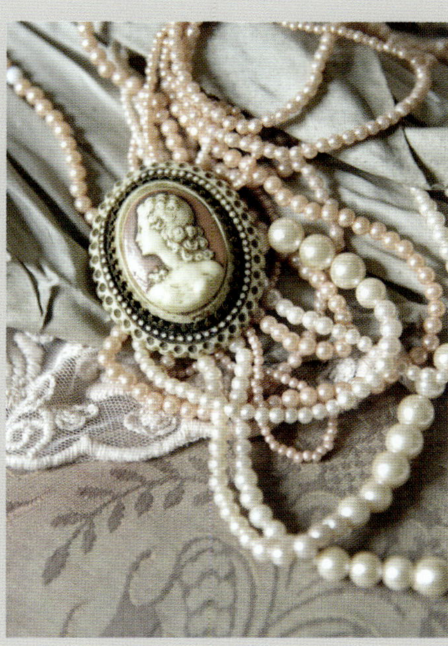

ANTIQUE ROSE, DELIGHTFUL PLUM UND DARK POWDER

Diese drei schönen Farbtöne, die von einem gedeckten Rosa bis hin zu einem kraftvollen Lila reichen, gehören zu unseren absoluten Lieblingsfarben. Sie passen zu den allermeisten alten Dingen, weshalb wir sie bevorzugt einsetzen um Akzente in der Einrichtung zu setzen – zum Beispiel als Begleiter für allerlei französische Antiquitäten in Antikgold. Vor allem aber harmonieren diese Farben gut mit den meisten unserer Lieblingsblumen. Seien es Christrosen und Fritillarien (Schachblume) im Frühjahr, Clematis und Akeleien im Sommer oder Hortensien im Herbst. Alle diese Blumen gibt es in genau jenen „antiken" Farben, mit denen wir uns in diesem Kapitel auseinandersetzen. Kurzum: Diese Farben sind ausgesprochen schön und genau das Richtige für all jene Romantiker, die den rustikalen und maroden Charme alter Dinge zu schätzen wissen.

Antique rose

Delightful plum

Dark powder

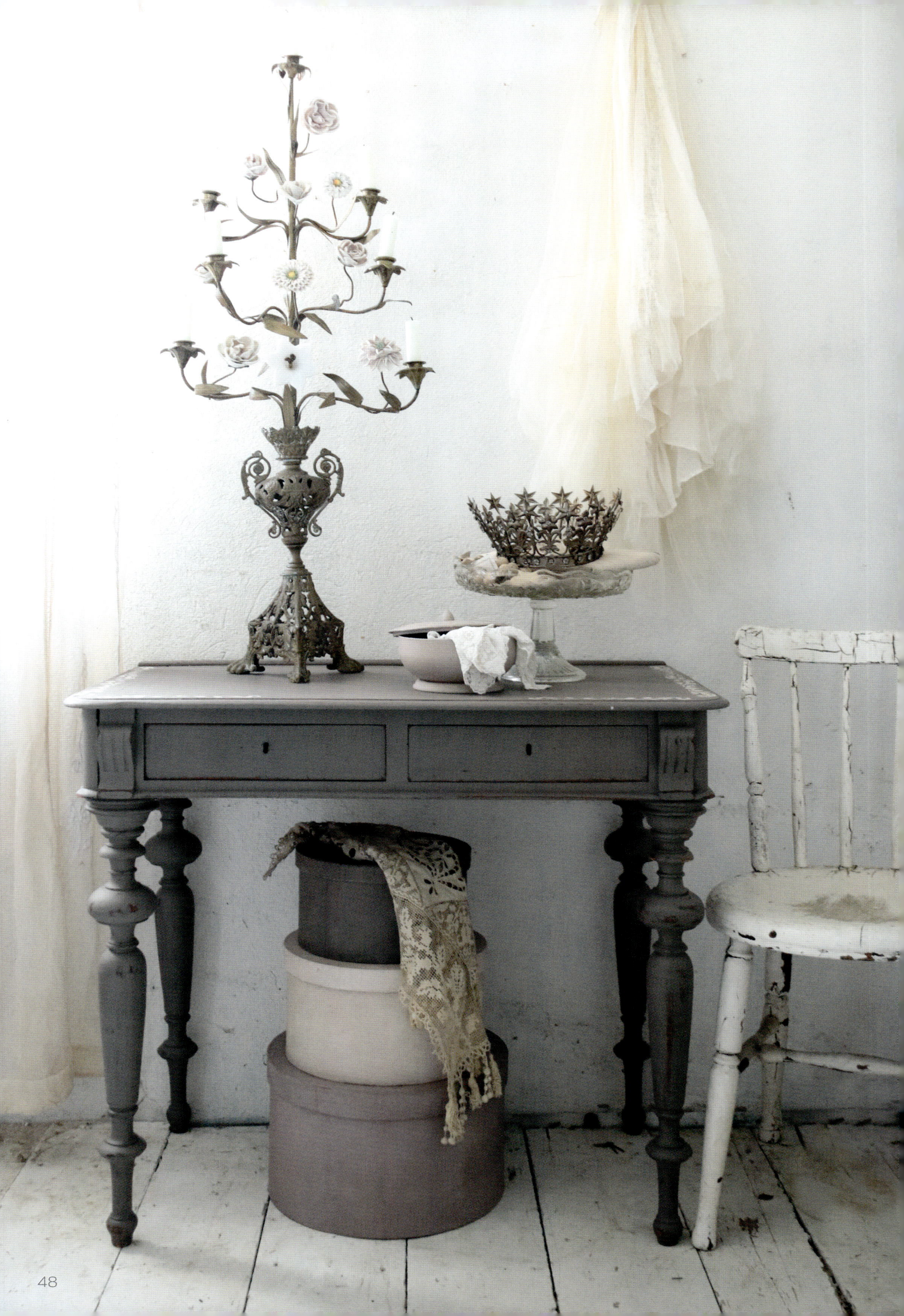

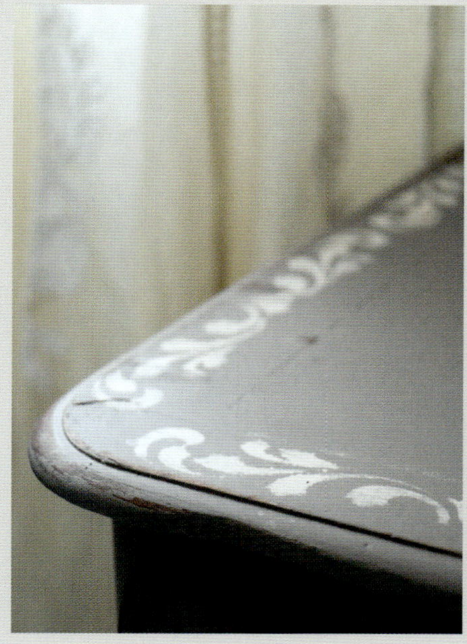

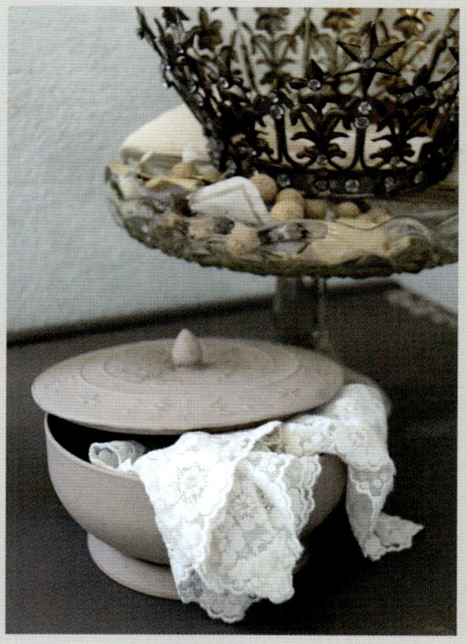

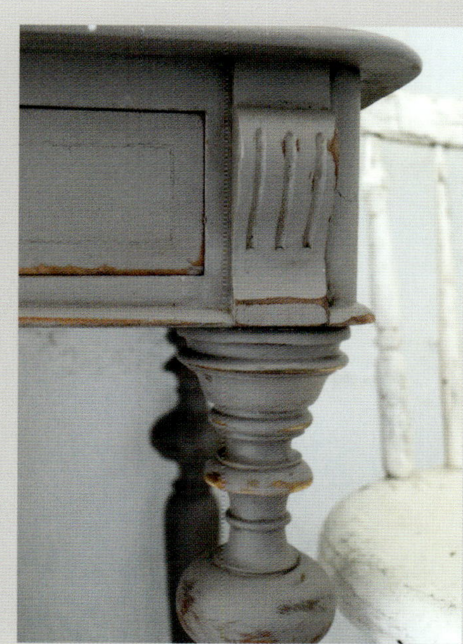

KONSOLENTISCH

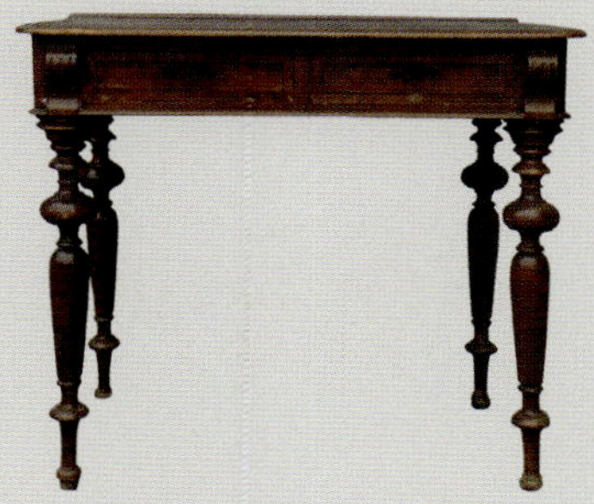

Ein Konsolentisch wie dieser – braun und mit gedrechselten Beinen – haben viele von uns als Erbstücke zuhause stehen. Wer keinen hat, findet sicherlich ein preiswertes Angebot auf dem Flohmarkt oder beim Trödler. Solche Tische gelten meist nicht als sonderlich exklusiv, allerdings können sie mit wenig Mühe zum Mittelpunkt des Wohnzimmers werden. Gerade weil diese Tische meist sehr reichhaltig verziert sind, fällt es leicht, sie wirkungsvoll zu patinieren. Dabei muss allerdings beachtet werden, dass es bei dunklen Möbeln wie diesen bisweilen schwer fällt, die Farbe deckend aufzutragen. Es kann durchaus passieren, dass das dunkle Braun immer wieder durch die Farbe durchschlägt. Es lohnt sich daher, die Deckkraft der Farbe zunächst einmal auf der Rückseite des Möbelstücks zu testen, bevor Sie loslegen. Natürlich können Sie auch, so wie wir hier, gleich zu einer dunkleren Farbe greifen. Dann tritt das Problem eigentlich nie auf. Sollte es dennoch unbedingt eine hellere Farbe sein, kann es sich lohnen, zunächst einen Lack oder Sperrgrund zu verwenden. Für unseren Tisch haben wir die Farbe „Dark powder" verwendet und diese nach dem Trocknen an den Kanten abgeschliffen. Anschließend haben wir Antikwachs „Light brown" mit einem weichen Pinsel aufgetragen und mittels einer Schablone ein Muster am Rand des Tisches aufgemalt. Hierfür verwendeten wir „Antique rose", „Delightful plum" und „Dark powder" und versiegelten die Dekoration abermals mit Antikwachs im Farbton „Light brown". Es sieht übrigens sehr hübsch aus, wenn man Schachteln in unterschiedlichen Farben zusammenstellt. Die kleine Metallschachtel auf dem Tisch wurde in „Delightful plum" bemalt.

Dark powder

Delightful plum

Antique rose

Light brown wax

Clear wax

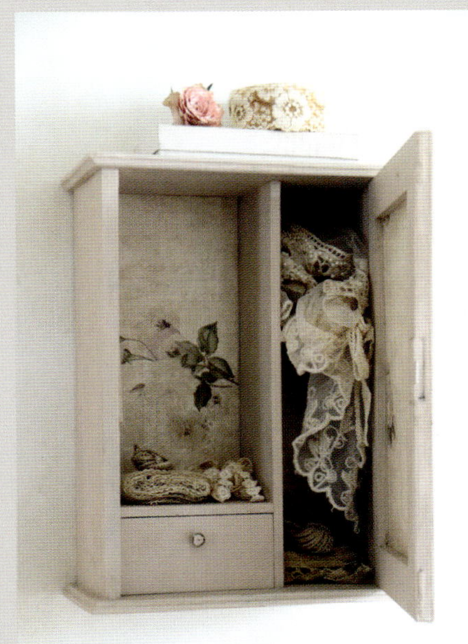

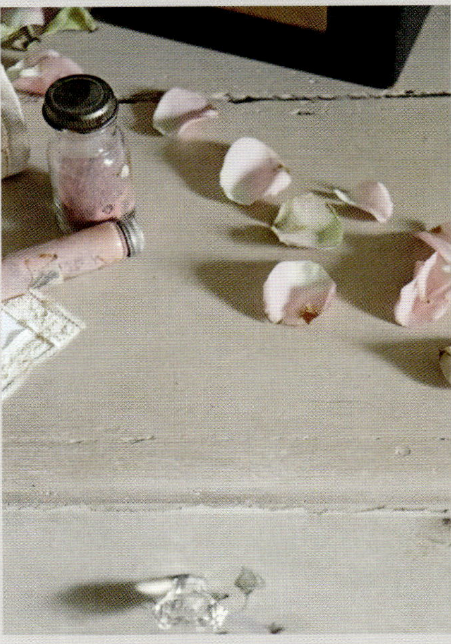

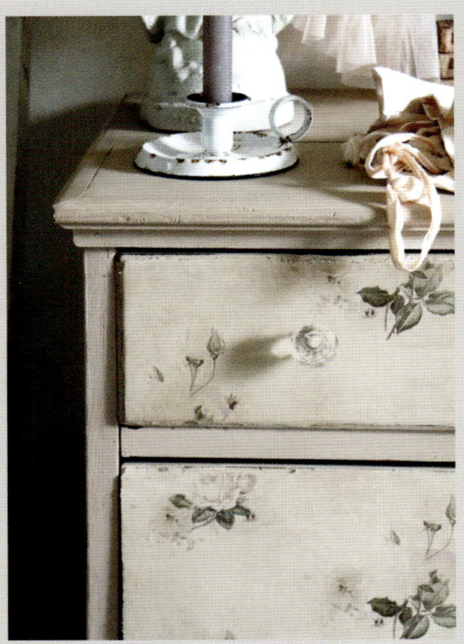

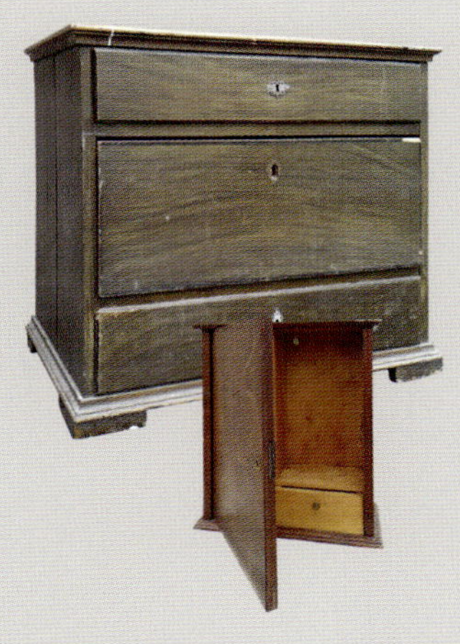

MÖBEL MIT TAPETE

Wir haben unsere geblümte Tapete ganz bewusst so gestaltet, dass sie uns zu unserer beliebtesten Farbe, „Antique rose", passt. Hier haben wir eine Kommode und ein kleines Schränkchen just in dieser Farbe gestrichen. Die Vorderseite der Kommode haben wir zudem mit der geblümten Tapete versehen und gläserne Griffe angebracht. Den Rest des Möbelstücks haben wird mit Antikwachs im Farbton „White" nachbehandelt. Um zu verhindern, dass das Gesamtbild nicht gar zu sehr ins Romantische abdriftet, haben wir die Wand hinter der Kommode in einer anderen Farbe gestrichen. Allerdings muss man schon zugeben, dass man nur schwer dem Reiz widerstehen kann, ganz groß mit Tüllröckchen und Korsagen aufzufahren. Im kleinen Schränkchen haben wir derweil die Innenrückwand tapeziert. Wenn man die Tapete auf einer so kleinen Fläche wie hier verwendet, kann man sie auch mit einem beidseitigen Klebeband oder einem Bastelleim anbringen. Auf größeren Flächen verwenden wir unseren „Primer & Sealer" oder herkömmlichen Tapetenkleister – gerne auch den aus der Vintage Paint-Serie. Der Leim wird als Pulver verkauft und kann in den gewünschten Portionsgrößen angerührt werden. Wenn Sie die Tapete mit einem Hobbymesser zuschneiden, kann es sich lohnen, die Kante mit einem feinen Sandpapier abzuschleifen. Nach dem Aufkleben haben wir die Tapete noch mit Antikwachs im Farbton „Light brown" nachbehandelt. Dadurch wirkt sie rustikaler und bildet ein gutes Gegengewicht zum romantischeren „Antique rose"-Farbton.

Antique rose

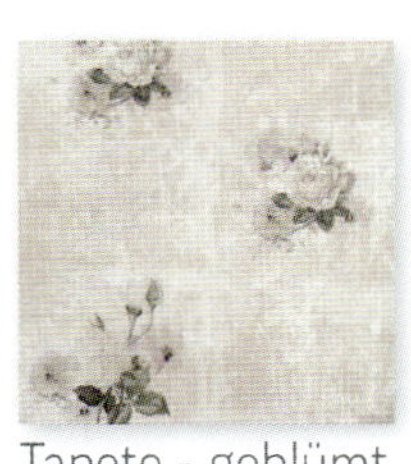

Tapete - geblümt

White wax

Light brown wax

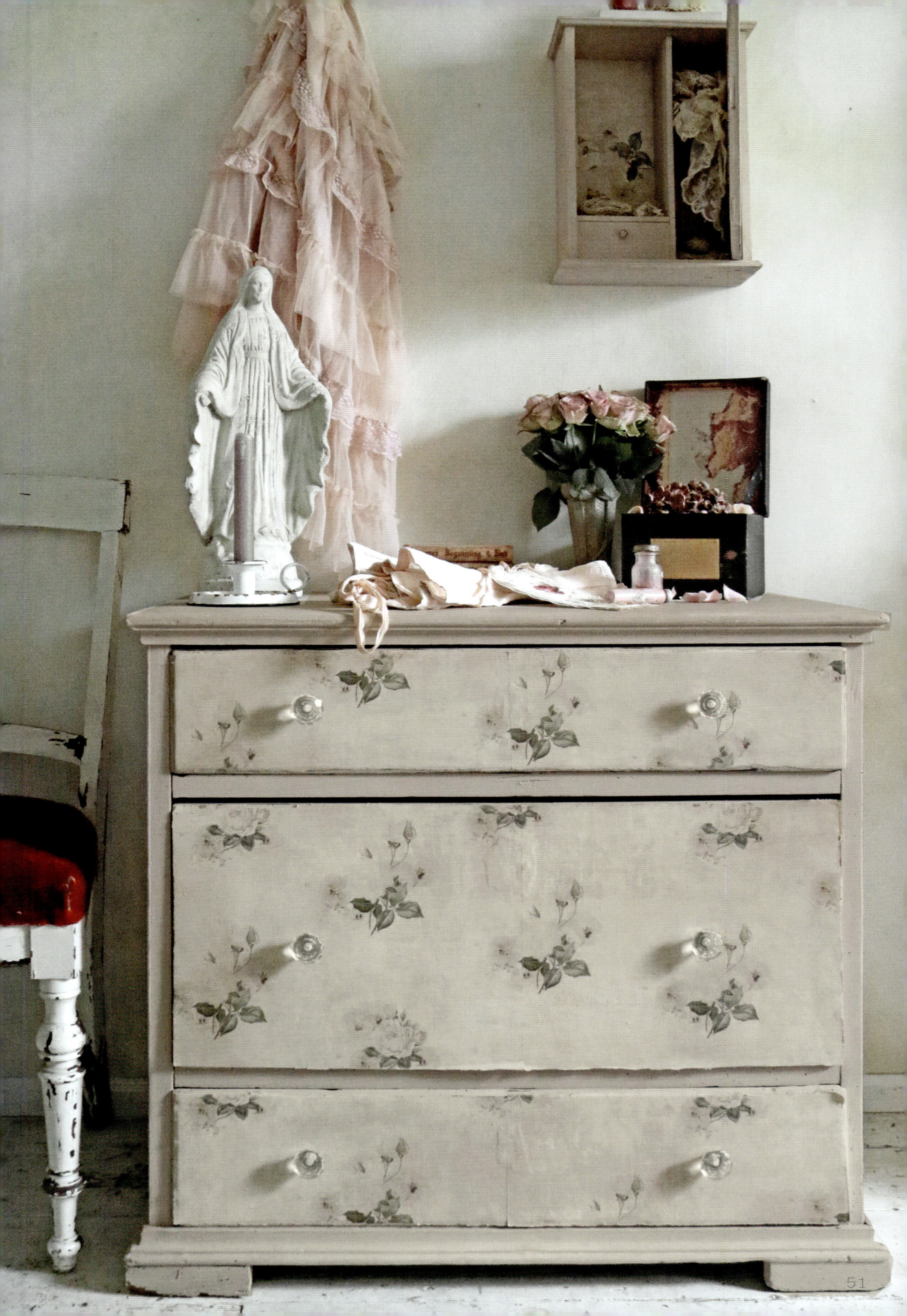

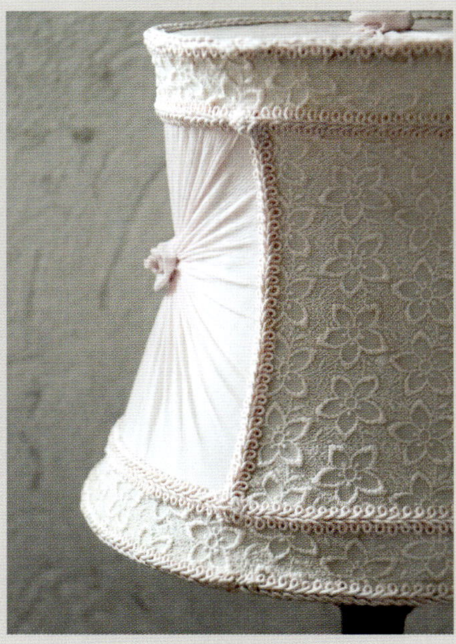

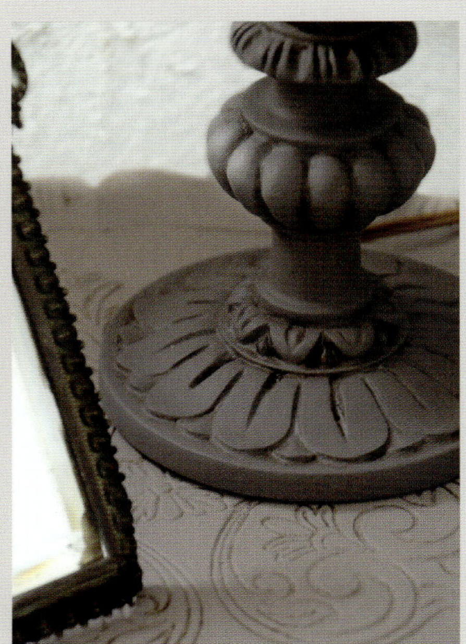

EINE GEMÜTLICHE ECKE

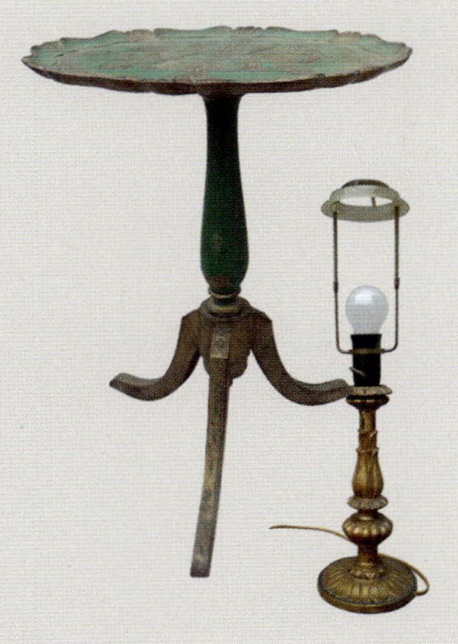

Noch ein paar Dinge, die man äußerst einfach und für wenig Geld auf Flohmärkten und beim Trödler finden kann. Genau das ist es, was wir so lieben: Raritäten zu finden, um die sich niemand sonst schert, um diese in etwas Schönes und Nützliches zu verwandeln. So wie dieser kleine Tisch, der sich durch seine schönen Verzierungen auszeichnet. Diese kommen allerdings erst richtig zur Geltung seitdem er neu gestrichen wurde. Gerade die Tischplatte gewinnt deutlich durch die einheitliche Farbe, indem sie das hübsche Muster klarer hervortreten lässt. Bei der Farbwahl entschieden wir uns für „Delightful plum" und versiegelten die Oberfläche mit unserem Antikwachs „Clear". Den Lampenfuß aus Messing bemalten wir mit „Dark powder" und behandelten ihn mit Antikwachs im Farbton „Light brown" nach. Für den Schirm verwendeten wir „Antique rose", haben hierfür aber keinen Pinsel verwendet (was durchaus möglich gewesen wäre), sondern haben den Schirm einfach in einen Eimer mit einer Farb-Wasser-Lösung getaucht. Hierfür mischten wir 1 Teil Farbe mit 20 Teilen Wasser – unser Grundrezept, wann immer wir Textilien mit unserem Vintage Paint färben wollen. Natürlich fällt die Farbe immer etwas blasser aus, wenn man sie mit Wasser verdünnt. Deshalb sollten Sie unter Umständen eine Farbe nehmen, die etwas dunkler ist als geplant. Bitte beachten Sie auch, dass nicht alle Textilien Farbe aufnehmen. Am besten halten Sie sich an Naturmaterialien wie Baumwolle oder Wolle, die sich grundsätzlich immer gut färben lassen. Schlechter sieht es mit synthetischen Materialien aus. Hier müssen Sie es vielleicht zunächst auf einen Test ankommen lassen.

Delightful plum

Dark powder

Antique rose

Light brown wax

Clear wax

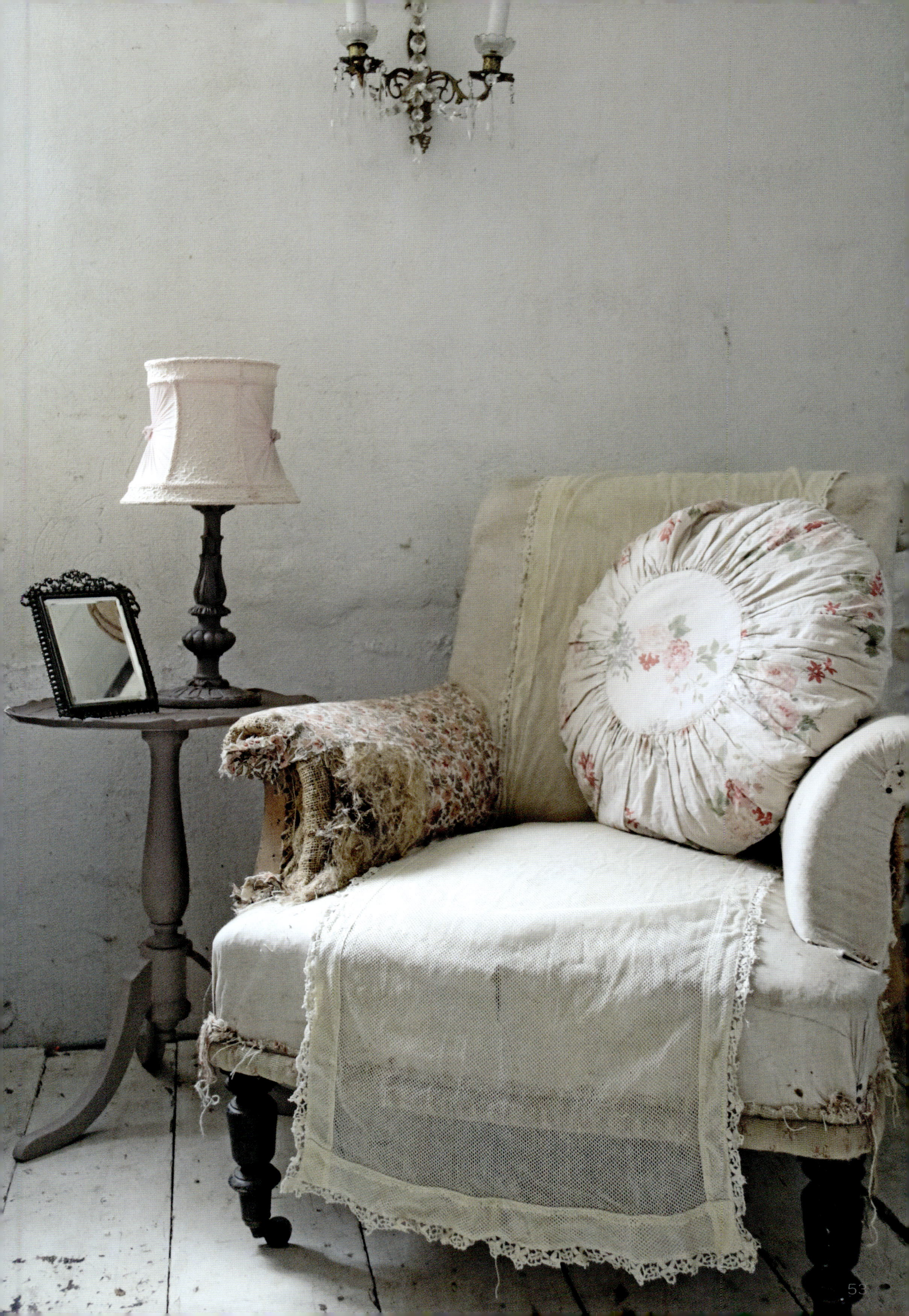

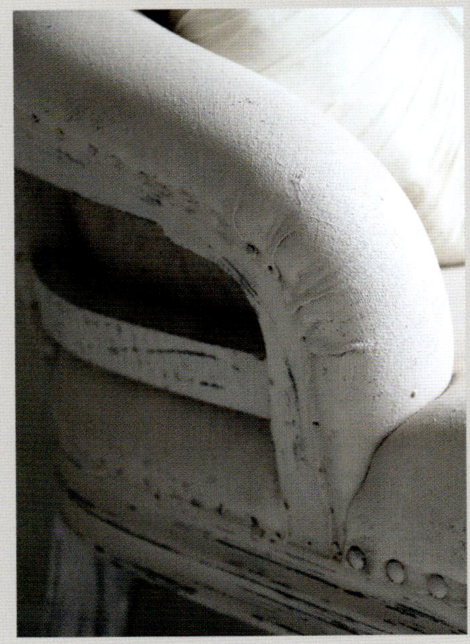

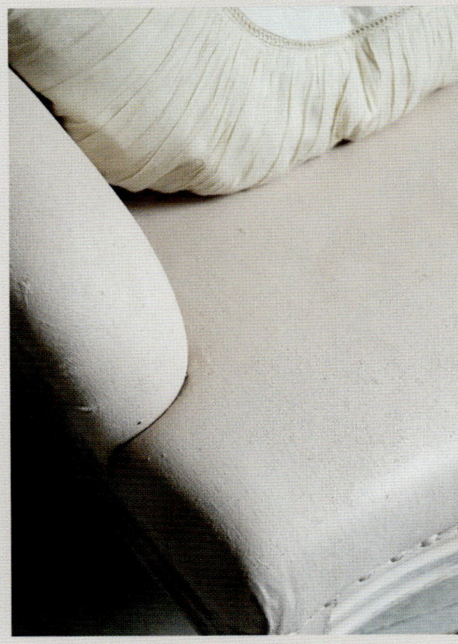

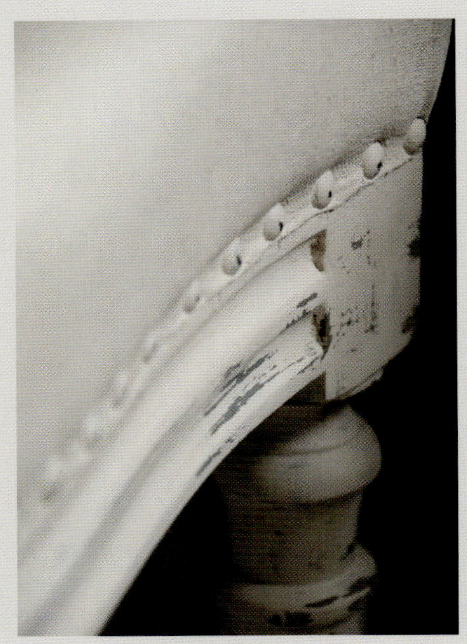

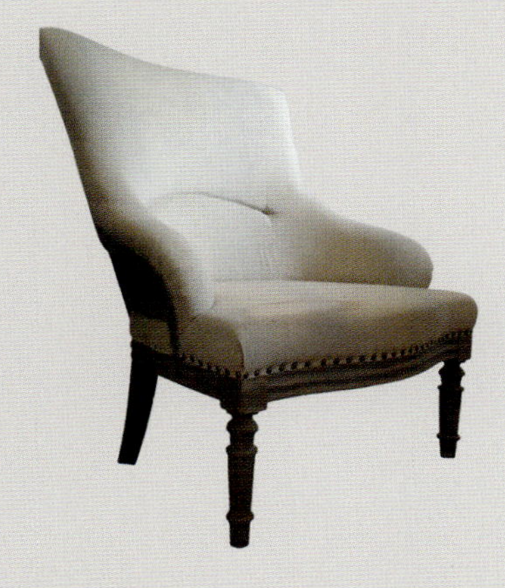

GEPOLSTERTER STUHL

Es klingt unglaublich, aber tatsächlich kann man Vintage Paint auch für Stoffe verwenden – und zwar so, dass die Farbe dauerhaft hält. Bei diesem gepolsterten Stuhl haben wir zum Beispiel sowohl den Stuhl selbst wie auch die Sitzfläche mit Vintage Paint im Farbton „Antique rose" gestrichen. Die Farbe wurde jeweils mit dem Pinsel aufgetragen, wobei bereits ein einmaliges Auftragen genügte. Dabei ist allerdings zu beachten, dass der Stoff etwas mehr Farbe aufnimmt als übliche Oberflächen. Das sollte man bedenken, wenn man die Farbe einkauft. Unter Umständen kann es sich auch lohnen, den Stoff zunächst mit „Primer & Sealer" zu streichen, damit der Stoff bereits etwas gesättigt wird. Sobald die Farbe getrocknet ist, müssen Sie unbedingt beachten, dass die Oberfläche mit Wachs nachbehandelt werden muss. Hier haben wir das neutrale Antikwachs „Clear" verwendet, da wir gerne wollten, dass unser Rosa besonders brillant aussieht. Wir haben das Wachs insgesamt zweimal mit einem Pinsel aufgetragen und gut in den Stoff eingearbeitet. Sobald das Wachs gut eingezogen ist, haben wir den Überschuss mit einem Baumwolltuch vorsichtig aufgenommen. Sie werden bemerken, dass der Stoff nach dem Auftragen der Farbe zunächst recht steif wird. Das sollte Sie allerdings nicht beunruhigen, da er nach dem Einarbeiten des Wachses wieder wunderbar weich wird. Die Farbe kann übrigens auch verwendet werden, um Textildrucke nachzubilden und ist auch für Ledermöbel geeignet.

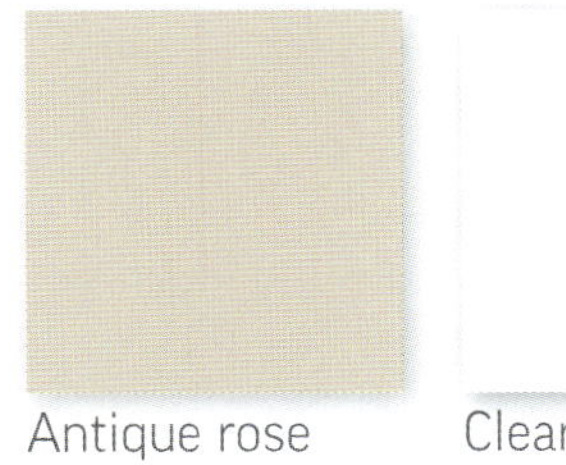

Antique rose　Clear wax

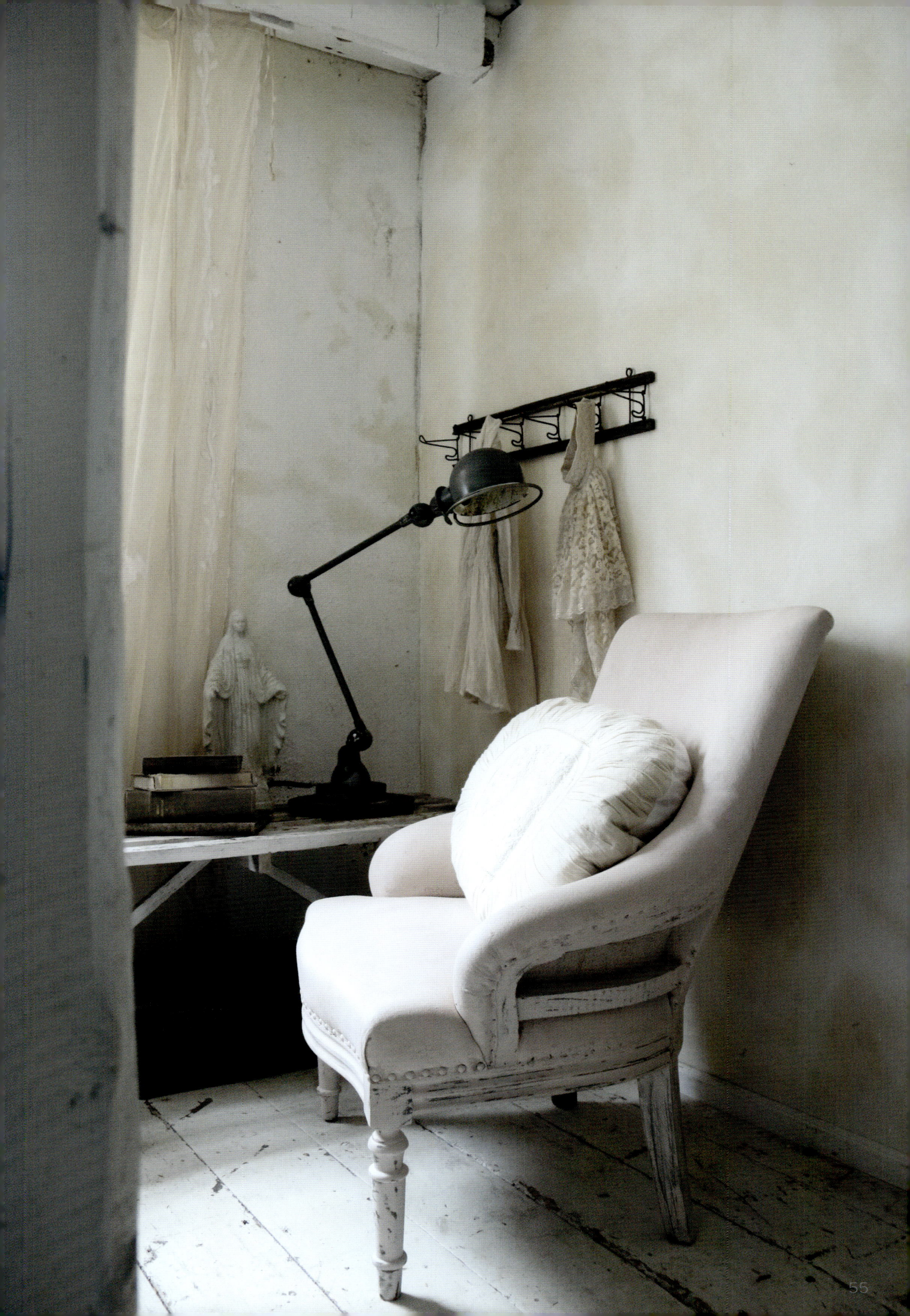

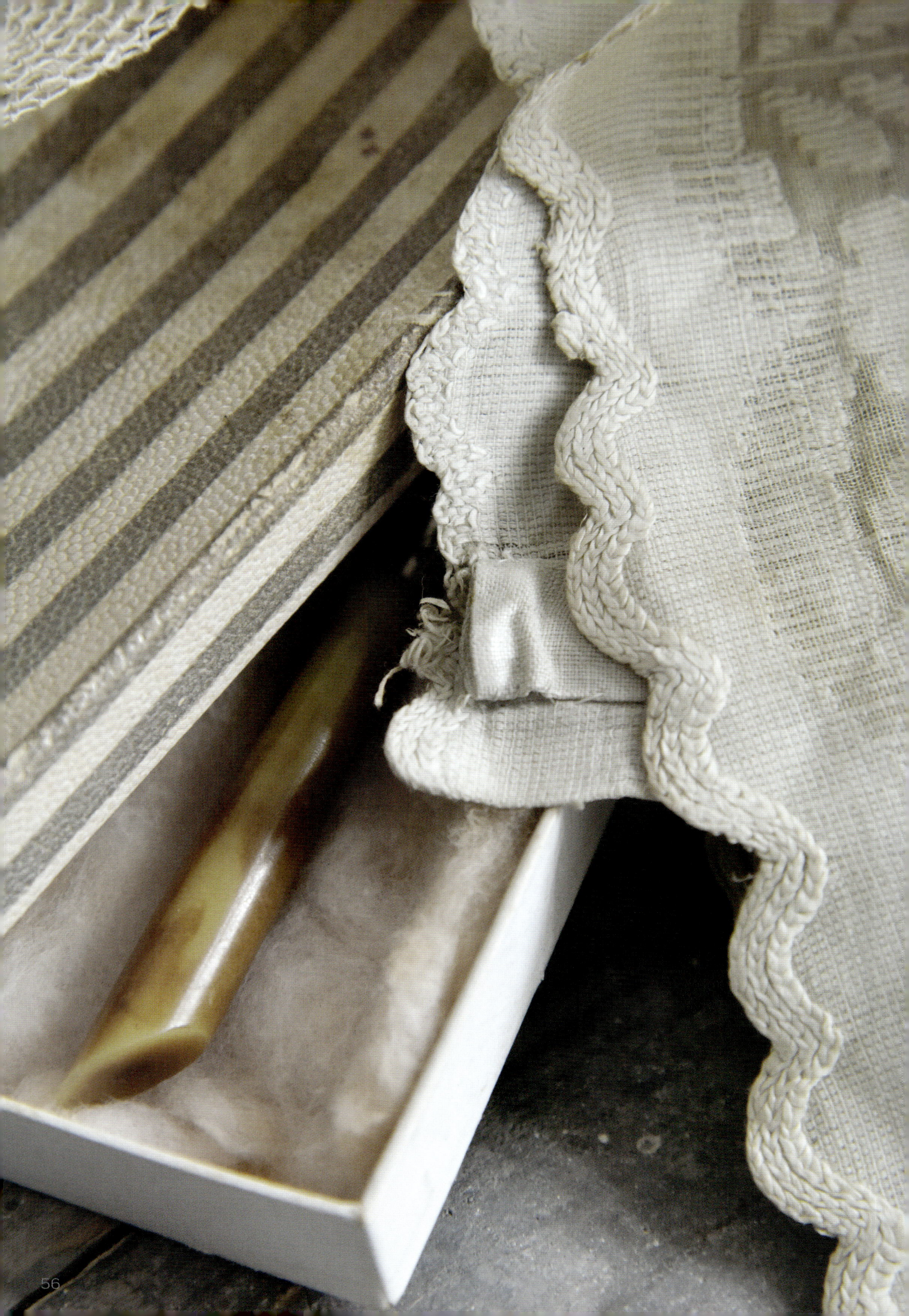

KAPITEL 4

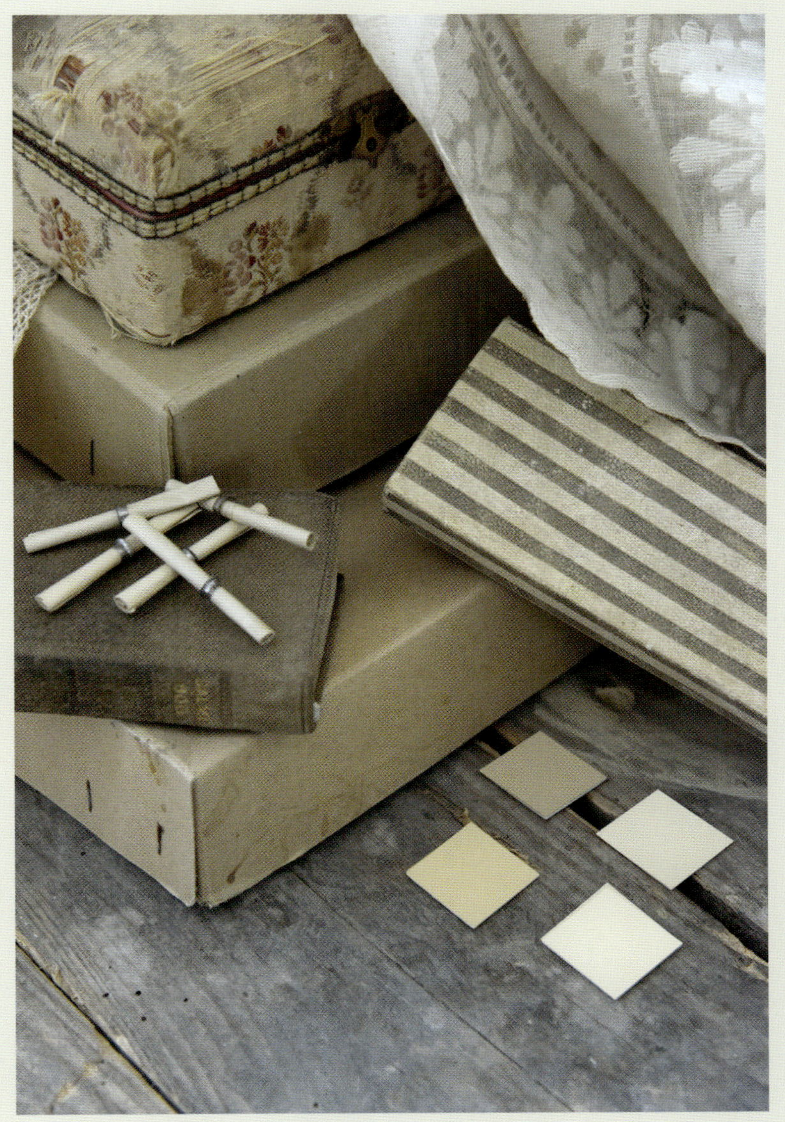

ANTIQUE SAND, VINTAGE TEA, VINTAGE CREAM UND FRENCH BEIGE

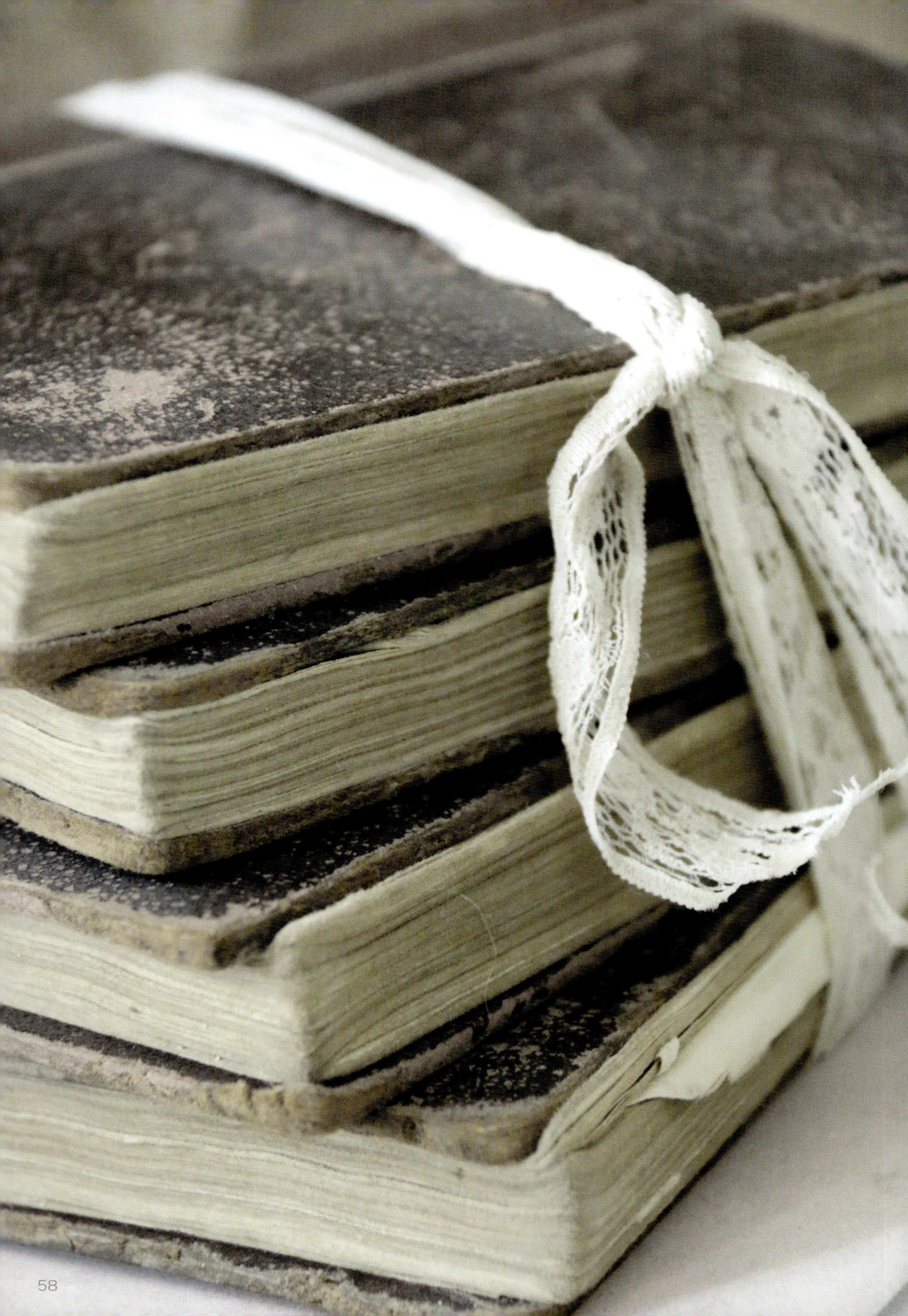

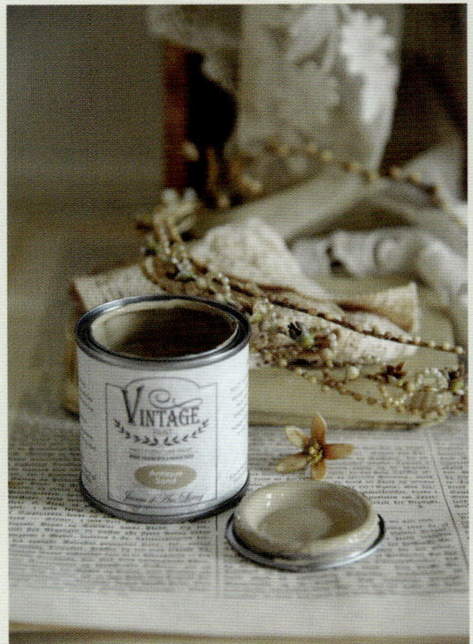

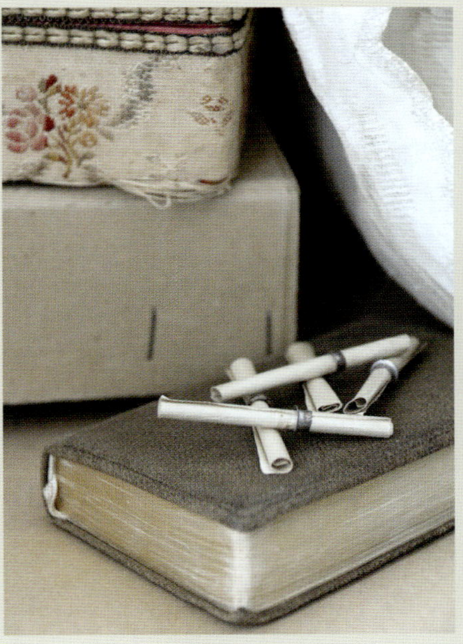

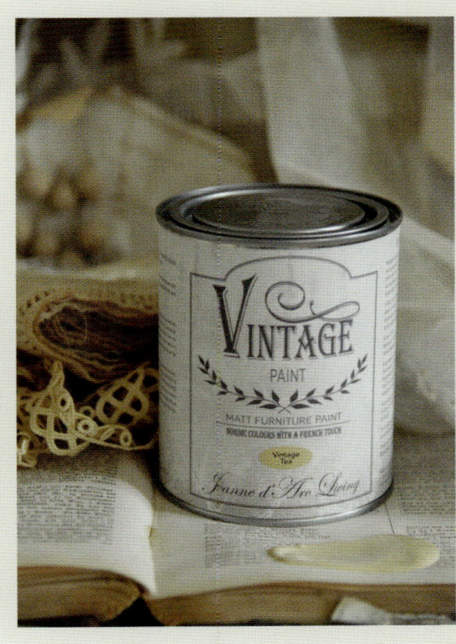

ANTIQUE SAND, VINTAGE TEA, VINTAGE CREAM UND FRENCH BEIGE

Ohne Zweifel passen die Farben in diesem Kapitel ganz besonders gut zu unseren innig geliebten, vergilbten Antik-Textilien. Diese Farben haben einfach etwas ganz Besonderes an sich. Sie verkörpern vermutlich besser als jede andere Farbfamilie den authentischen Landhausstil. Die beiden hellen Farbtöne sind unsere eindeutigen Favoriten, jüngst kamen aber außerdem noch die dunkleren Farbtöne „Antique sand" und „Vintage tea" hinzu. Damit ergeben sich weitaus größere Möglichkeiten, wenn man innerhalb dieser neutralen Farbskala arbeiten möchte. Auf den ersten Blick mag „Vintage tea" für viele etwas zu Gelb aussehen, die Farbe gewinnt aber ganz enorm, sobald man sie auf Oberflächen aufträgt. Alle diese Farben harmonieren vorzüglich mit unserer Wohntextil-Kollektion, die sich innerhalb derselben Palette bewegt, die wir im Alltag gerne als „Teefarben" bezeichnen.

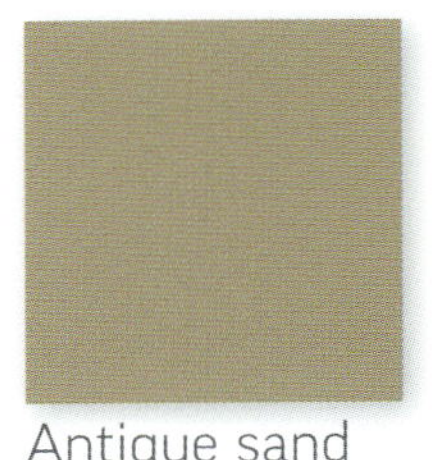
Antique sand

Vintage tea

Vintage cream

French beige

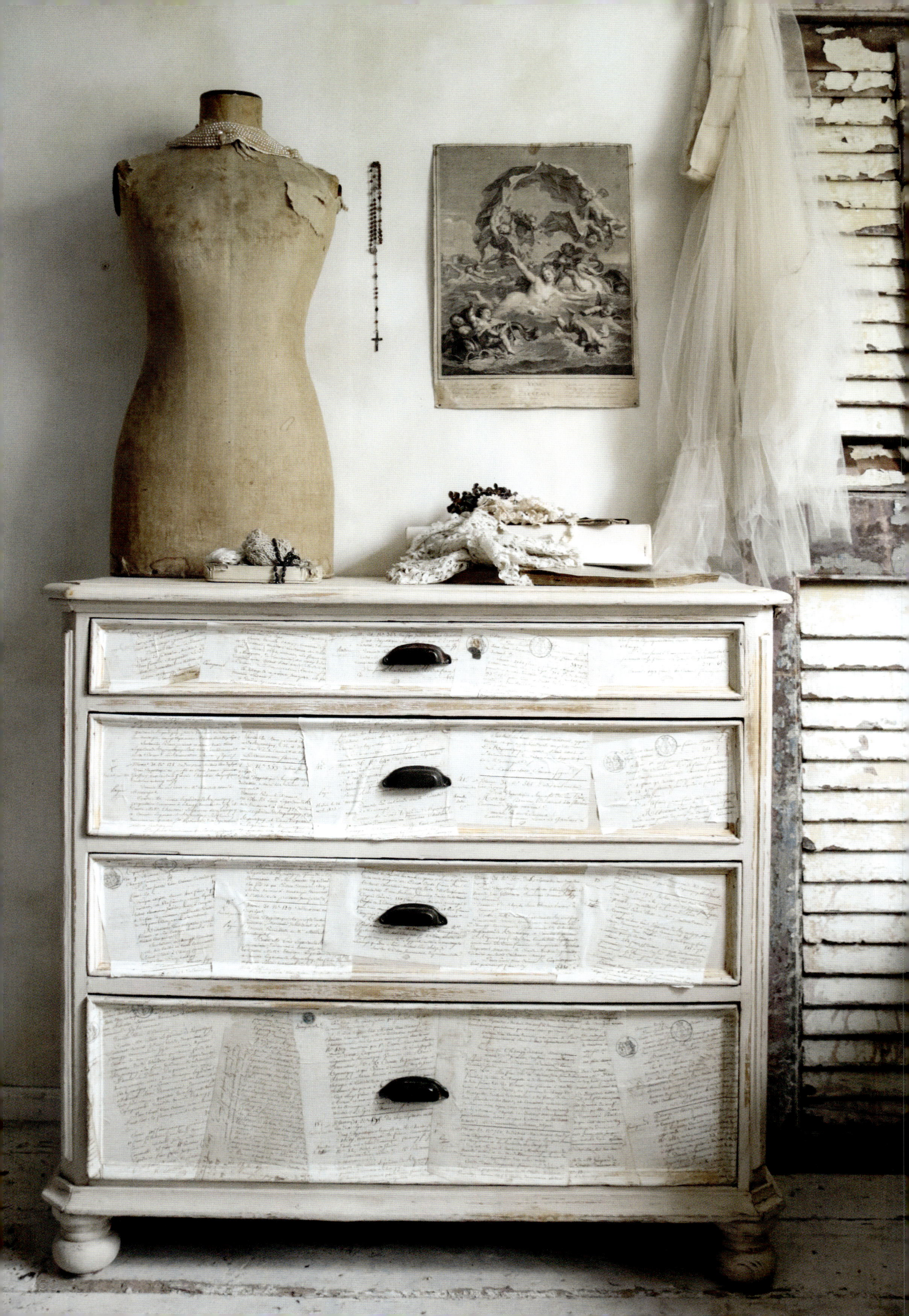

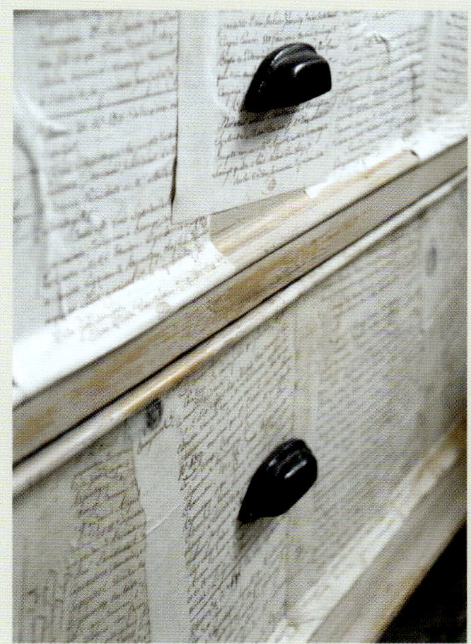

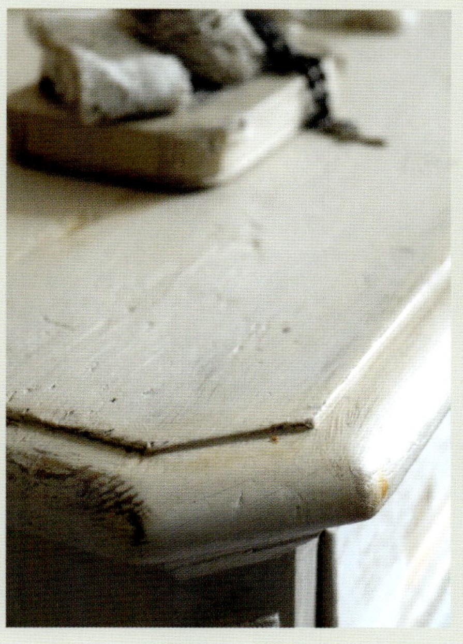

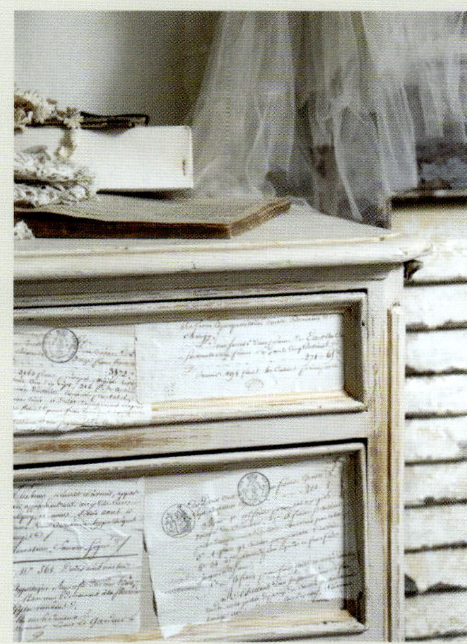

KOMMODE MIT ALTEN TEXTEN

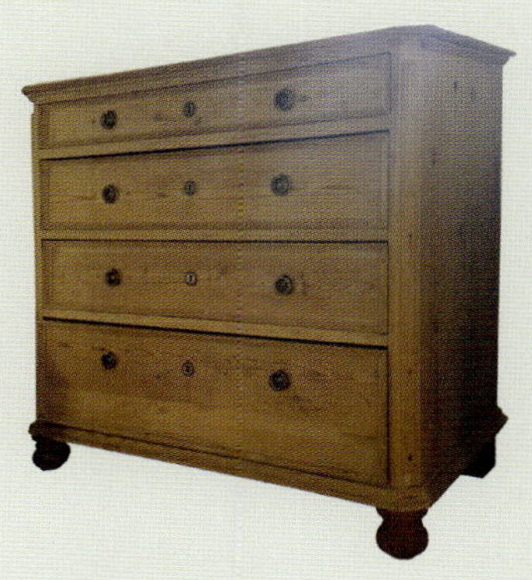

Immer wieder kommt es vor, dass man schöne alte Dokumente ergattert. Diese hier stammen von einem Flohmarkt in Belgien. Mit ihrem verschnörkelten Text und den hübschen Stempeln eroberten sie sofort unser Herz. Wir dachten uns, dass es eine nette Idee sein könnte, einige dieser Papiere auf einem Möbelstück zu verwenden. Die Kommode, die wir hierfür auswählten, strichen wir in „Vintage cream". Nachdem die Farbe getrocknet war klebten wir einige der Papiere an willkürlichen Stellen mit unserem „Prime & Sealer" auf. Hierfür haben wir den Primer ganz einfach mit einem Pinsel auf die Fläche aufgetragen und danach das Papier gleichmäßig draufgelegt. Papier, das über die Kanten hinausragte, trennten wir behutsam mit einem Teppichmesser ab. Dies sollten Sie allerdings erst dann tun, wenn das Papier komplett getrocknet ist und fest sitzt. Schleifen Sie die Kanten bei Bedarf noch einmal mit etwas Sandpapier ab. Anschließend trugen wir noch einmal hier und da, am meisten aber an den Kanten, Farbe aus unserer neuen „Metallic effect"-Serie auf, in diesem Fall im Farbton „Gold". Unser Antikwachs „Clear", aufgetragen mit einem weichen Pinsel, sorgt schließlich dafür, dass die hübsche Kommode widerstandsfähig ist und gut gereinigt werden kann. Alternativ kann man auch unseren „Ultra Matt Varnish"-Lack als Versiegelung nehmen.

Vintage cream

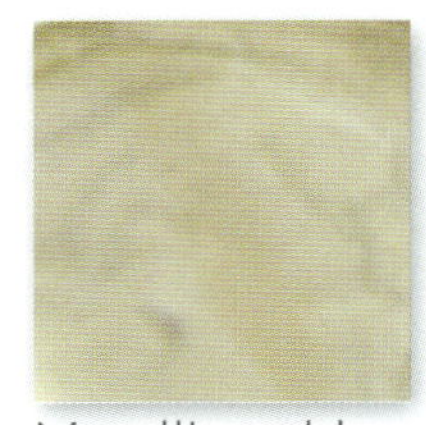

Metallic gold

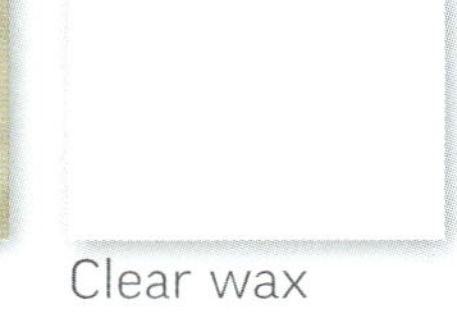

Clear wax

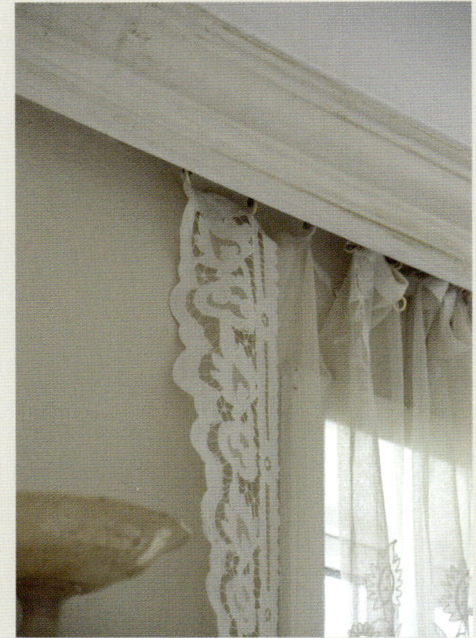

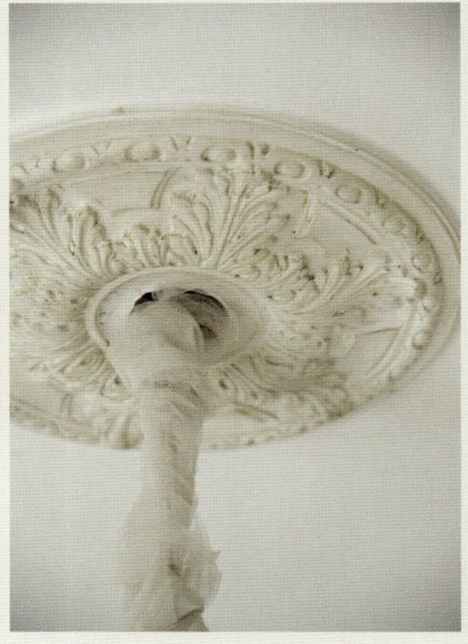

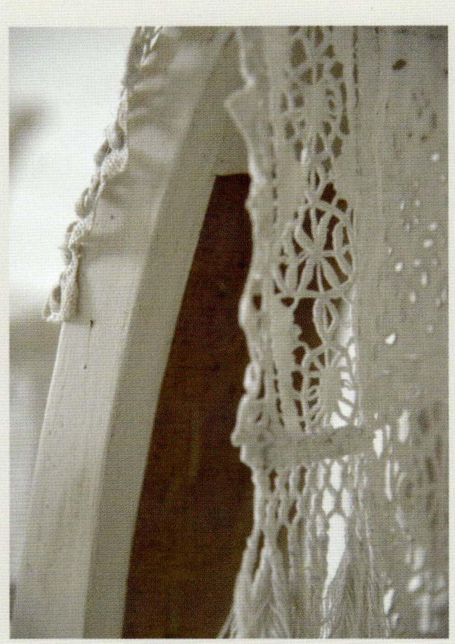

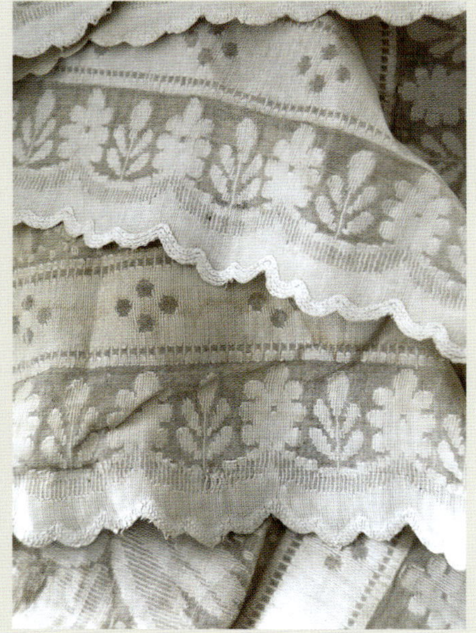

ESSZIMMER

Dieser herrliche Raum strahlt, nachdem wir hier mit Vintage Paint zugange gewesen sind, einen ganz besonderen Charme aus. Gerade der Stuck ist zu einer wahren Augenweide geworden. Der Boden und die Decke wurden je zweimal im Farbton „Warm cream" gestrichen und anschließend mit „Ultra Matt Varnish" lackiert. Der Lack ist komplett matt und ist daher praktisch unsichtbar, macht den Boden aber deutlich widerstandsfähiger und pflegeleichter. Der Stuck wurde mit einer Mischung aus den Antikwachsen „Clear" und „Light brown" patiniert. Wenn man ein leicht eingefärbtes Antikwachs auf Stuckapplikationen gibt, stellt sich die Magie fast von selbst ein. Welch ein Unterschied für den Raum! Der Stuck wird auf eine besondere Weise hervorgehoben, und obwohl es sich hier um eine Nachbildung aus Styropor handelt, bekommt man den Eindruck, dass er seine Patina über viele, viele Jahre bekommen habe. Die Wände wurden alle in „French beige" gestrichen. Auch hier haben wir die Farbe zweimal aufgetragen und anschließend auf jegliche Patinierung oder Nachbehandlung verzichtet. Uns war es hier wichtig, einen ruhigen Gegenpol zum Stuck zu schaffen. Die Esszimmermöbel waren bereits im Vorfeld weiß, allerdings handelte es sich um Hochglanzlack. Auch hier wollten wir gerne eine matte Anmutung hervorzaubern und verwendeten hierfür „Vintage cream". Wir trugen die Farbe zweimal auf und behandelten die Oberfläche mit unserem Antikwachs im Farbton „Light brown" nach. Gemeinsam mit leichten Gardinen vom Flohmarkt, dem von seinem Bezug befreiten Sofa und dem Kronleuchter ist so ein Esszimmer entstanden, das durch seine besondere Harmonie in den Bann zieht.

French beige

Vintage cream

Warm cream

Clear wax

Light brown wax

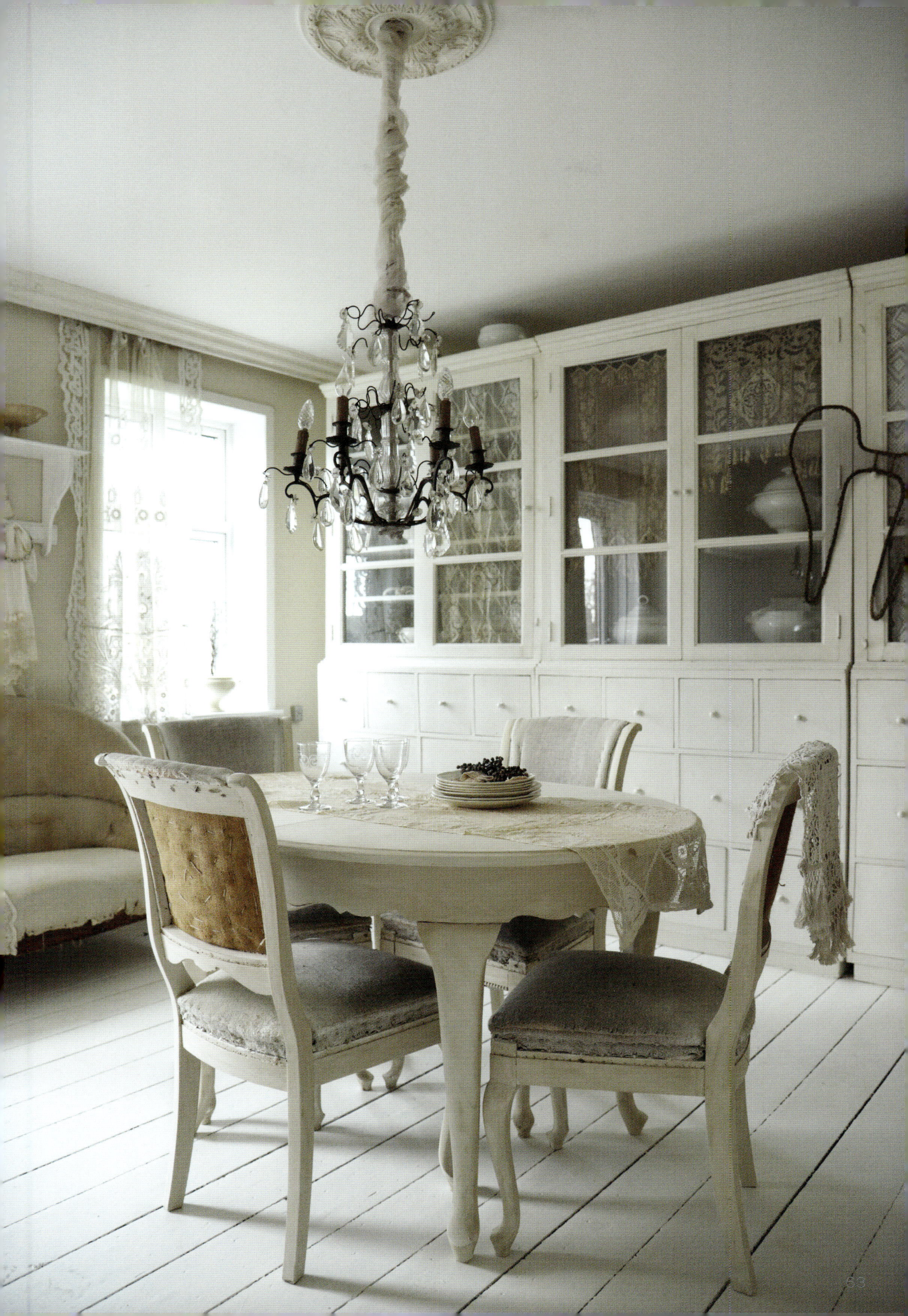

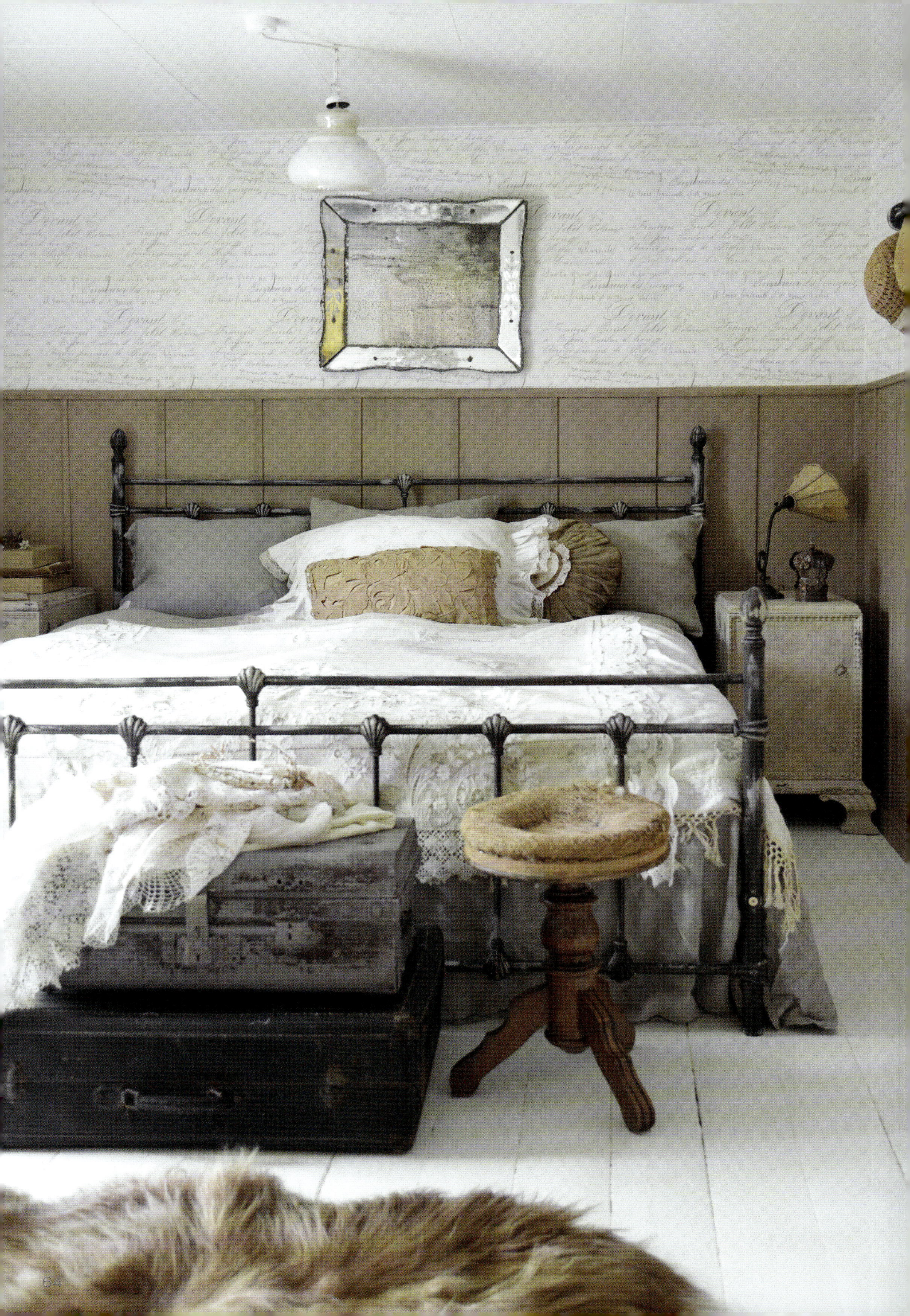

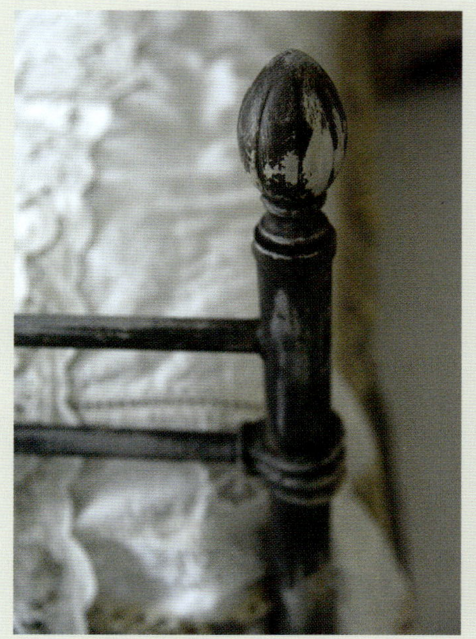

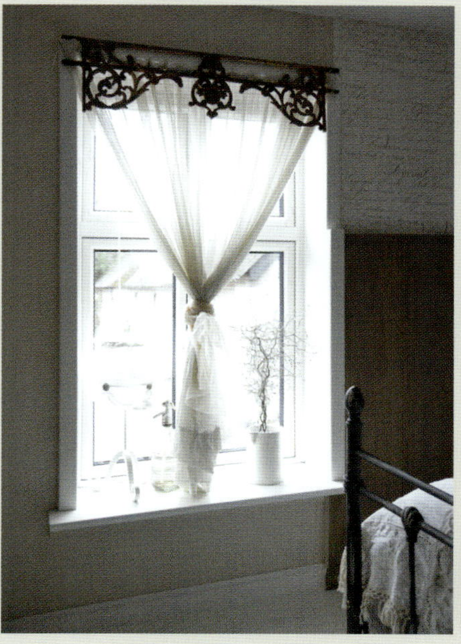

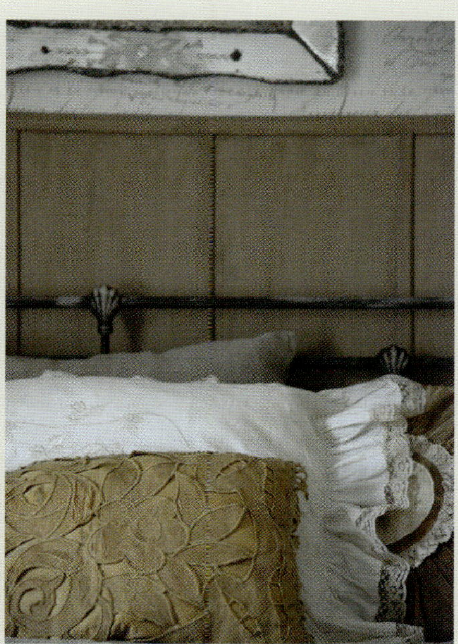

SCHLAFZIMMER

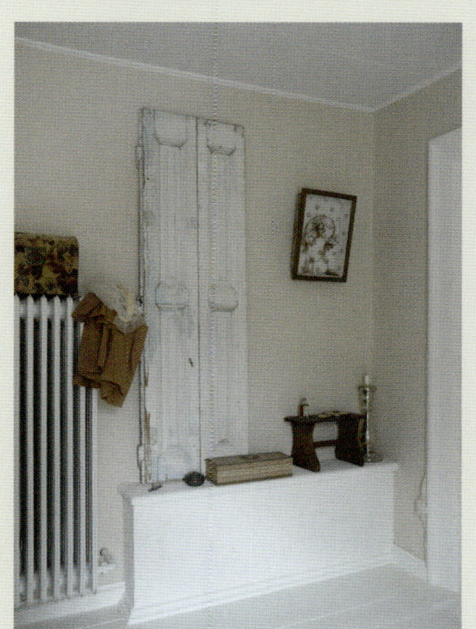

In diesem Raum wird man kaum etwas finden, das nicht mit Vintage Paint bearbeitet worden ist. Die Wände wurden in „Warm cream" gestrichen, die Paneelen mit „Antique sand" und bei einer Nachpatinierung mit unserem Antikwachs im Farbton „Light brown". Über der Paneelenwand brachten wir eine Tapete mit französischem Text aus unserer eigenen Kollektion ins Spiel. Der Boden, die Scheuerleisten und die Türzargen wurden in „Warm cream" gestrichen. Dank der sorgsam aufeinander abgestimmten Farben wirkt der Raum ruhig und harmonisch. Die vielen feinen Flohmarktfunde kommen dadurch besonders gut zur Geltung. Unter anderem haben wir ein schönes Kissen gefunden, das farblich perfekt zu den Paneelen passt. Das Bett ist ein Metallbett jüngeren Datums, wie man es im herkömmlichen Einrichtungshaus finden kann. Ursprünglich war es cremefarben gewesen. Wir tupften hier und da etwas Vaseline auf und strichen es anschließend in „Chocolate brown". Sobald die Farbe getrocknet war, schliffen wir das gesamte Bettgestell mit Sandpapier ab. Dort, wo wir zuvor die Vaseline aufgetragen hatte, platzte die Farbe wieder ab und lässt das Bett somit älter erscheinen. Abschließend behandelten wir den Rahmen mit unserem Antikwachs im Farbton „Black", das wir mit einem weichen, großen Pinsel auftrugen. Überschüssiges Wachs entfernten wir behutsam mit einem weichen Baumwolltuch.

Vintage cream

Antique sand

Chocolate brown

Light brown wax

Black wax

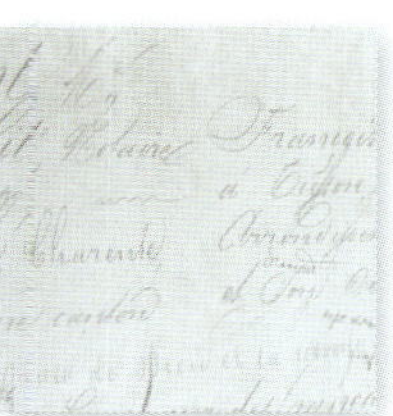
Tapete - Text

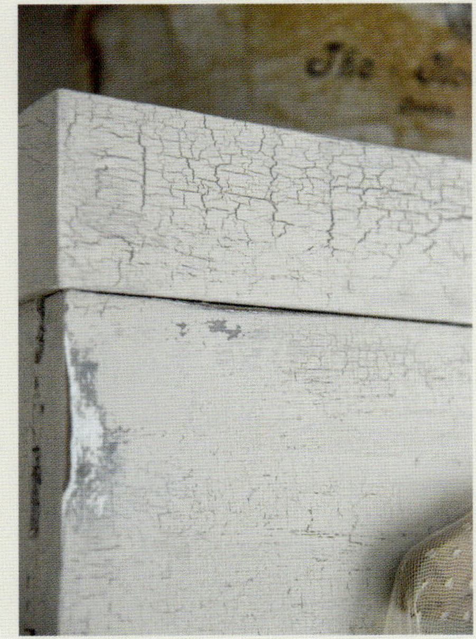

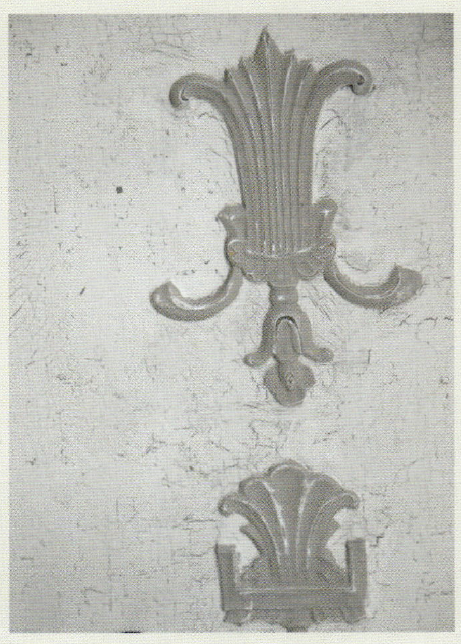

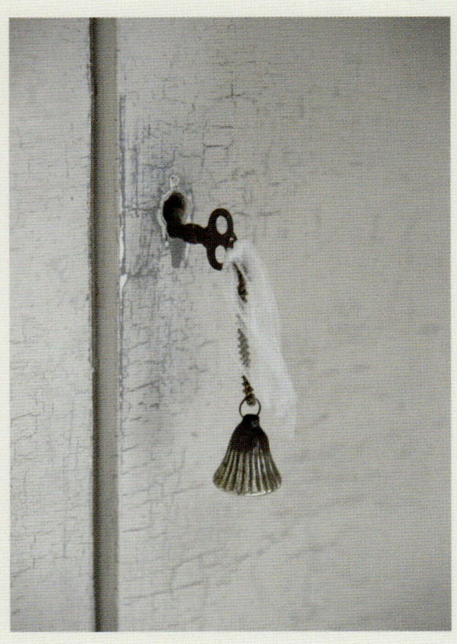

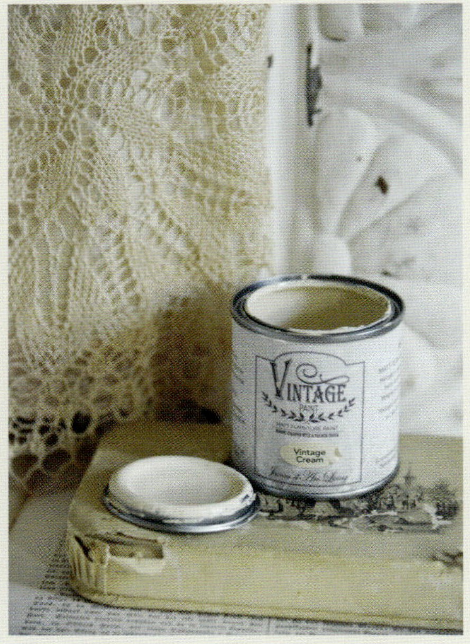

SCHLAFZIMMERSCHRANK

Leider haben wir es versäumt, von diesem Schrank ein Bild aufzunehmen, bevor wir ihn neu gestalteten. Seit einigen Jahren war der Schrank grau, zuvor präsentierte er sich im Naturholzfurnier. Viele solcher furnierten Schränke findet man für sehr erschwingliche Preise beim Trödler. Meist sind sie aber auch nicht sehr schön. Davon sollte man sich allerdings nicht abschrecken lassen. In der Tat lassen sich hieraus noch richtige kleine Schmuckstücke zaubern – so wie hier, nachdem wir den Schrank zunächst mit „Soft linen", danach mit „Crackle effect" gestrichen hatten. Letztere Effektfarbe haben wir mit einem Pinsel kreuz und quer über die erste Farbschicht gestrichen. Nach dem Trocknen krakeliert diese Farbe ganz wunderbar. Wir haben die größeren Flächen noch einmal zusätzlich mit "Vintage cream" betupft und die Kanten mit feinem Sandpapier abgeschliffen, um den Schrank richtig schön alt wirken zu lassen. Die Dekorationen trugen wir schließlich im Farbton „Antique sand" auf, den man zusätzlich noch gut mit unserem Metallic-Effekt in „Gold" oder „Bronze" hätte nachbehandeln können.

Soft linen

Vintage cream

Antique sand

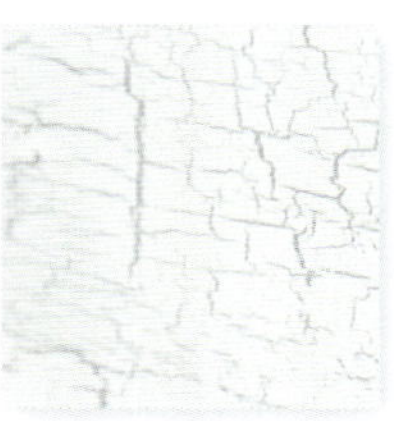
Crackle effect

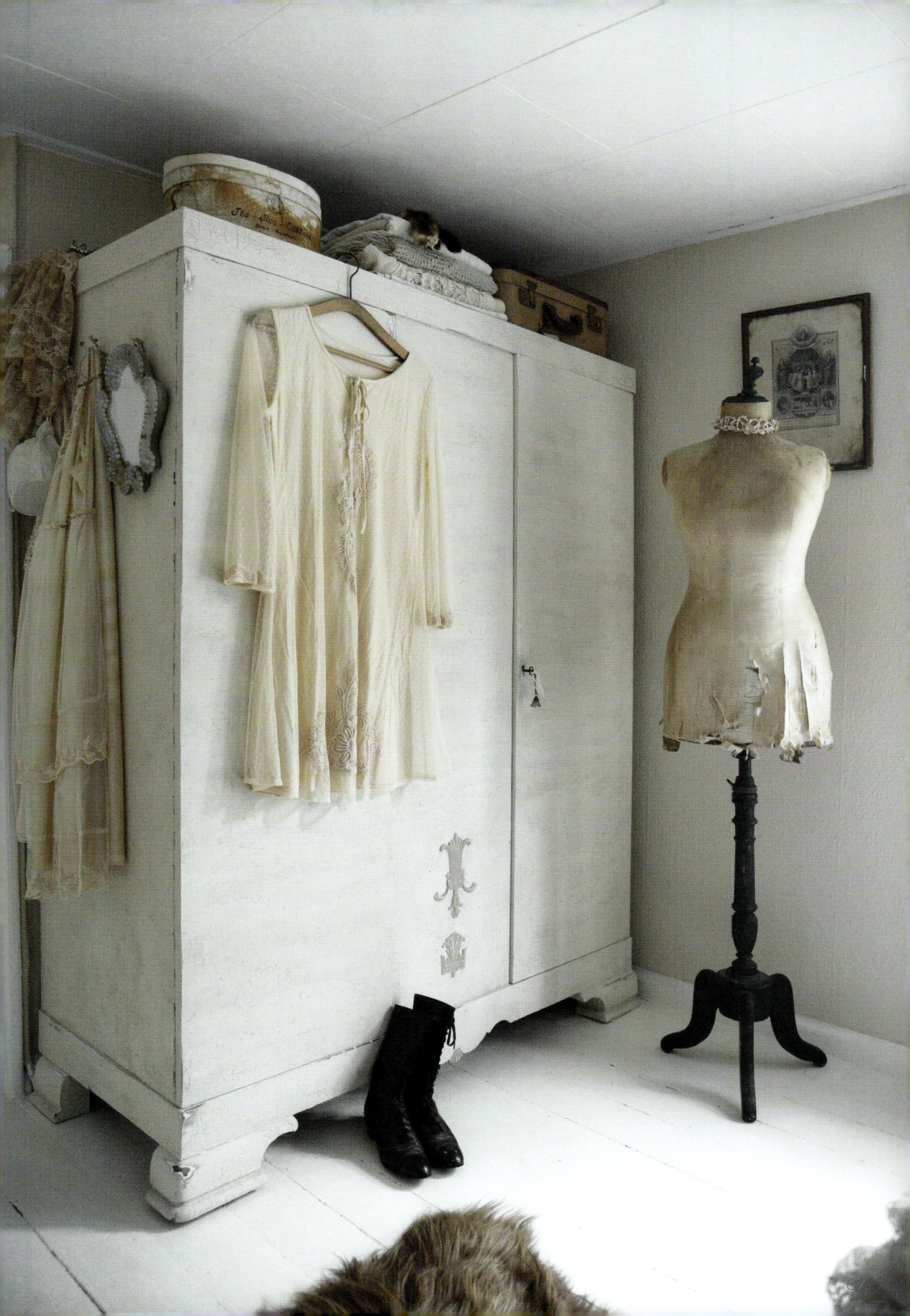

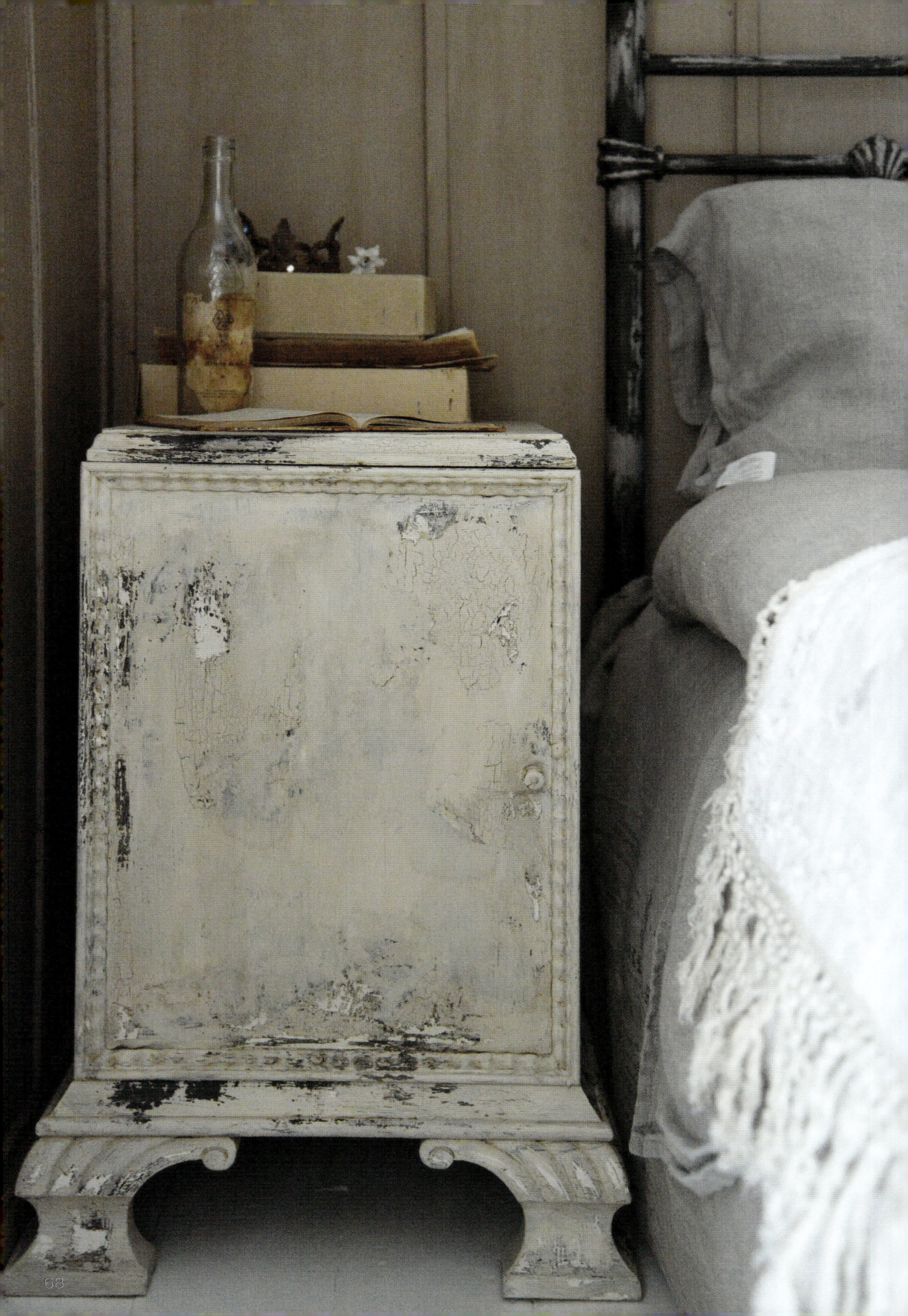

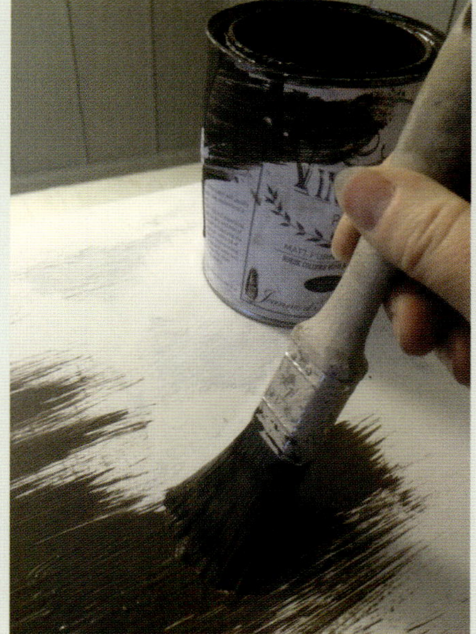

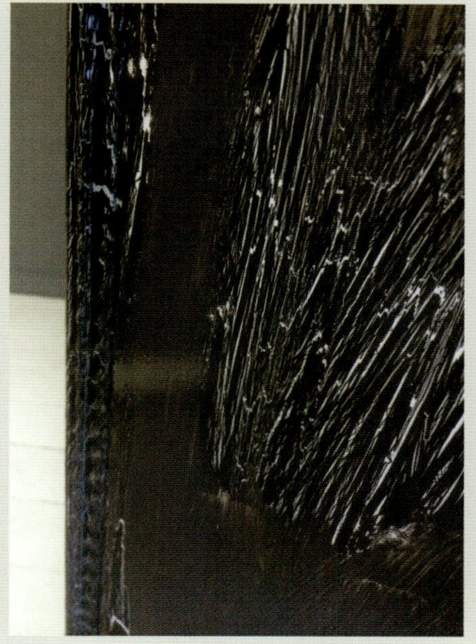

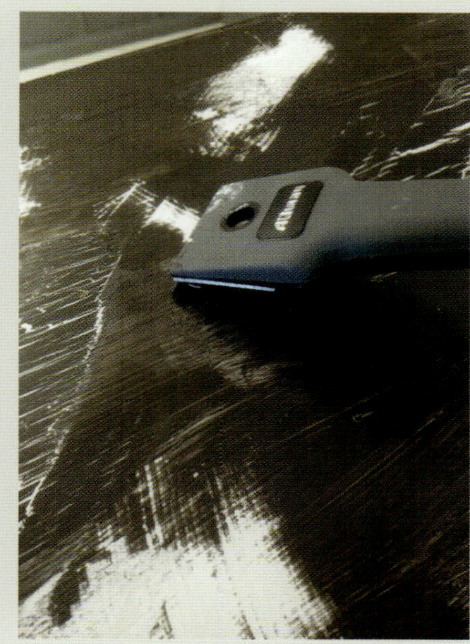

NACHTTISCHE

Diese Nachttische sind Überbleibsel eines alten Schminktisches, dessen Aufbau leider zu Bruch gegangen ist. Er bestand aus einem großen, ovalen Spiegel mit seitlich angeordneten Schubläden. Statt den verbliebenen Unterbau wegzuwerfen, haben wir ihm eine neue Existenz als Nachttisch geschenkt. Die Oberflächen sehen wunderbar patiniert aus – ein Effekt, den wir erzielten, indem wir mit Vaseline und einem Metallspachtel zu Werke gingen. Wir haben den gesamten Tisch zunächst in „Soft cream" gestrichen und die noch nicht ganz getrocknete Farbe hier und dort mit dem Spachtel abgekratzt. Anschließend trugen wir „Crackle effect" an jenen Stellen auf, an denen man Gebrauchsspuren erwarten dürfte. Nach mindesten vier Stunden Trockenzeit trugen wir die Farbe „Chocolate brown" auf, warteten erneut, bis die Farbe leicht angetrocknet war und gingen abermals mit dem Spachtel zu Werke, bis an einzelnen Stellen die Untergrundfarbe zutage trat. Nun tupften wir reichlich Vaseline mit einer zusammengeknüllten Kunststofftüte auf. Direkt danach bemalten wir die gesamte Oberfläche noch einmal im Farbton "Vintage cream", um auch diese Farbe im noch nicht ganz getrockneten Zustand punktuell wieder abzuschaben – und zwar dieses mal ganz vorsichtig und genau an den Stellen, wo wir zuvor die Vaseline aufgetragen hatten. Nachdem die Farbe über Nacht getrocknet war, wuschen wir die überschüssige Vaseline feucht ab und ließen den Tisch nochmals trocknen. Abschließend trugen wir noch Antikwachs im Farbton „Light brown" auf – einerseits für etwas extra Patina, andererseits für eine besser Haltbarkeit. Diese Patiniertechnik ist etwas aufwändiger als solche, die wir ansonsten anwenden. Dafür wird man allerdings auch mit einem ganz besonderen Erlebnis belohnt.

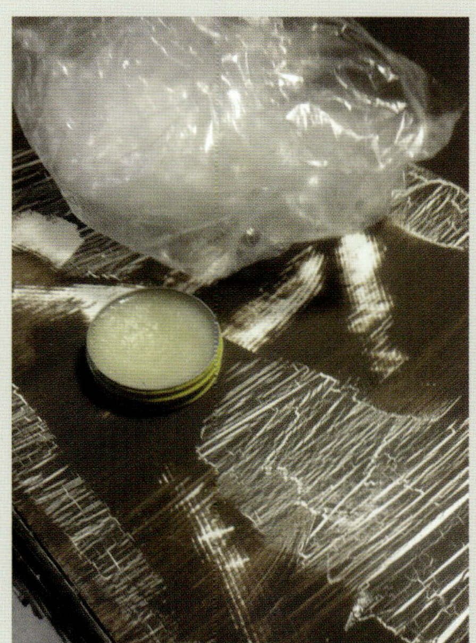

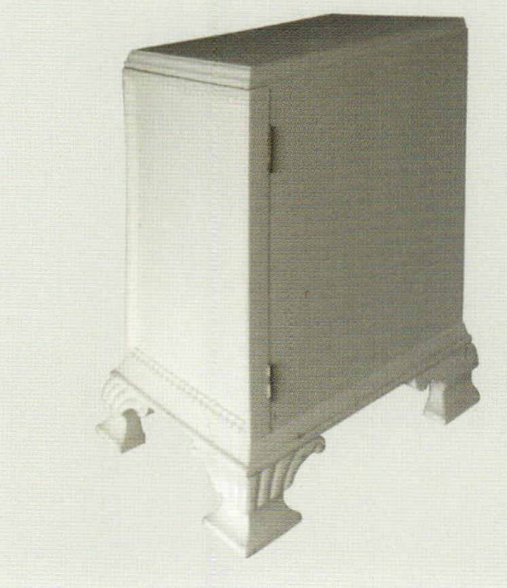

Soft cream

Chocolate brown

Vintage cream

Light brown wax

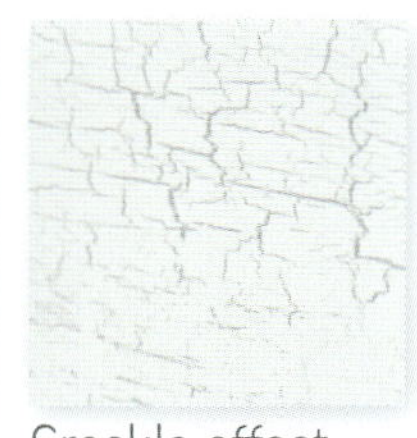

Crackle effect

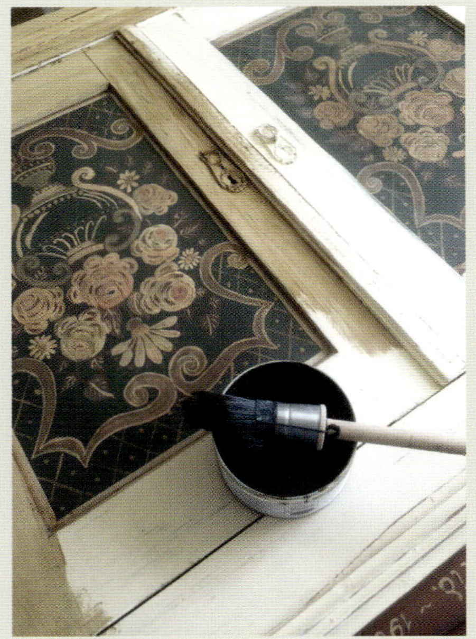

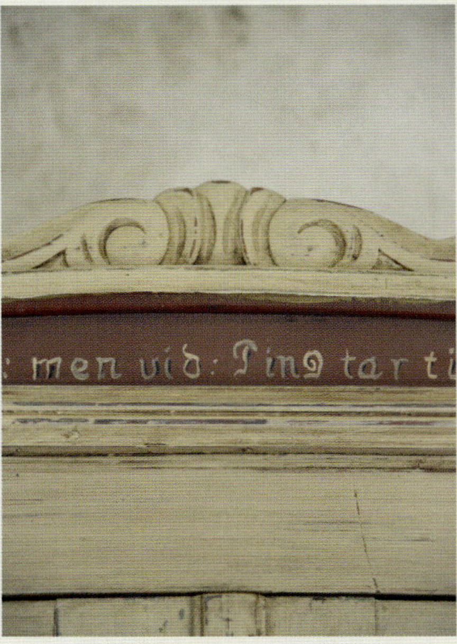

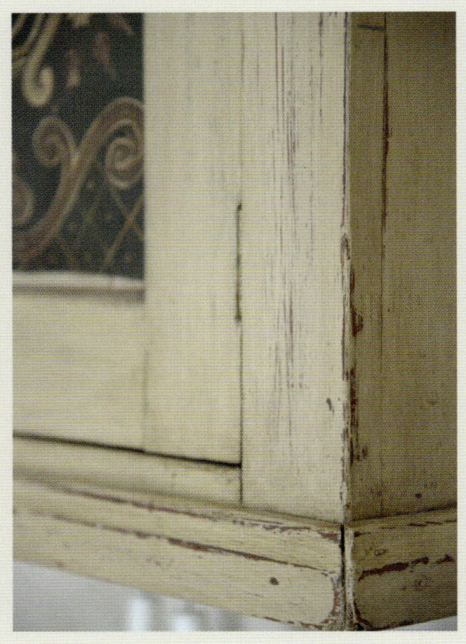

WANDSCHRANK MIT BLUMENMOTIV

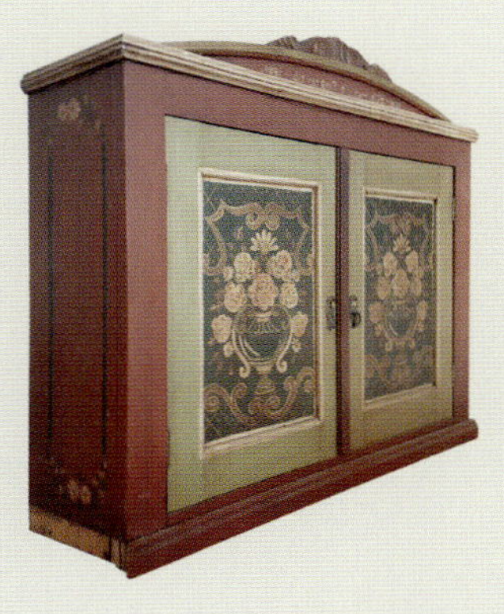

Als wir diesen Schrank auf einem Flohmarkt entdeckten, hatten wir uns eigentlich vorgestellt, ihn komplett umzustreichen. Nachdem wir ihn uns allerdings eine Weile betrachtet hatten, gefiel uns das Blumenmotiv besser und besser, so wir schließlich beschlossen, es zu bewahren. Indem wir Farben auswählten, die zu den neutraleren Farben des Schrankes passten, arbeiteten wir eine komplett andere Anmutung heraus. Während das Rot zuvor die rötlichen Nuancen im Motiv stärker hervortreten ließ, sind es nun die Beigetöne, die betont werden. Dafür sorgen unsere Farben „Vintage tea", die wir auf der Außenflächen verwendeten, sowie „Vintage cream", die im Schrankinneren zum Einsatz kam. Nachdem die Farben getrocknet waren, schliffen wir die Kanten etwas ab und schlugen mit einer Kette auf ein paar unterschiedliche Stellen. Wie Sie auf dem Bild oben links erkennen können, passten die Farben erst dann perfekt, nachdem wir sie mit unserem Antikwachs im Farbton „Brown" nachbehandelt hatten. Sowohl das hell- als auch das dunkelbraune Wachs eignen sich ganz vorzüglich, um ein Möbelstück älter erscheinen zu lassen. Dabei sollten Sie sich aber immer auch bewusst sein, dass die Oberflächenfarbe durch das Wachs noch einmal markant verändert wird.

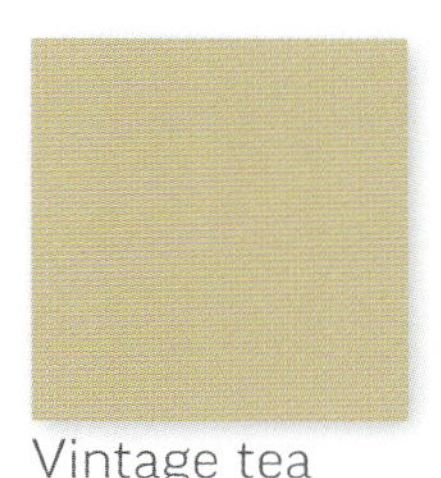

Vintage tea

Vintage cream

Brown wax

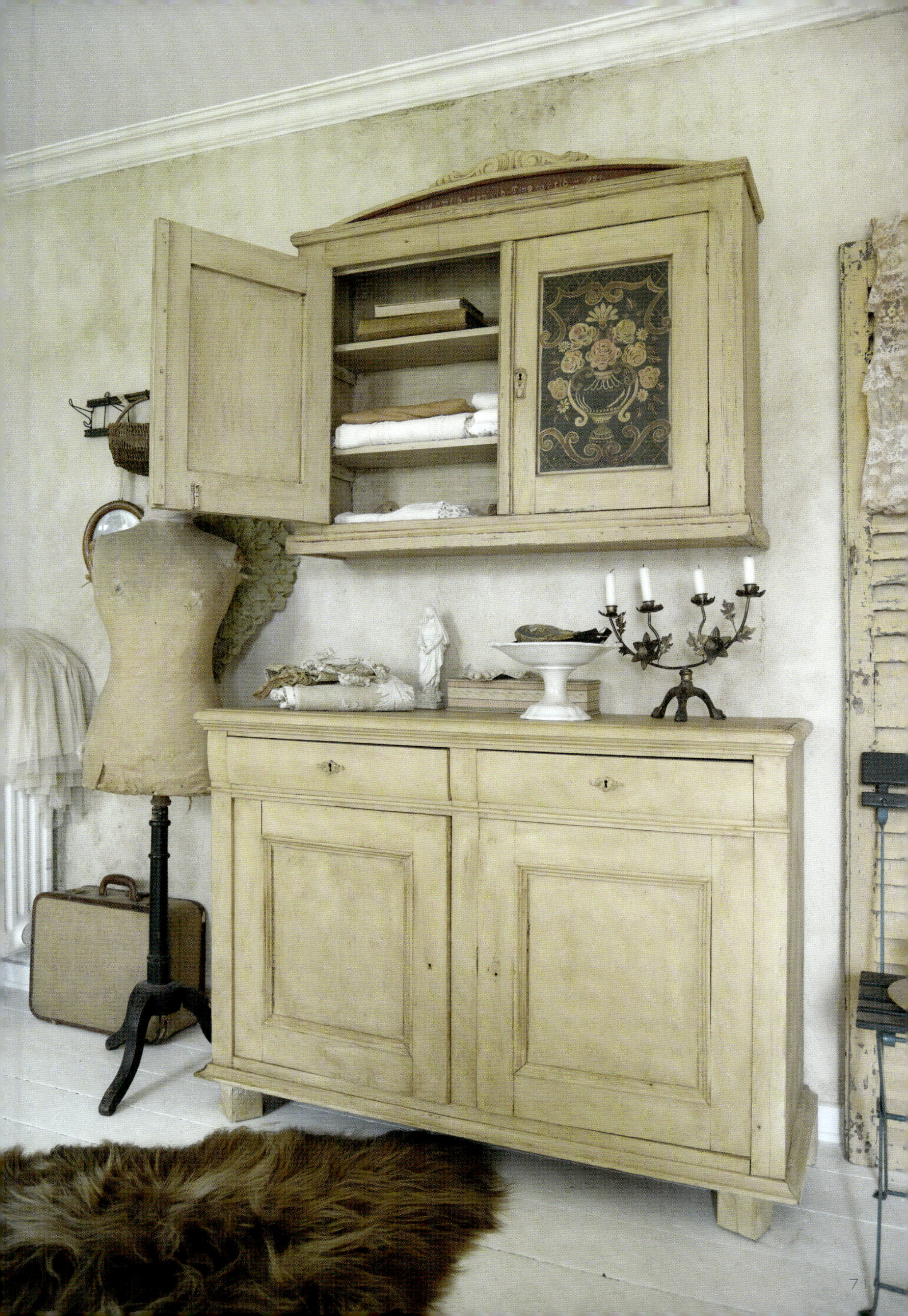

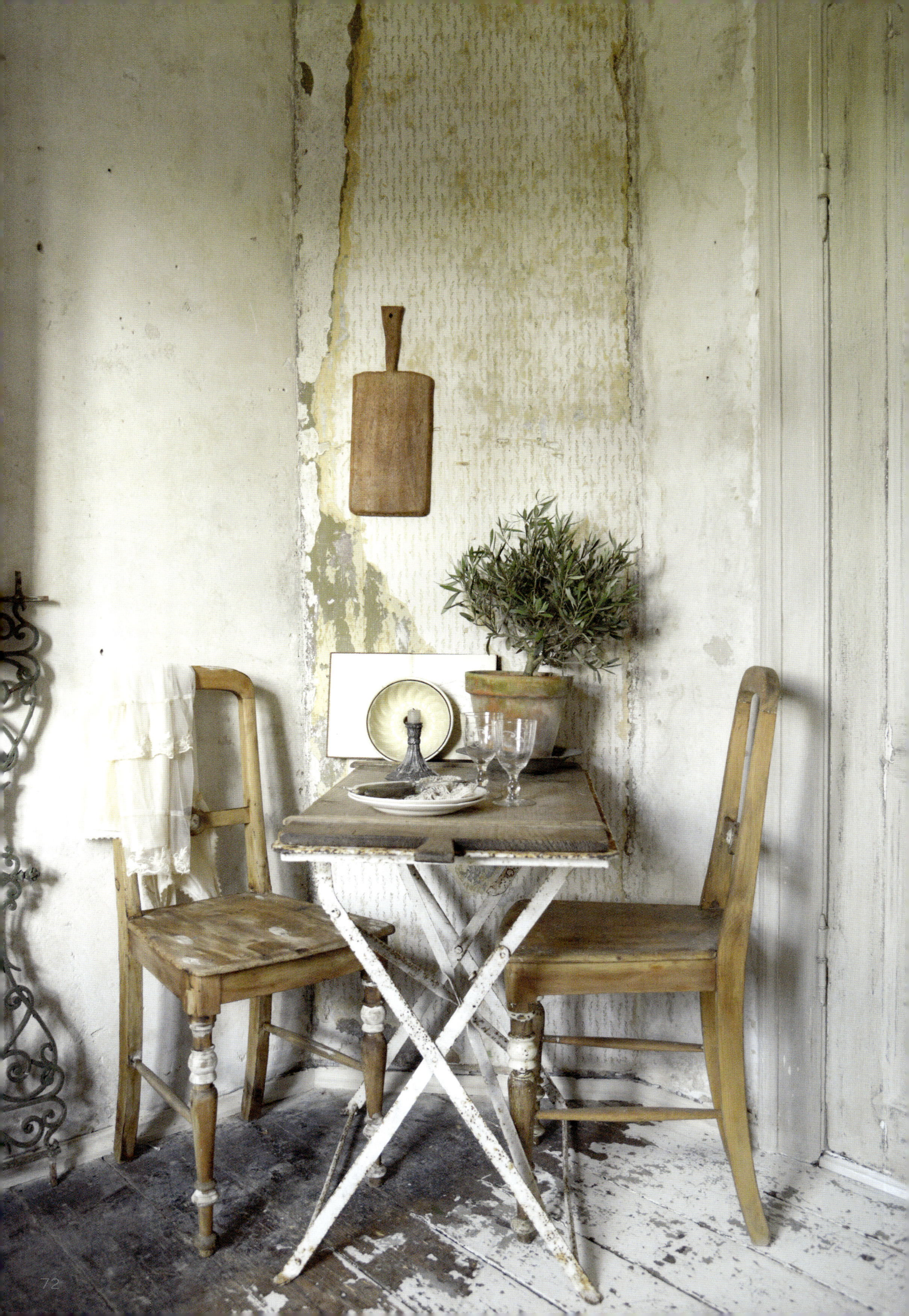

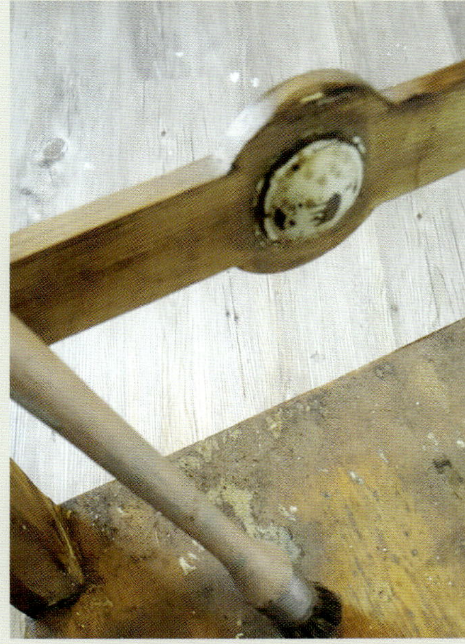

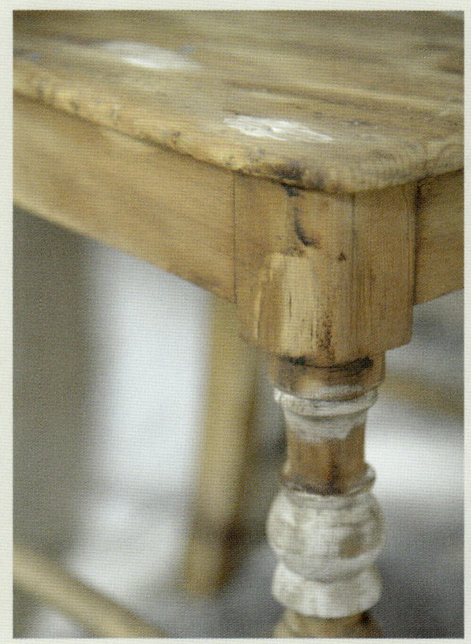

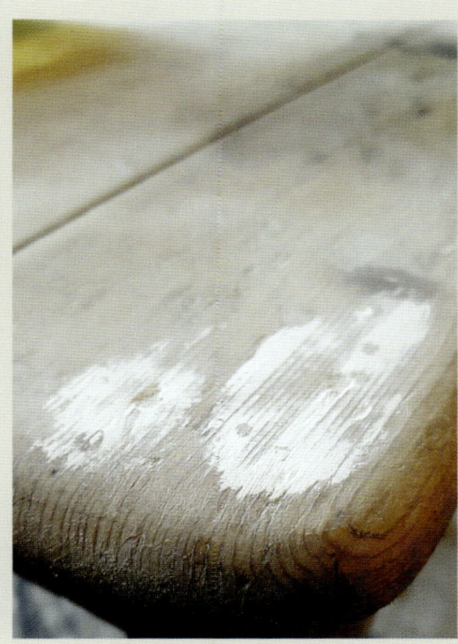

ZWEI GLEICHE STÜHLE

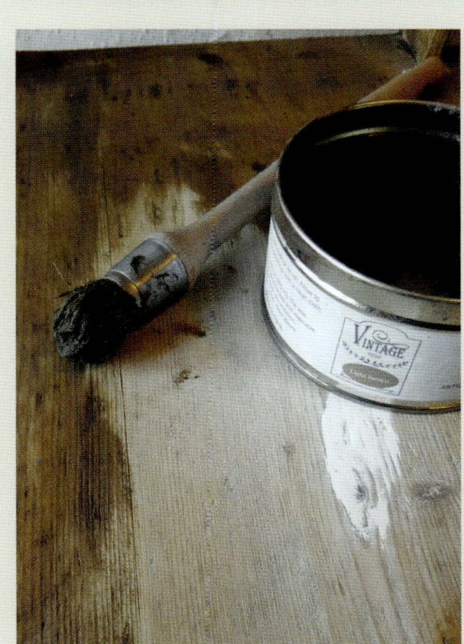

Wenn Sie sich das Bild auf der linken Seite anschauen, werden Sie vermutlich zwei gleiche Stühle sehen. Vielleicht denken Sie sich auch: „Welcher dieser beiden Stühle wohl das Original ist?" Wenn dem so ist, dann ist uns das kleine Rätsel gut gelungen. In der Tat entdeckten wir beide Stühle auf dem Flohmarkt – und zu diesem Zeitpunkt sahen sie alles andere als gleich aus. Den einen der beiden Stühle fanden wir allerdings ausgesprochen charmant. Daher stellten wir uns selbst die Frage, ob es uns gelingen könne, den zweiten Stuhl so hinzubekommen, dass er dem anderen gleiche – und das wohlgemerkt, ohne im einen komplett neuen Anstrich zu verpassen. Der schönere der beiden Stühle war in Weiß gestrichen, das wir zu imitieren versuchten, indem wir an ausgewählten Stellen etwas „Vintage cream" auftrugen. Dass der eine Stuhl grundsätzlich heller war als der andere, lösten wir mit unserem Antikwachs „Light brown", das selbst den langweiligsten Stuhl aus Kiefernholz wie ein altes, wettergegerbtes Antikstück aussehen lässt. Das Ergebnis wurde besonders lebendig, weil wir stellenweise auch etwas Antikwachs „Brown" auftupften. Wenn man gerne die Anmutung eines anderen Möbelstücks imitieren möchte, ist das immer ein spannendes Experiment, bei dem man sich schrittweise an das gewünschte Ergebnis herantasten muss. Daher gibt es hier auch keine fertigen Rezepte, die garantiert immer gelingen werden. Der beste Rat, den wir Ihnen daher geben können, ist jener, sich Schritt für Schritt voran zu wagen. Sollte das Experiment in die Hose gehen, kann man den Stuhl immer noch einmal komplett neu bemalen.

Vintage cream

Light brown wax

Brown wax

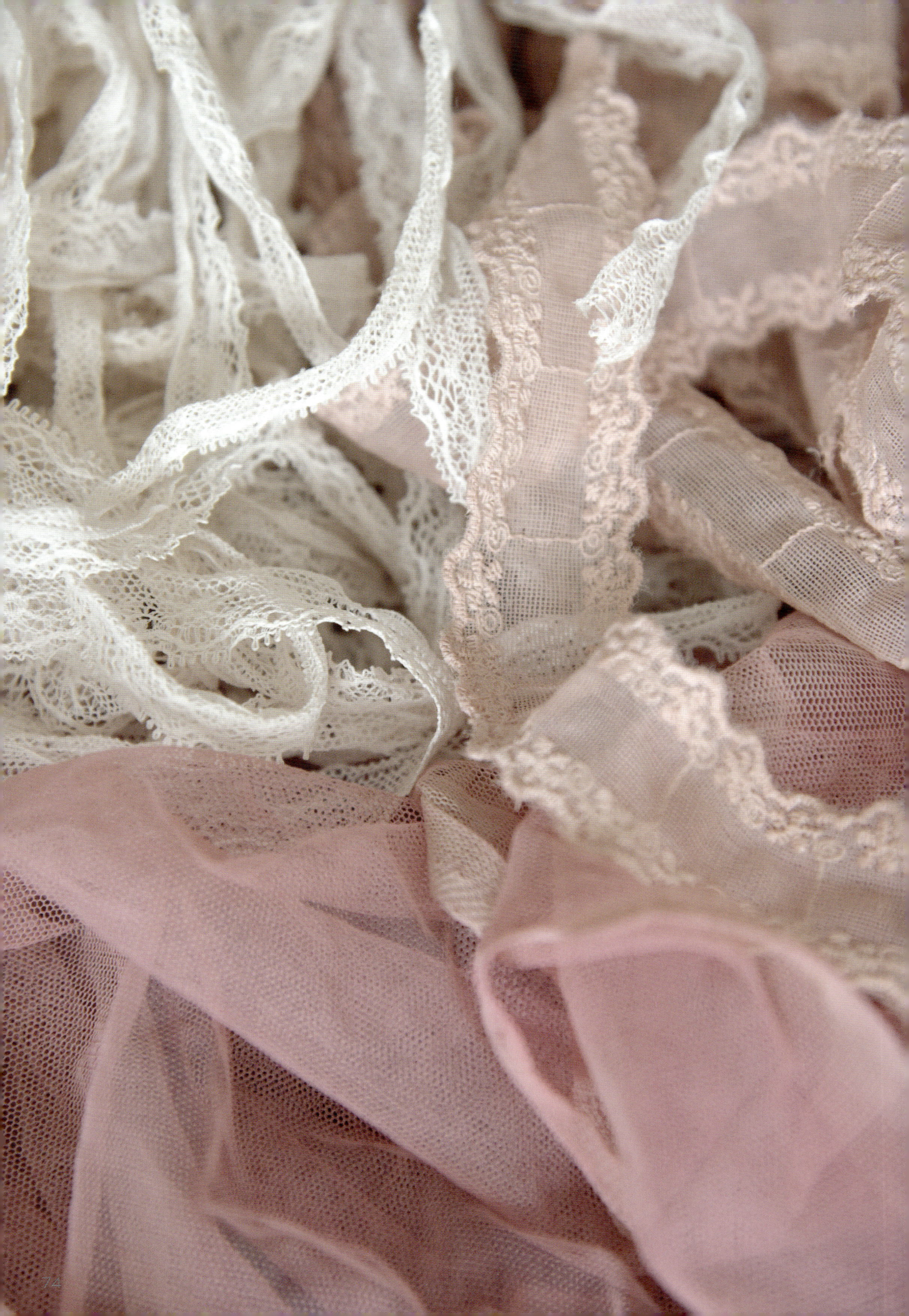

KAPITEL 5

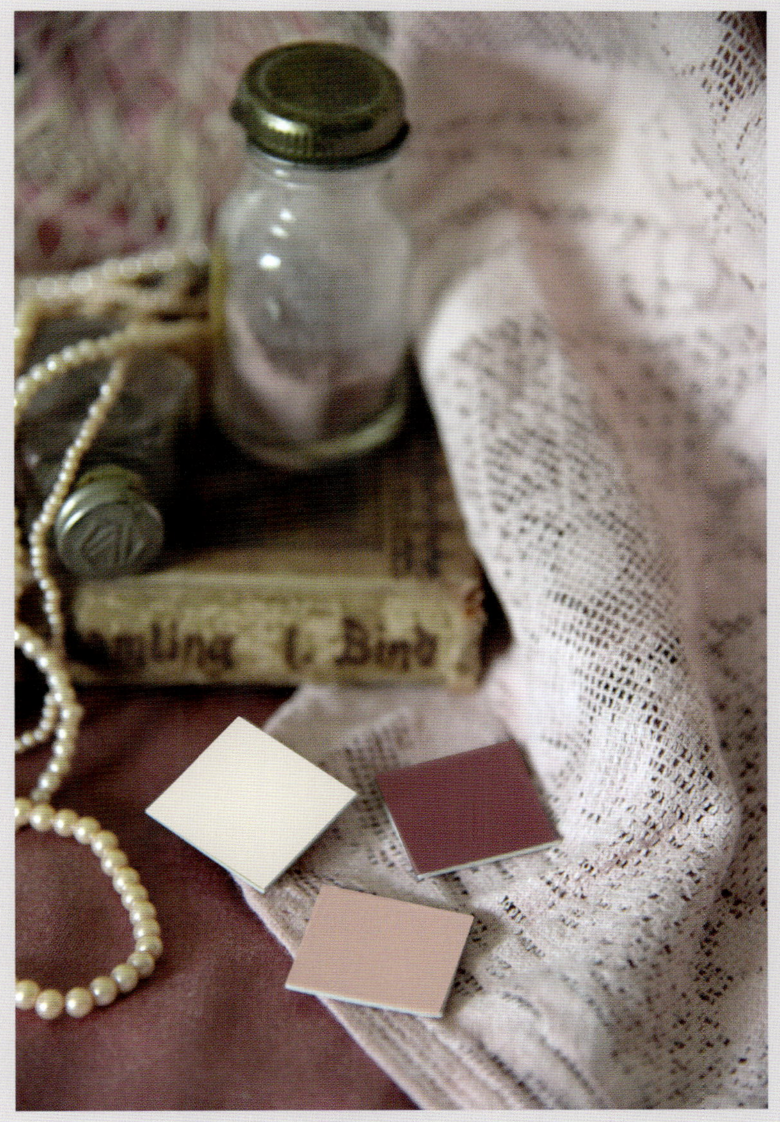

VINTAGE RED,
DUSTY ROSE UND FADED ROSE

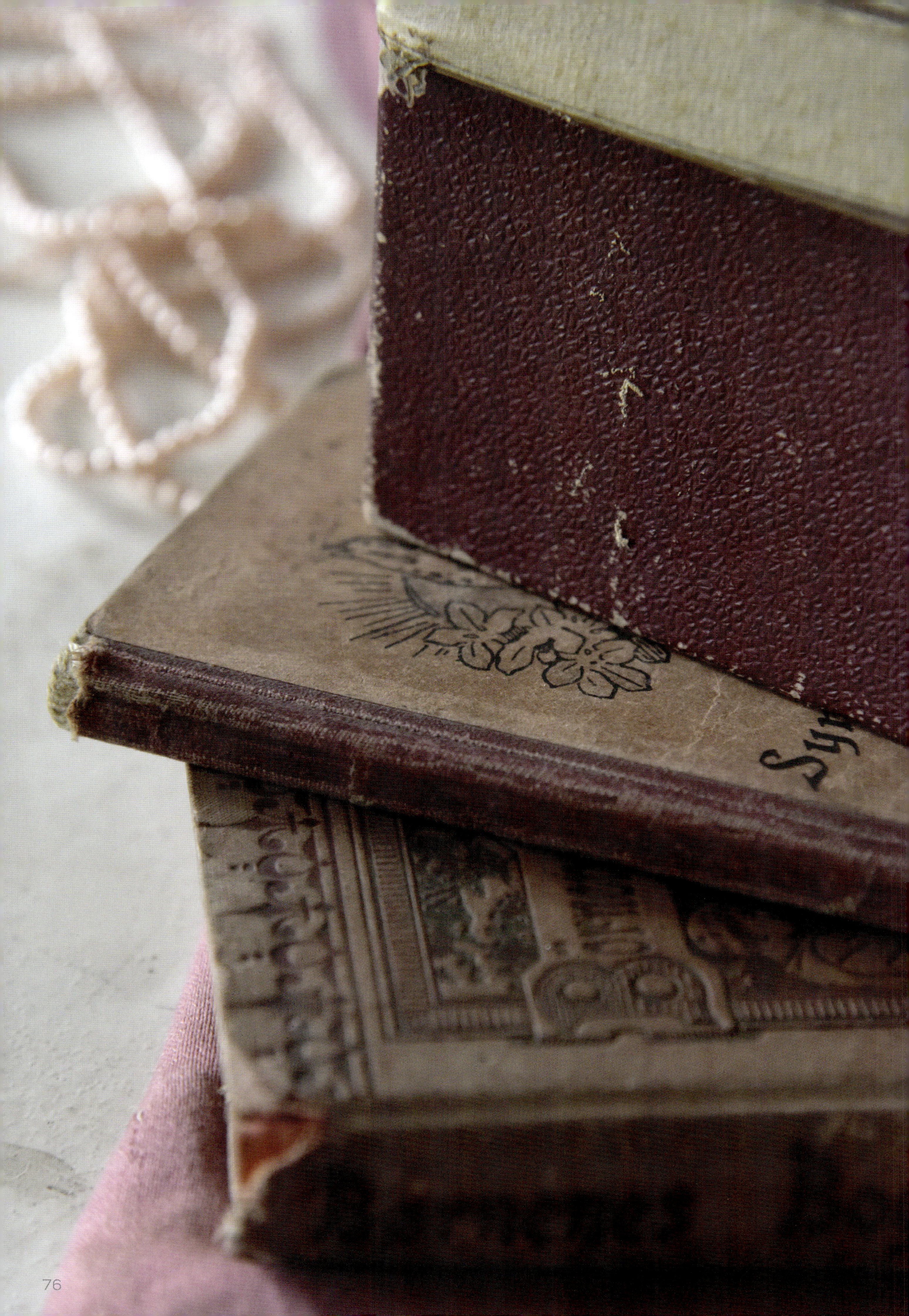

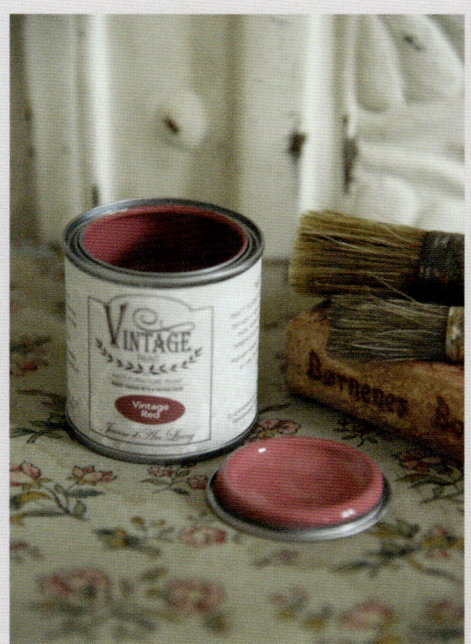

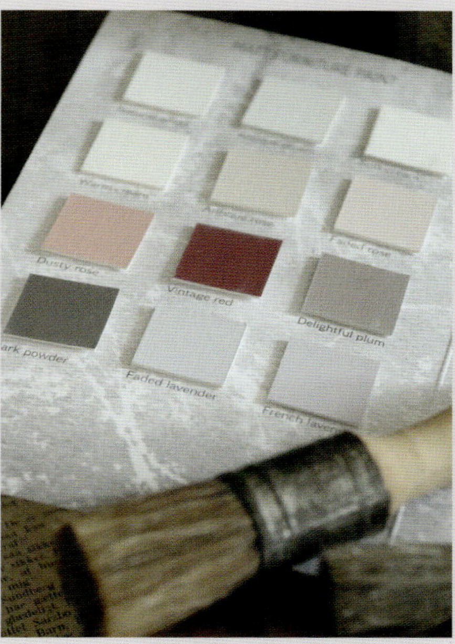

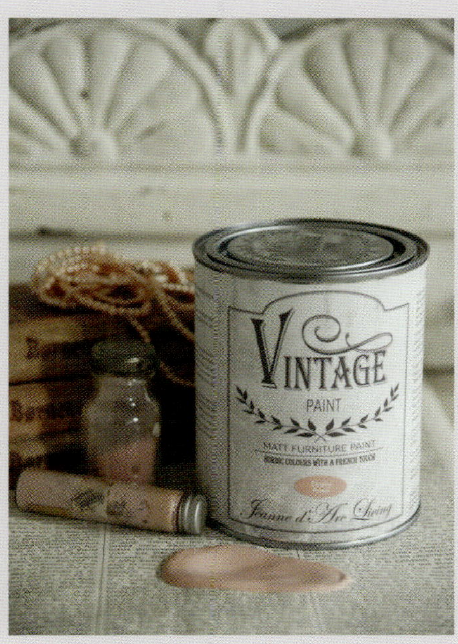

VINTAGE RED, DUSTY ROSE UND FADED ROSE

Zwei der neuen Farben, die zu unserem Sortiment hinzugekommen sind, nennen sich „Vintage red" und „Dusty rose" – zwei Nuancen, nach denen wir immer wieder gefragt wurden, und die nach unserer Meinung am allermeisten gewinnen, wenn man sie mit helleren Farben mischt. Besonders gerne verwenden wir „French beige" im Mischverhältnis 1:1 zum Abtönen. Dadurch entsteht eine ganz wundervolle, gedeckte Farbe, die dennoch einen klaren Farbakzent setzt. Die Farbe „Antique rose" ansich ist bereits dadurch entstanden, dass wir „Faded Rose" mit „French beige" gemischt haben. Das Ergebnis gefiel uns so gut, dass wir die neue Farbe sofort in unser Sortiment aufgenommen haben. Sie passt besonders gut zu unserer geblümten Tapete. Und wenn man eine gewisse romantische Ader hat, wird man generell kaum um ein schönes Rosa herumkommen. Wir finden, dass sich dieses Rosa besonders gut zu Rokokomöbeln eignet, da diese häufig Muster in genau solchen Farbtönen aufweisen. Allerdings kann man ganz generell sagen, dass diese Farben insgesamt gut zum Brocante-Stil passen.

Vintage red

Dusty rose

Faded rose

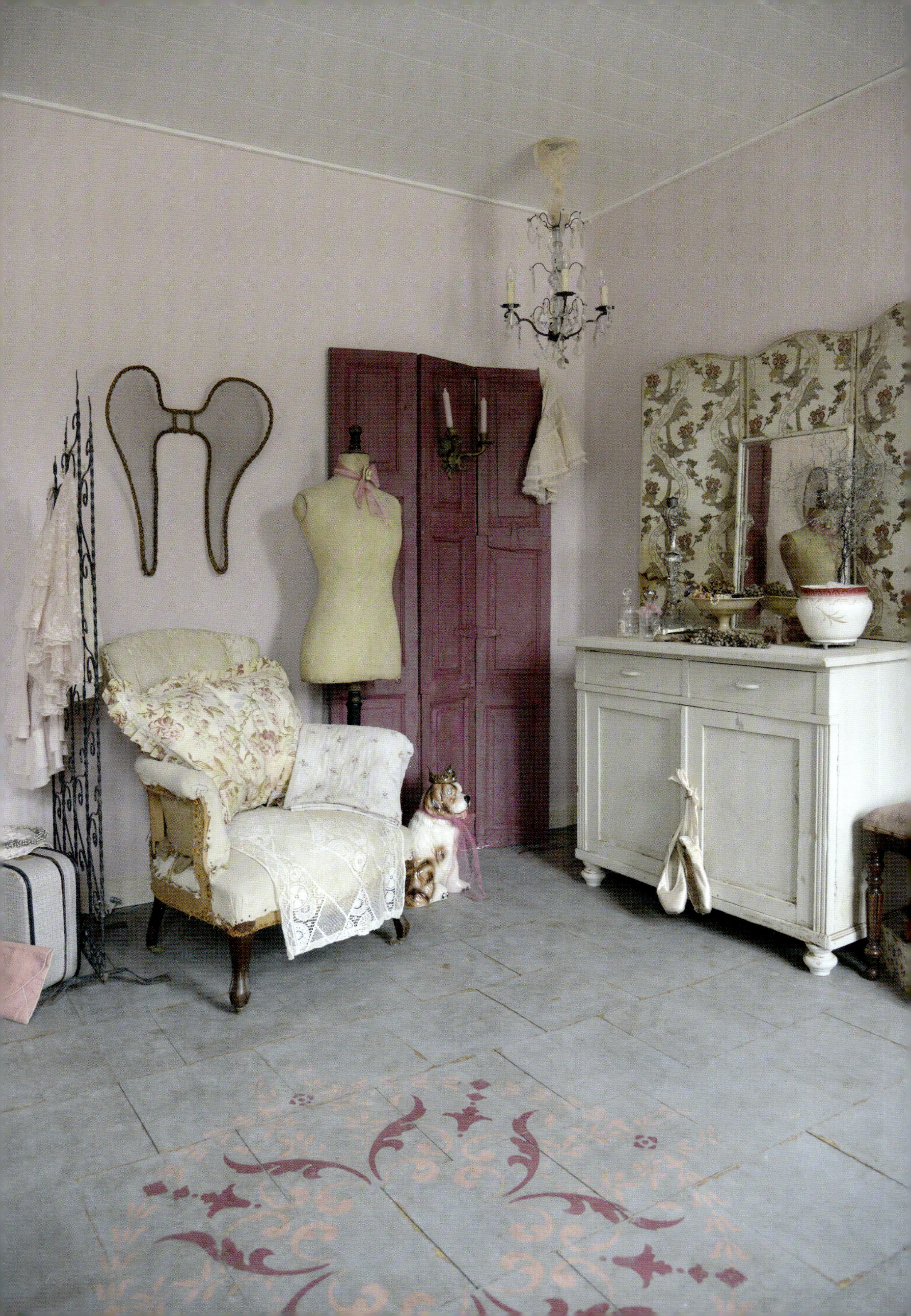

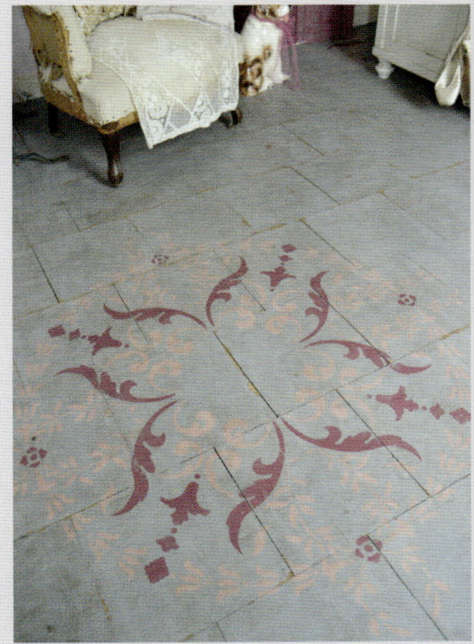

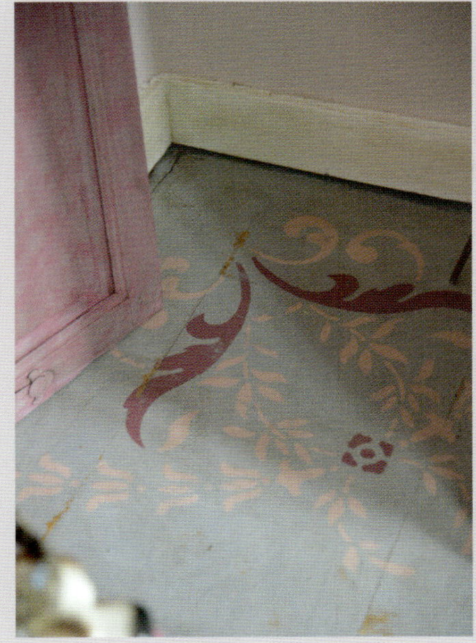

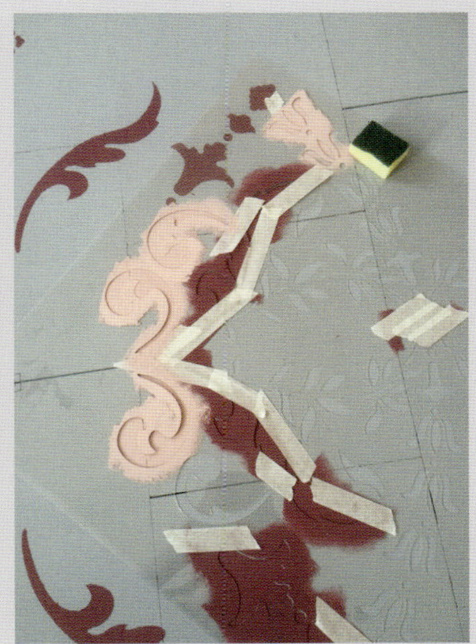

WOHNZIMMER

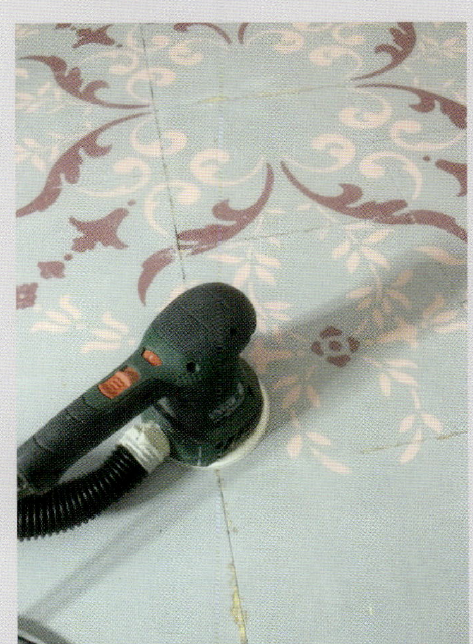

Es erfordert schon einen gewissen Mut, eine Wand komplett in Rosa zu streichen. Aus gutem Grund haben wir hier das etwas gedecktere „Faded rose" verwendet. Scheuerleisten und Türzargen in „Soft cream" und einer Nachbehandlung mit Antikwachs im Farbton „Light brown" setzen einen sanften Kontrast. Weiße Leisten und Zargen hätten sich viel zu stark abgesetzt. Der Boden hat seine ganz eigene, etwas ungewöhnliche Entstehungsgeschichte: Hierbei handelt es sich nämlich um Korkfliesen, die wir neu gestrichen haben. Als wir den Korkboden im Zuge der Renovierung entdeckten, dachten wir uns, dass ein paar Farbexperimente nicht schaden könnten, bevor wir den Boden entfernten. Das Ergebnis gefiel uns schließlich allerdings so gut, dass wir den Boden behielten. Auf diese Weise, so zeigte sich, erhielten wir einen ganz einzigartigen Boden für ein sehr kleines Geld. Als Farbton verwendeten wir „Warm grey". In der Mitte platzierten wir eines unserer großen, runden Stencils, das wir in den beiden Farbtönen „Vintage red" und „Dusty rose" anfertigten. Bei einem Stencil von dieser Größe ist es immer wichtig, diesen gut mit Klebeband zu befestigen. Die Farbe tupften wir schließlich mit einem Schwamm auf – dabei brachten wir die Farbe immer ganz vorsichtig auf den Schwamm auf und tupften diesen zunächst auf einem Stück Pappe ab, bevor wir die Farbe auf den Boden auftrugen. Nachdem das Motiv getrocknet war, haben wir den gesamten Boden noch einmal mit dem Exzenterschleifer nachbearbeitet, um das Motiv etwas blasser und den Boden älter und verbrauchter erscheinen zu lassen. Zum Schluss trugen wir noch einmal Antikwachs im Farbton „Light brown" mit dem Pinsel auf.

Faded rose

Soft cream

Warm grey

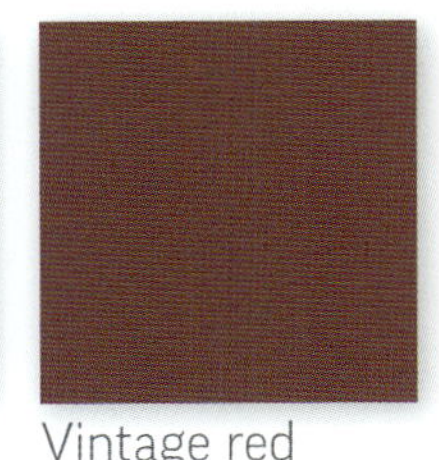
Vintage red

Dusty rose

Light brown wax

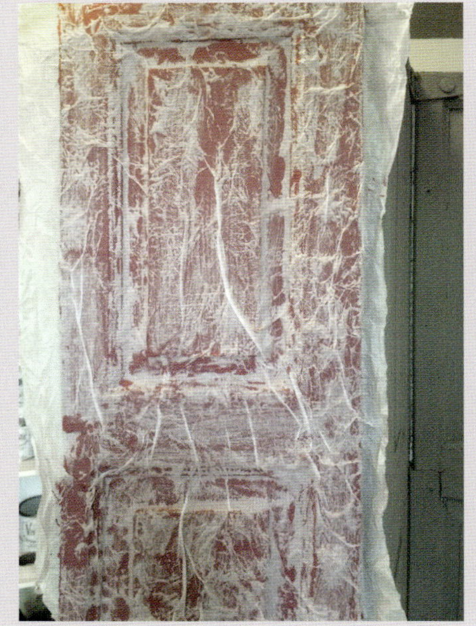

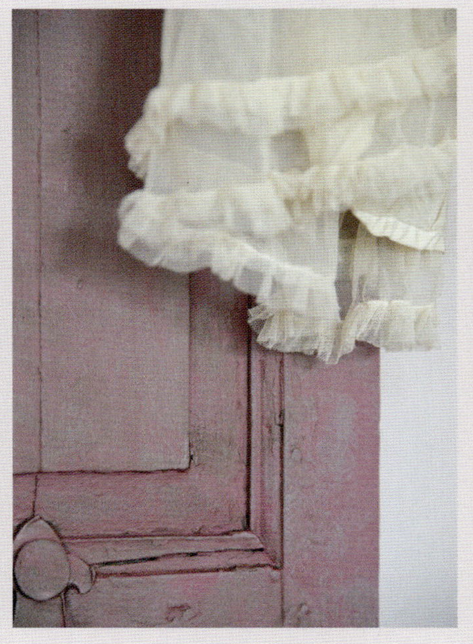

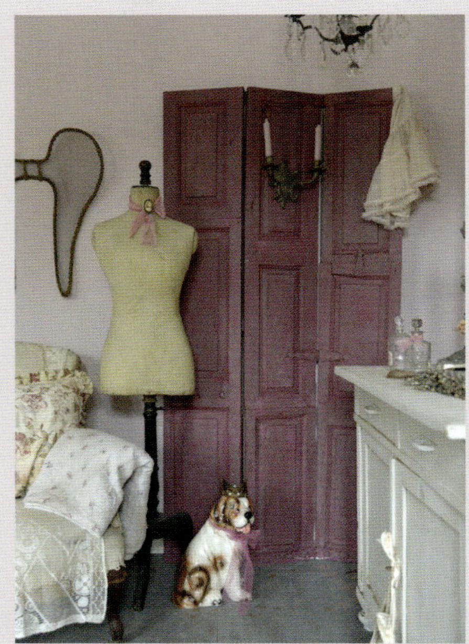

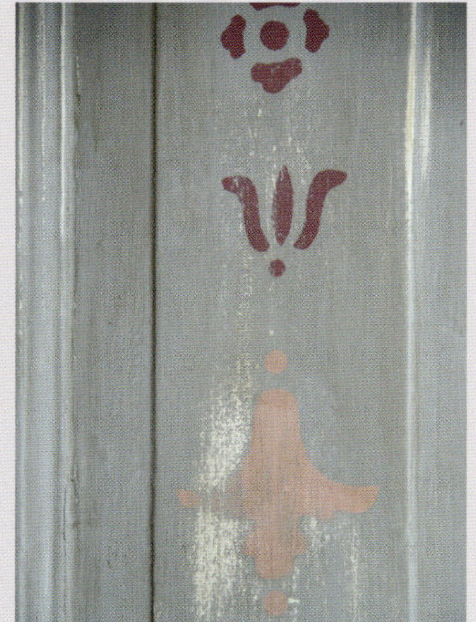

FENSTERLÄDEN UND TÜREN

Die Fensterläden im Hintergrund haben wir zunächst mit einer Lösung aus 4 Teilen „Vintage red" und 1 Teil Wasser gestrichen. Den Effekt erzielten wir mit einem Stück zerknüllten Seidenpapier, das wir direkt in die noch feuchte Farbe legten und nach 5 Minuten vorsichtig abzogen. Dadurch entsteht die besondere farbliche Struktur auf den Fensterläden. Auch hier haben wir die Farbe mit etwas Antikwachs „Light brown" nachbehandelt. Die alte Tür erstrahlt im Bauernstil, indem wir sie zunächst in „Warm grey" strichen und anschließend einige Teile eines unserer Stencilmotive auftrugen. Hierfür verwendeten wir die beiden Farben „Vintage red" und „Dusty rose" und schliffen die getrockneten Motive anschließend mit feinem Sandpapier ab und versiegelten die Oberfläche mit Antikwachs im Farbton „Light brown". Indem wir immer wieder die gleichen Farben verwendeten, entsteht ein angenehmer Zusammenhang, der die Einrichtung stimmig und harmonisch erscheinen lässt. Sowohl das Grau als auch das Rosa verhalten sich einigermaßen neutral zu den alten Brocante-Stücken. So kommt unter anderem auch der alte Schrank mit seiner Original-Patina neu zur Geltung.

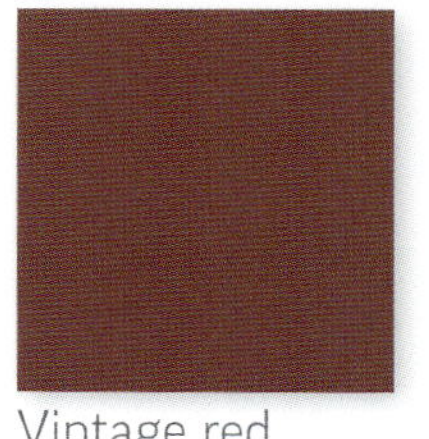

Vintage red

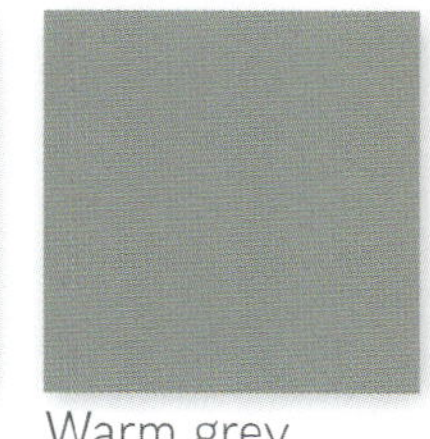

Warm grey

Dusty rose

Light brown wax

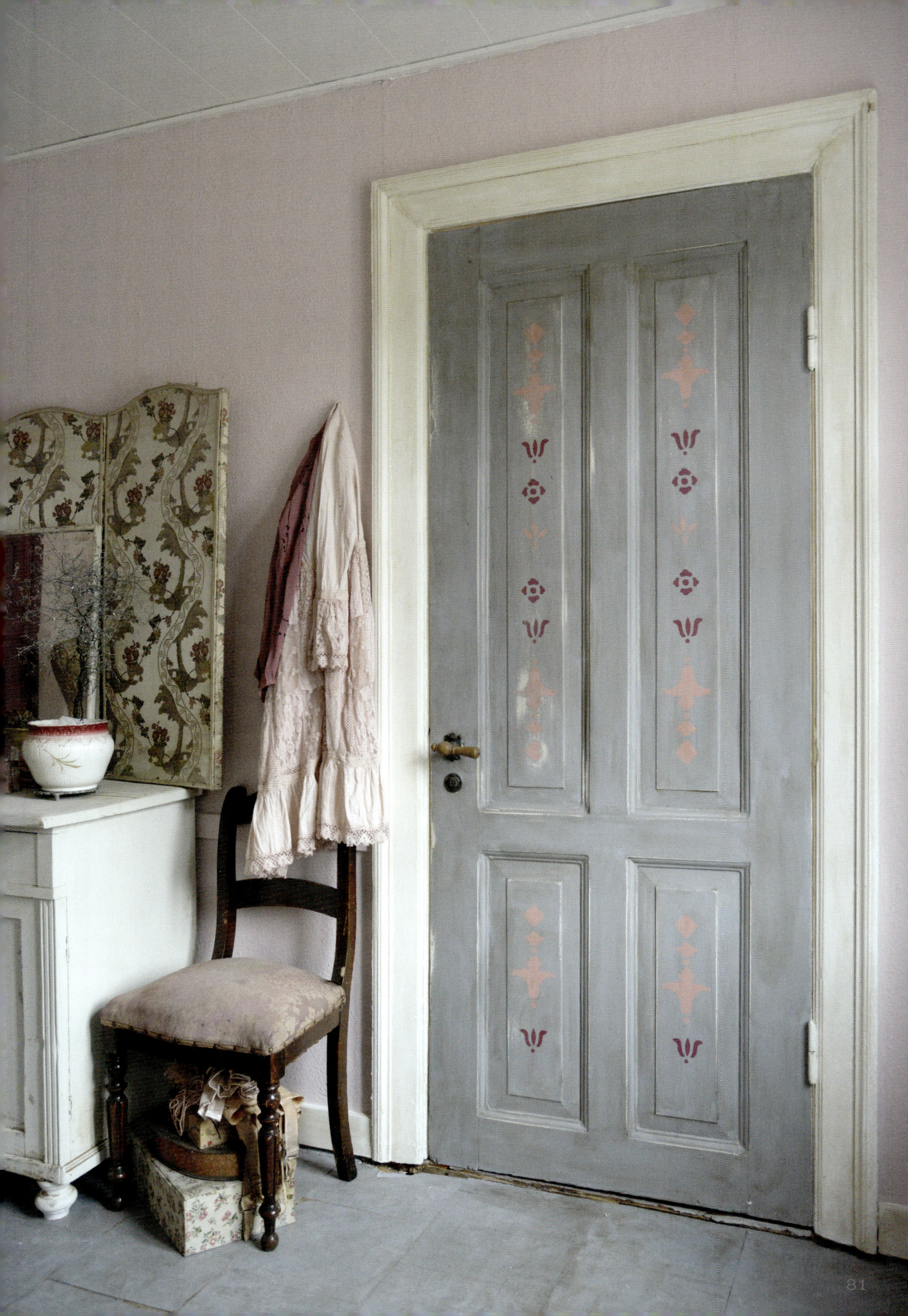

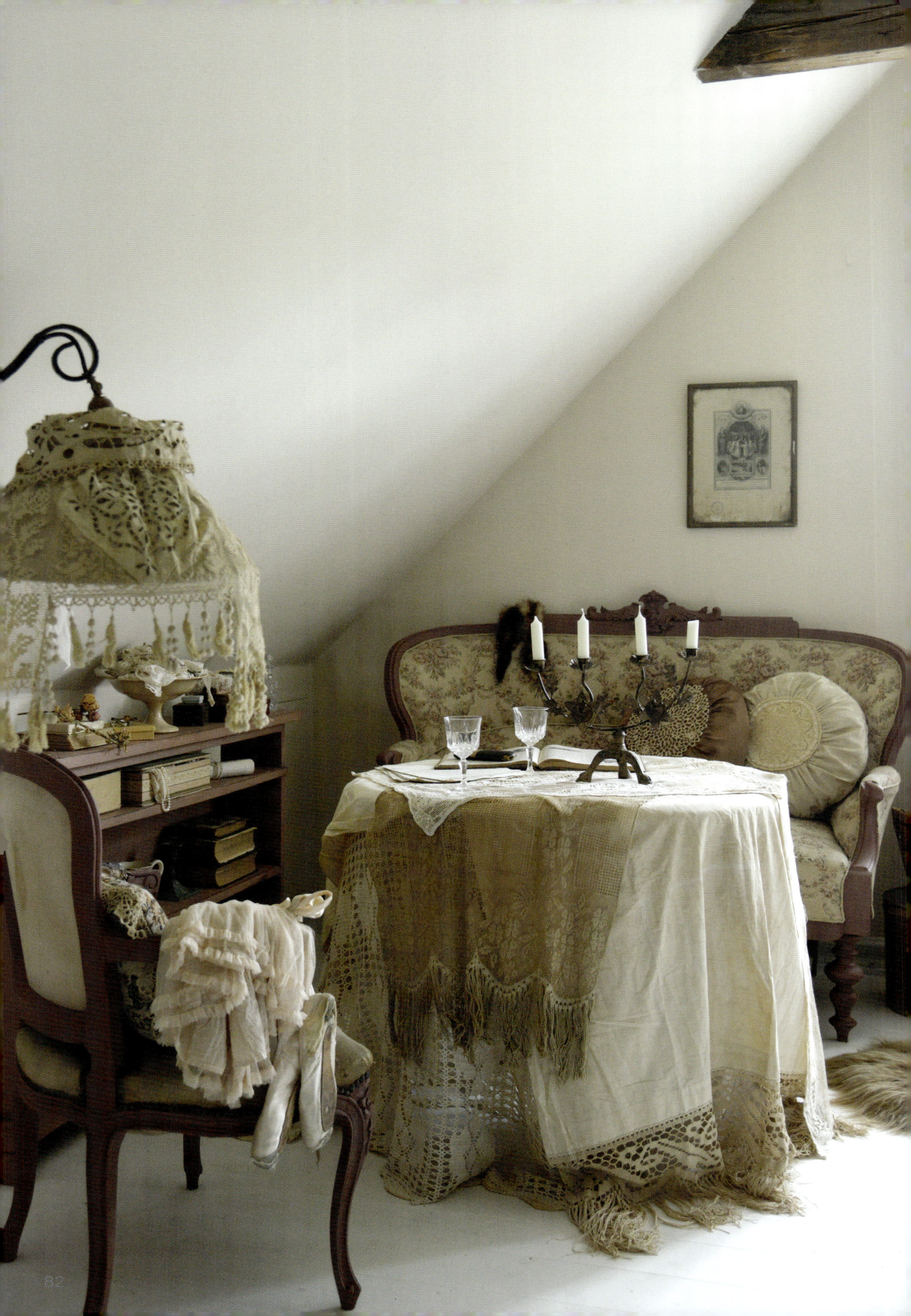

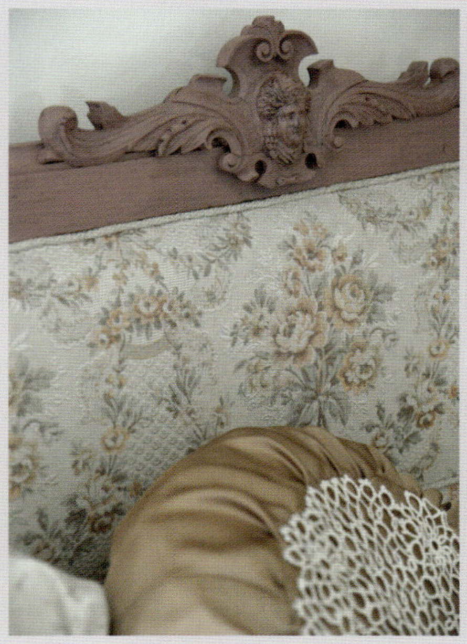
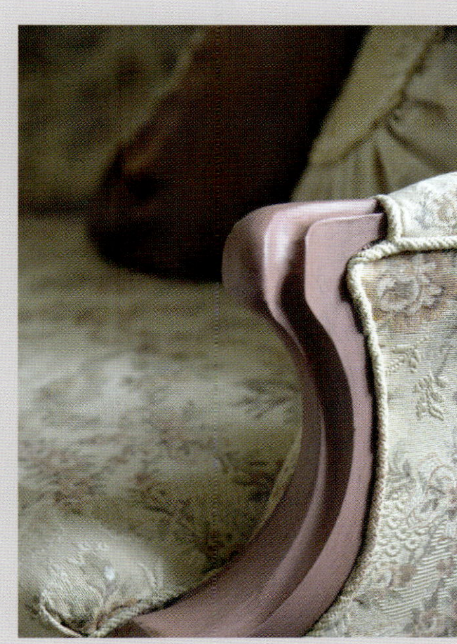

ROKOKO-WOHNZIMMER

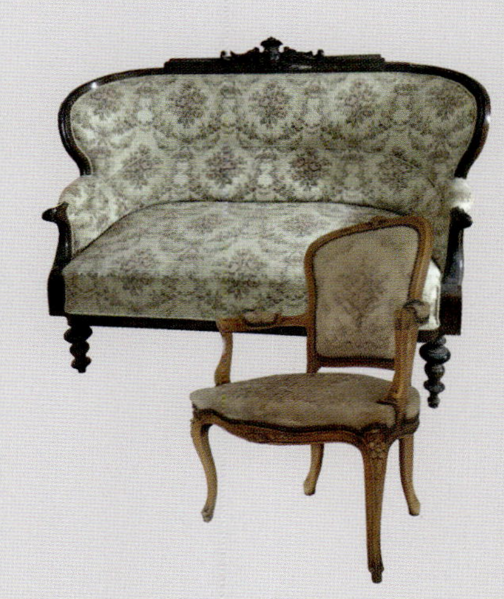

Wir entdeckten diese schönen, alten Möbelstücke auf unserem lokalen Flohmarkt. In das Sofa hatten wir uns schon lange zuvor verliebt, da es uns insbesondere die schönen Farben angetan hatten. Dennoch entschieden wir uns, das Rosa noch etwas weiter hervorzuheben. Dafür mischten wir 3 Teile „Dusty rose" mit 3 Teilen „Vintage red" und 1 Teil „Chocolate brown" und strichen damit den Holzrahmen des Sofas – und den Stuhl gleich dazu. Nach dem Trocknen wurde die Farbe noch einmal mit Antikwachs im Farbton „Light brown" nachbehandelt. Die Wände sind alle in „Vintage cream" gestrichen. Für den Boden verwendeten wir „Natural white" und behandelten die Fläche mit unserem „Ultra matt varnish"-Lack nach. Der Lack ist extrem matt und praktisch unsichtbar, schützt zugleich aber den Boden und macht ihn pflegeleicht. Hätten wir uns übrigens dafür entschieden, die Holzteile der Möbel mit einer cremefarbenen oder braunen Nuance zu bemalen, hätten wir einen ganz anderen und insgesamt neutraleren Effekt erzielt. Auf diese Weise kann man mit den Farben spielen und sich nach und nach an die Anmutung heranarbeiten, die man sich wünscht. Übrigens hätten wir uns nie und nimmer vorstellen können den zerschlissenen Brokatstoff durch einen neuen Bezug zu ersetzen. Genau dieser marode Charme ist es schließlich, der für das ganz besondere Ambiente sorgt.

Dusty rose

Vintage red

Chocolate brown

Soft cream

Natural white

Light brown wax

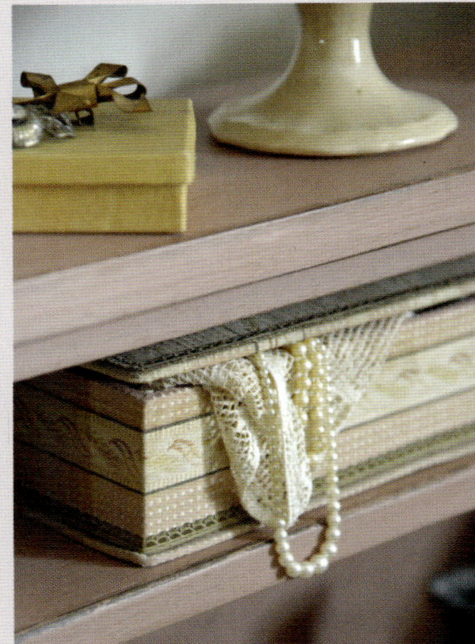

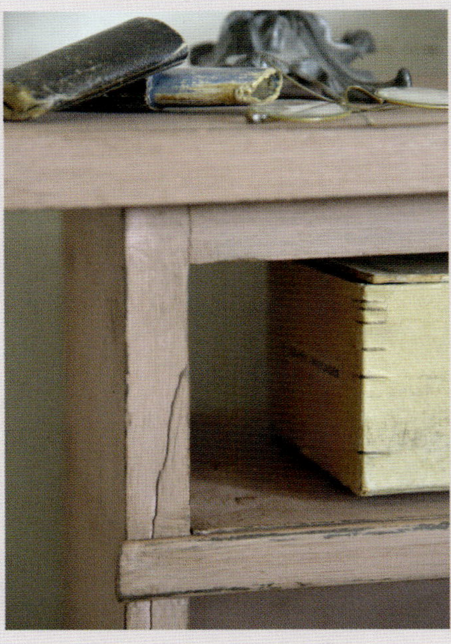

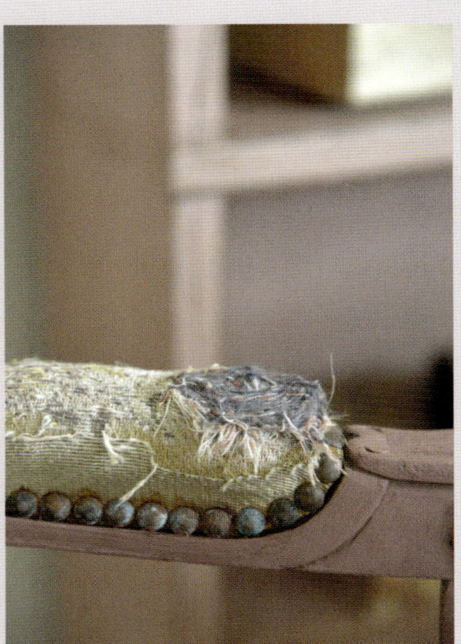

BÜCHERREGAL

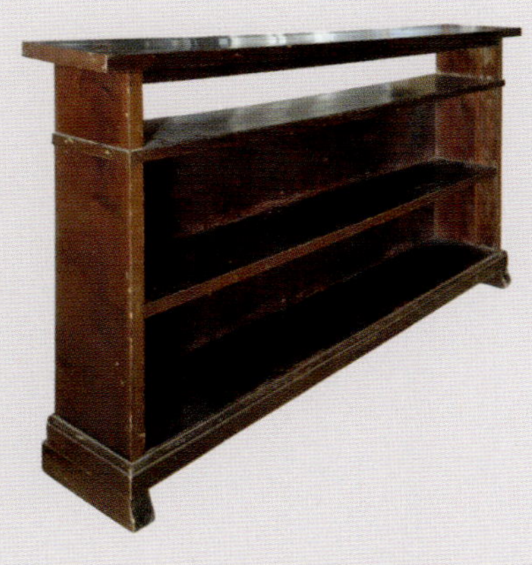

Das alte Regal verbrachte bereits seinen vermeintlichen Lebensabend auf der Müllhalde. Wir haben es jedoch gerettet und in einer rosafarbenen Ausgabe wiederauferstehen lassen. Hierfür verwendeten wir 7 Teile der für die Polstermöbel angemischten Farbe und tönten sie mit 5 Teilen „Natural white“ ab. Nachdem die Farbe getrocknet war, schliffen wir die Kanten mit Sandpapier ab, sodass die ursprüngliche dunkelbraune Farbe punktuell zutage trat. Anschließend trugen wir noch einmal Antikwachs im Farbton „Light brown“ mit einem weichen Pinsel auf. Ganz viele alte, vergilbte Textilien mit süßen Klöppelarbeiten und Spitzeneinsätzen geben der gemütlichen Ecke eine feminine Anmutung mit rustikalen Akzenten. Wenn Sie keine farblich passenden Textilien besitzen, können Sie auch neue oder alte Textilien mit der Farbe „Vintage brown“ einfärben. Mischen Sie hierfür 1 Teil Farbe mit 20 Teilen Wasser und lassen Sie die Stoffe gut 10 Minuten darin einweichen. Anschließend ausspülen und zum Trocknen aufhängen. Ob Sie den Stoff vor oder nach dem Trocknen ausspülen, ist übrigens reine Geschmackssache. Manch einer wirft die Textilien nach dem Trocknen sogar in die Waschmaschine und lässt diese einmal auf 30 Grad laufen. Das Spülen bzw. Waschen hat in allererster Linie zur Aufgabe, den gefärbten Stoff wieder weich und geschmeidig zu machen. Haben Sie keine Angst davor, dass die Farbe dadurch verblassen könnte. Wenn Sie übrigens gerne möchten, dass die Stoffe noch etwas fleckiger aussehen, können Sie zum Schluss gerne noch etwas Kaffee mit dem Zerstäuber auf den Stoff sprühen.

Dusty rose

Vintage red

Chocolate brown

Natural white

Light brown wax

Vintage brown

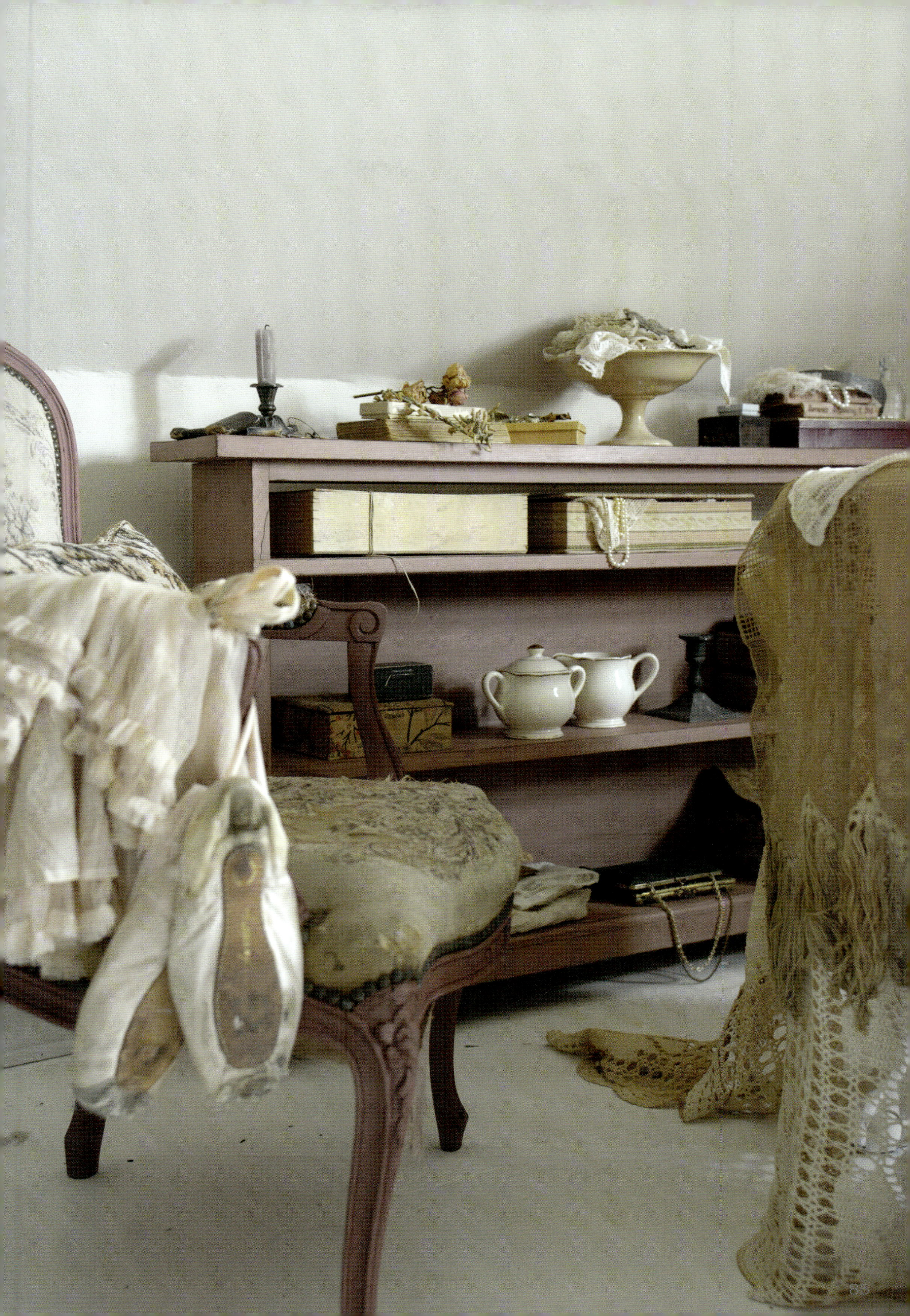

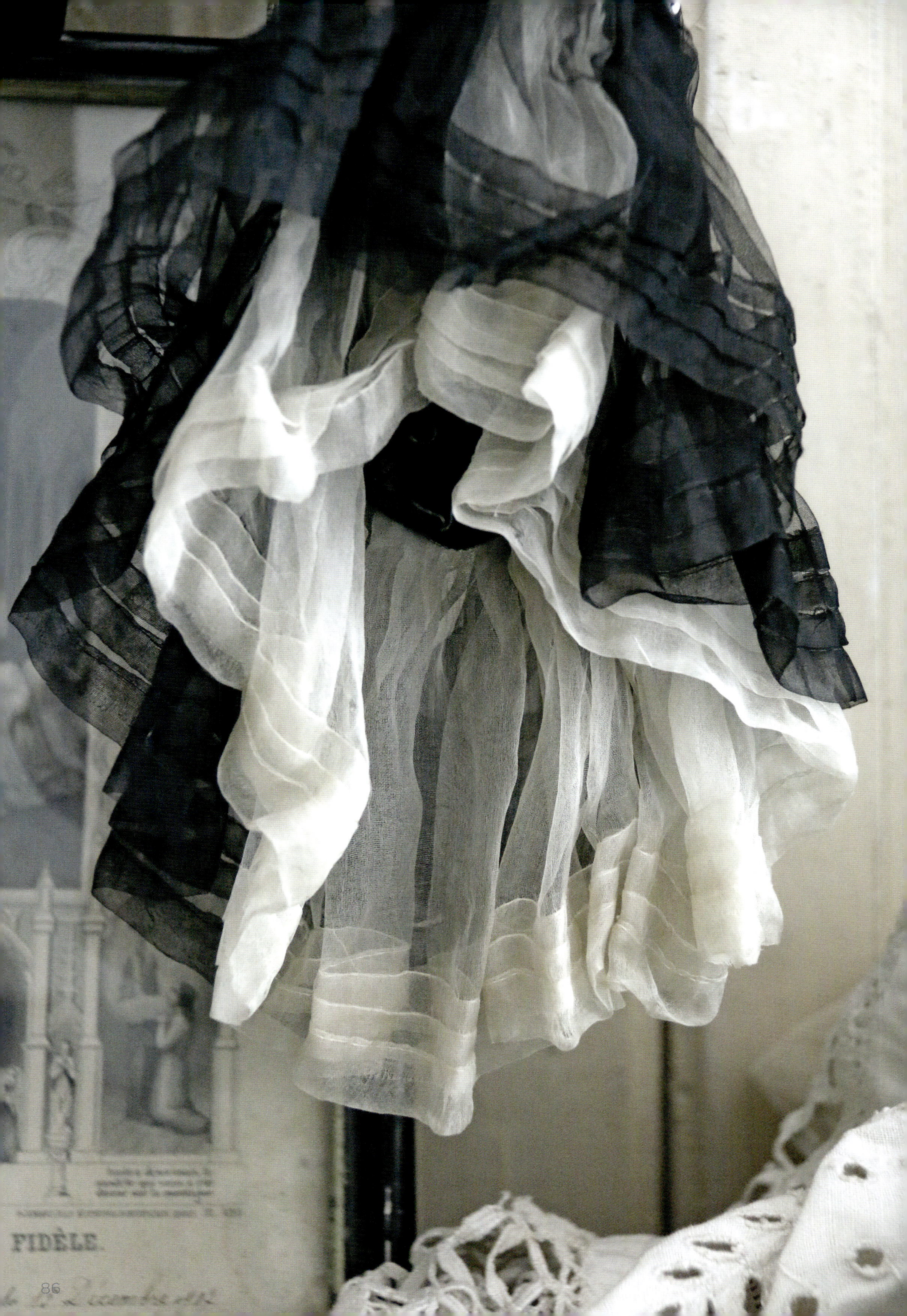
FIDÈLE.

KAPITEL 6

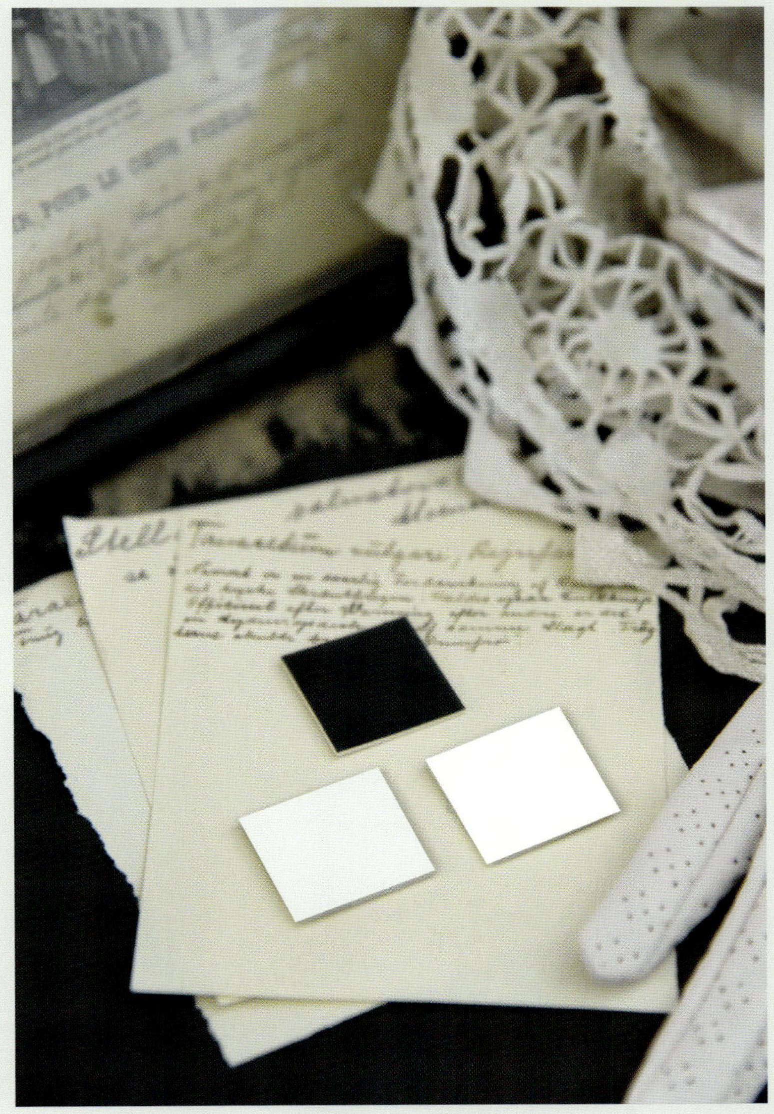

BLACK VELVET, SOFT CREAM UND ANTIQUE CREAM

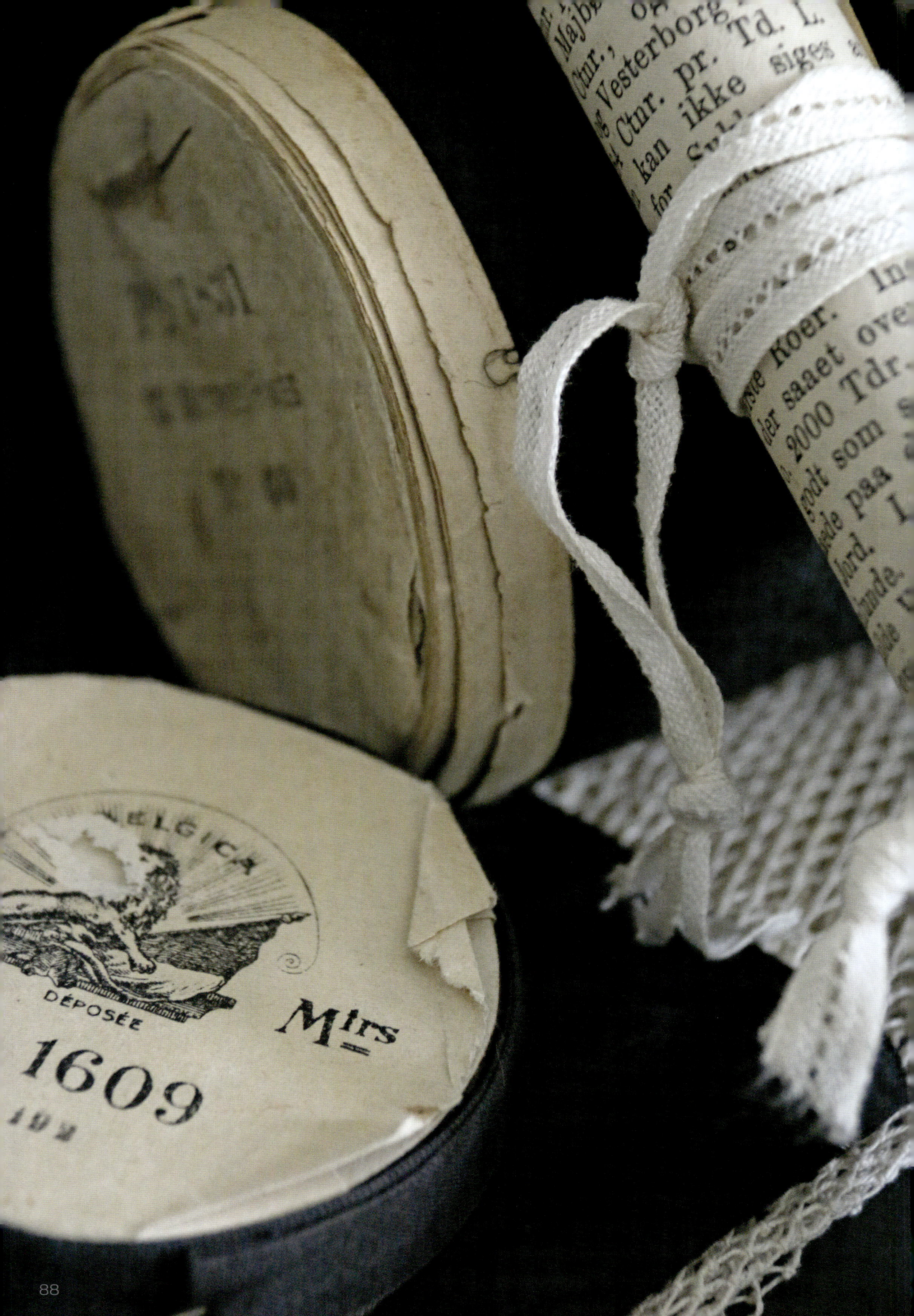
BELGICA
DÉPOSÉE
Mrs
1609
Vesterborg
Ctnr. pr. Td. L.
kan ikke siges
Koer.
der saaet
2000 Tdr.
godt som

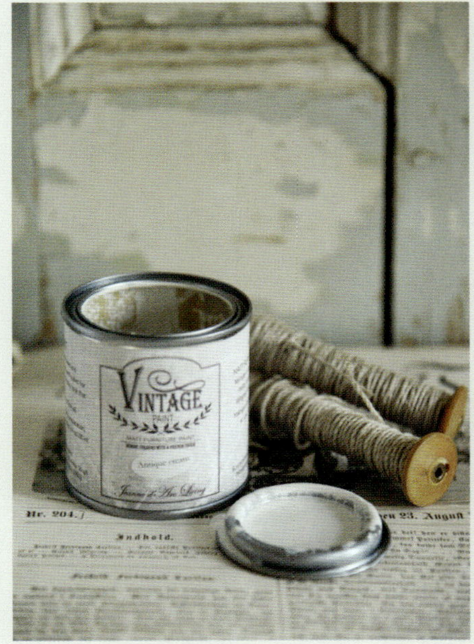

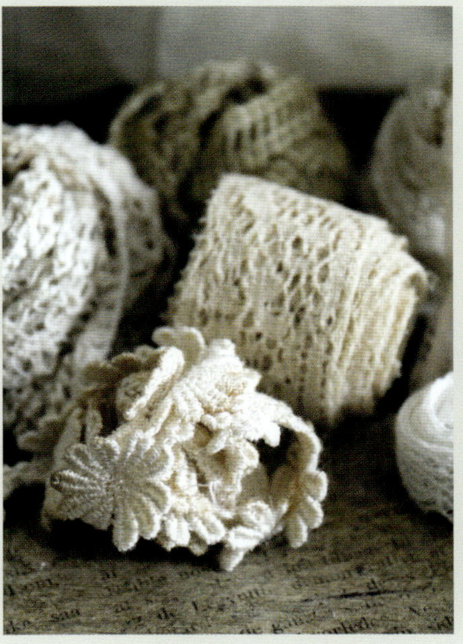

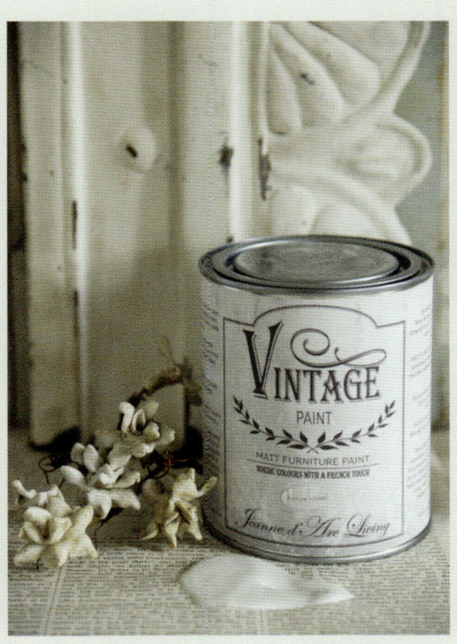

BLACK VELVET, SOFT CREAM UND ANTIQUE CREAM

Black velvet: diese Farbe hat eine ganz besondere Ausstrahlung, finden wir. Auch wenn sie auf den ersten Blick schwarz aussieht, ist sie doch eher graphit. Wenn man sie jedoch mit schwarzem Antikwachs nachbehandelt, erzielt man ein geradezu perfektes Ergebnis. Achten Sie allerdings darauf, dass Schwarz niemals zur dominierenden Farbe in Ihrer Einrichtung wird – ganz besonders nicht in unserer Stilrichtung. Schwarz kann sehr elegant wirken, wenn man es in den richtigen Zusammenhang setzt, und wo immer wir es in Maßen einsetzen, bereitet es uns große Freude. Meist setzen wir diese Akzente aber nur bei Textilien und kleinen Accessoires. Schwarz harmoniert besonders gut mit verwittertem Holz und rustikalen Möbeln. In diesem Kapitel haben wir die schwarzen Farbtöne in erster Linie mit unserer neuen Farbe „Antique cream“ sowie „Soft cream“ kombiniert, um eine etwas sanftere Anmutung zu erzielen.

Black velvet

Soft cream

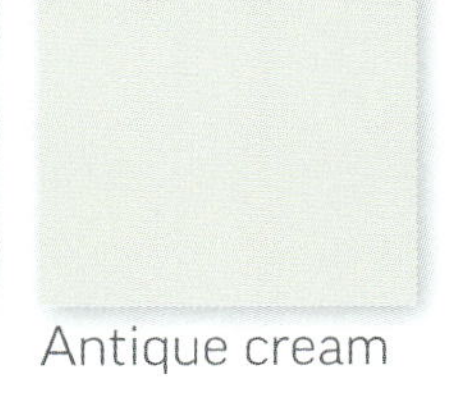
Antique cream

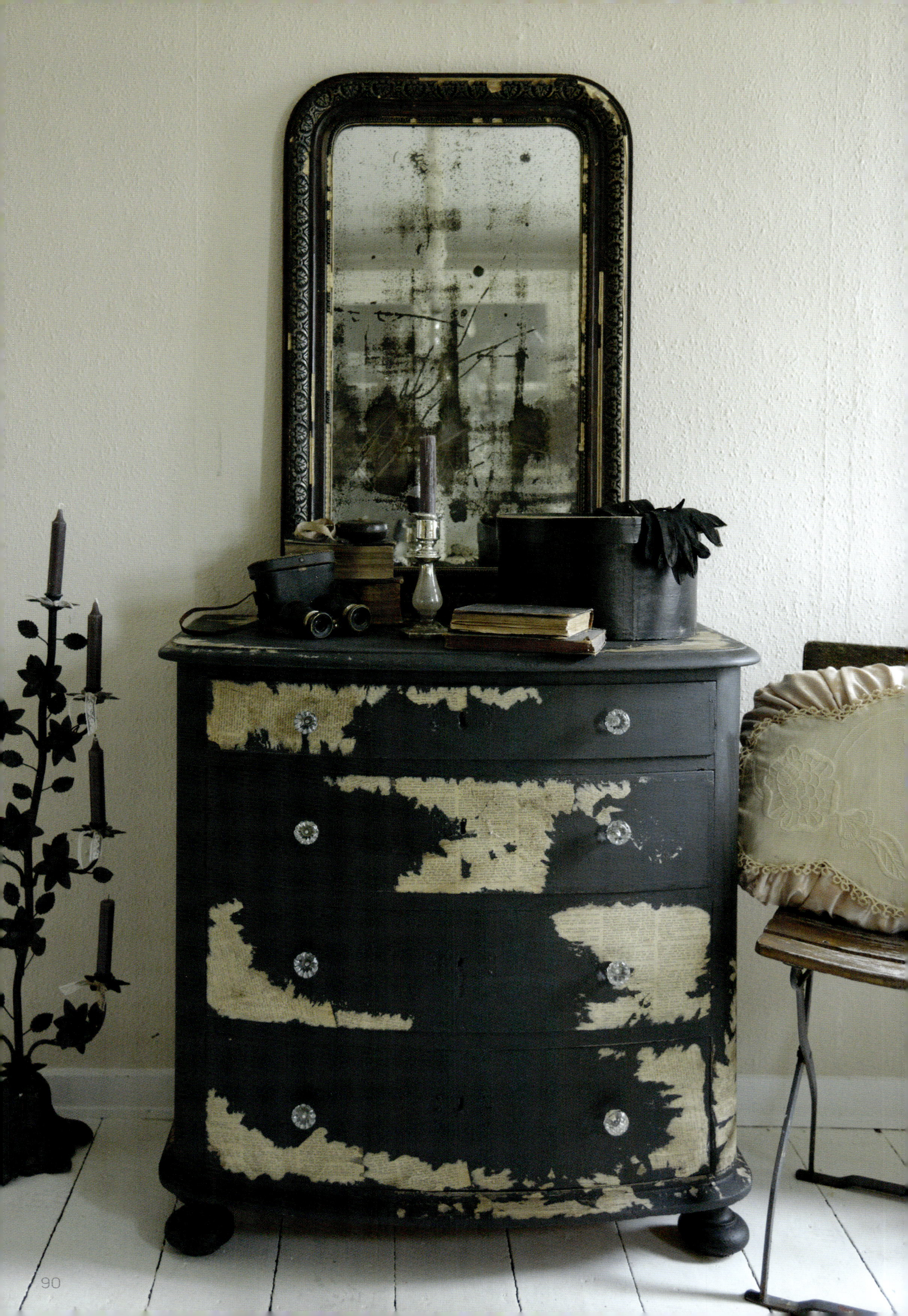

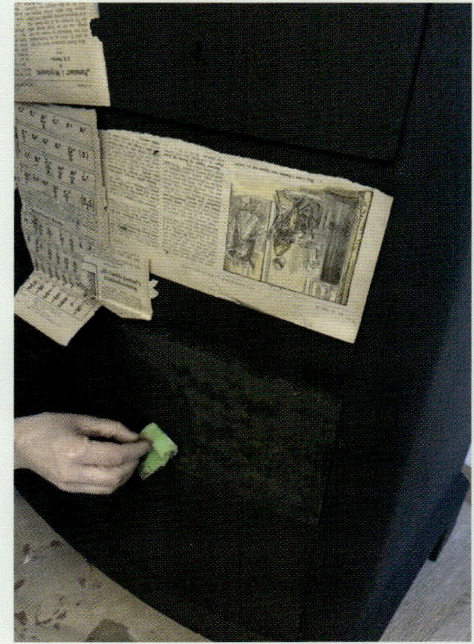
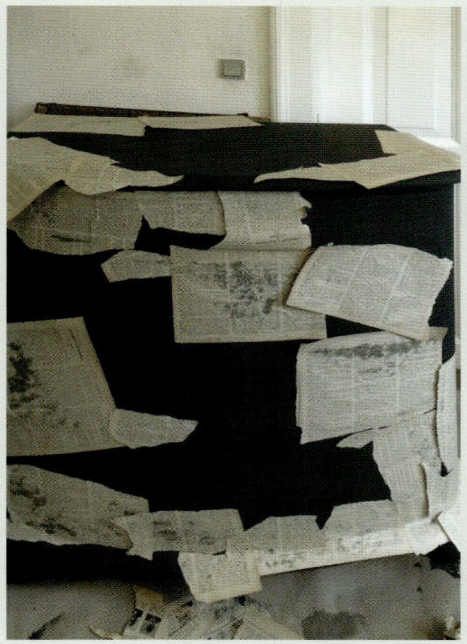
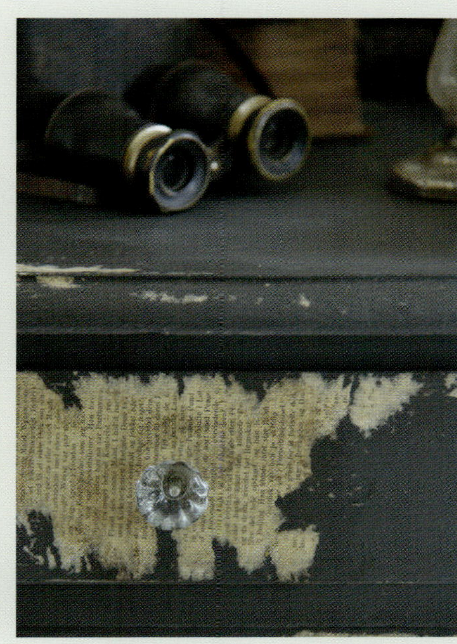

KOMMODE MIT ALTEN ZEITUNGEN

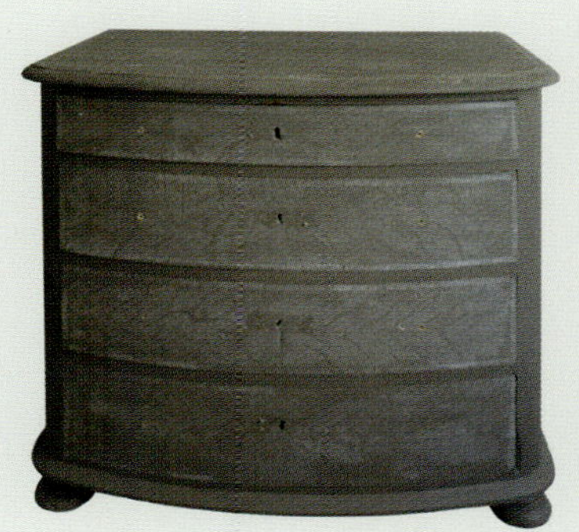

Diese Kommode hatten wir mal irgendwann in den achtziger Jahren abgebeizt. Wir trugen uns mit dem Gedanken, sie mit Stoff zu beziehen, jedoch misslang dieser Versuch, da sich der Stoff immer wieder löste. Also planten wir um und strichen die Kommode schwarz. Wir nahmen zwei Anstriche vor und mischten hierfür 1 Teil „Black velvet" mit 1 Teil „Chocolate brown". Indem wir Schwarz mit Braun mischten, erhielt die Farbe einen warmen Unterton. Nach dem Trocknen tupften wir die gleiche Farbe mit einem Schwamm auf die Stellen, an denen das Zeitungspapier angebracht werden sollte, und ließen sie abermals trocknen. Die Farbe funktioniert wie eine Art Leim. Sobald sie getrocknet ist, konnten wir das lose Zeitungpapier vorsichtig abreißen, sodass die Kanten ungleichmäßig und ausgefranst wirken. Wenn man will, kann man die Oberfläche nun noch einmal abschleifen, allerdings muss man sich bewusst sein, dass es hiernach nötig sein kann, noch einmal nachzustreichen. Wir haben uns damit begnügt, die Oberfläche sporadisch mit etwas Antikwachs im Farbton „Brown" nachzubehandeln. Wenn Sie möchten, können sie das Wachs mit etwas Antikwachs „Clear" mischen, damit es sich leichter verarbeiten und dosieren lässt. Beachten Sie: Man kann immer noch etwas mehr Antikwachs auftragen – aber das farbige Wachs, das bereits auf dem Möbelstück angetrocknet ist, lässt sich hingegen nicht mehr entfernen. Zum Abschluss haben wir Glasgriffe an die Kommode geschraubt. Die brillante Anmutung der Griffe hebt sich sehr schön vom dunklen Hintergrund ab.

Black velvet

Chocolate brown

Brown wax

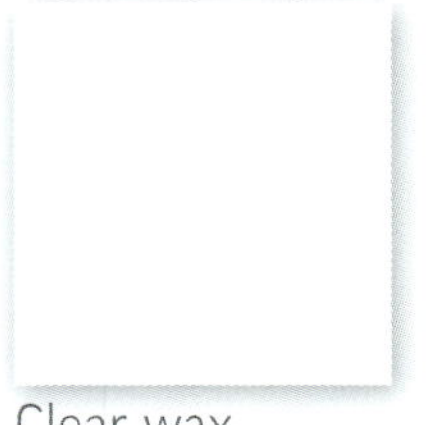
Clear wax

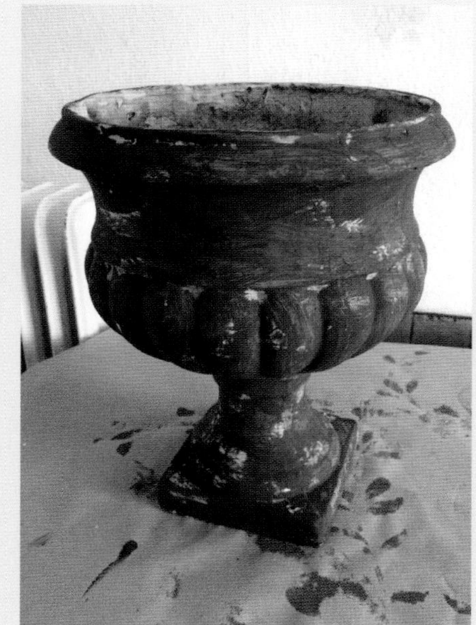

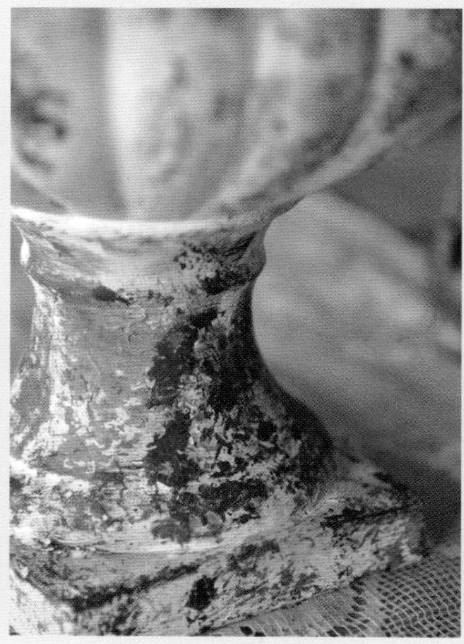

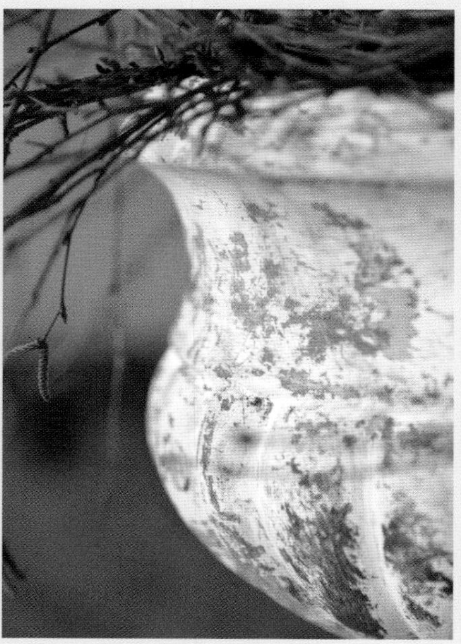

TÖPFE MIT PATINA

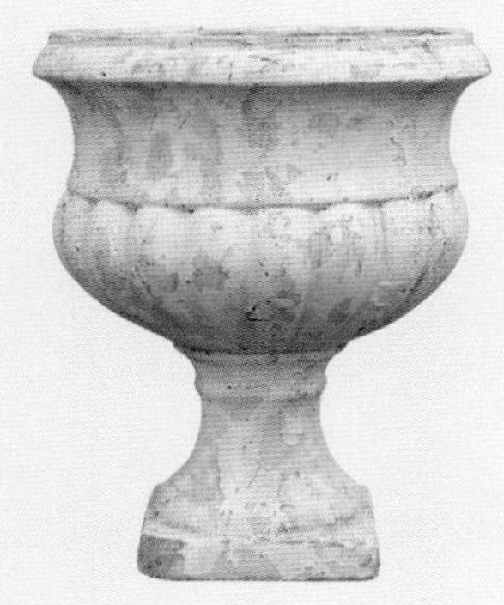

Dieser Topf, den wir jüngst in unserer Kollektion aufgenommen haben, verfügt bereits über eine gewisse Patina, allerdings konnten wir uns gut vorstellen, den Effekt noch ein wenig zu verstärken. Dafür haben wir den Topf mit „Black velvet" bemalt, anschließend jeweils sehr dünn mit „Chocolate brown", danach mit „Vintage brown" und abschließend mit „Antique cream" und „Soft cream". Jede einzelne Farbschicht sollte gründlich getrocknet sein, bevor man weitermacht. Nachdem alle Farben aufgetragen haben, schliffen wir die Oberfläche mit feinem Sandpapier, sodass die einzelnen Farbschichten wieder zutage traten. Schleifen Sie an verschiedenen Stellen unterschiedlich stark, um eine möglichst große Farbvariation zu erzielen. Bei Bedarf kann man auch einen Hammer oder einen Schraubenzieher zur Hilfe nehmen, um hier und da kleine Hacker und Kratzer herbeizuführen. Wir haben uns immer wieder den Topf angeschaut und hier und da nachgearbeitet, bis wir fanden, dass er perfekt aussah. Erst dann behandelten wir die Oberfläche mit Antikwachs „Clear" sowie „Light brown" nach. Dadurch sieht die Oberfläche etwas gebrauchter und verschmutzter aus – so als sei der Topf schon seit vielen Jahren Wind und Wetter ausgesetzt gewesen. Diese Patinierungsmethode klingt komplex, sollte Sie allerdings nicht abschrecken. Es geht leichter als man denkt. Und gerade ein Topf wie dieser ist ein hervorragendes Objekt, um sich das erste Mal daran auszuprobieren.

Black velvet

Chocolate brown

Vintage brown

Antique cream

Soft cream

Light brown wax

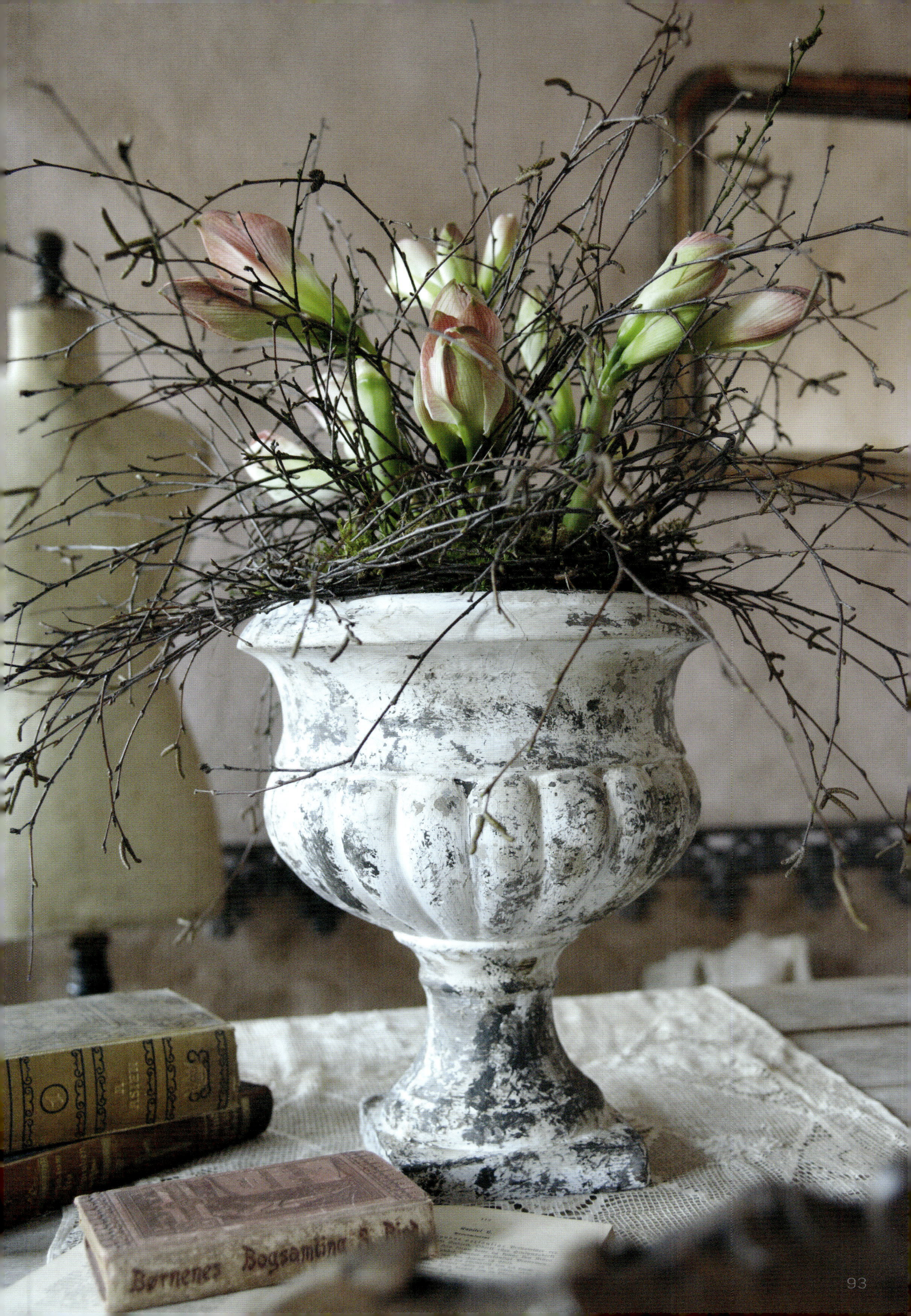
Børnenes Bogsamling

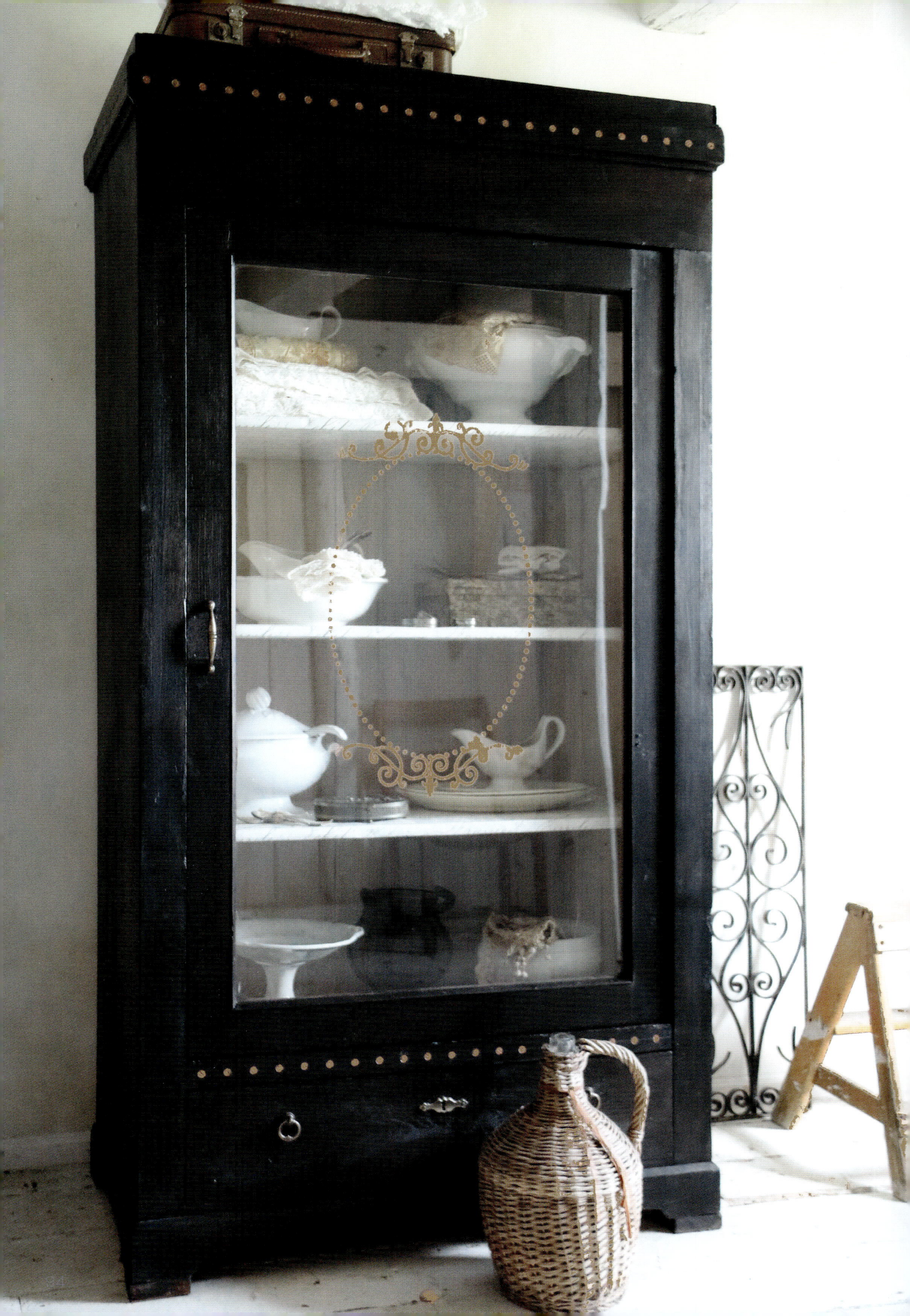

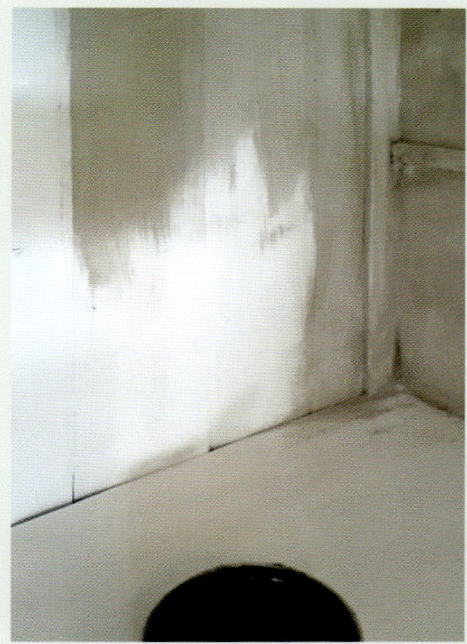

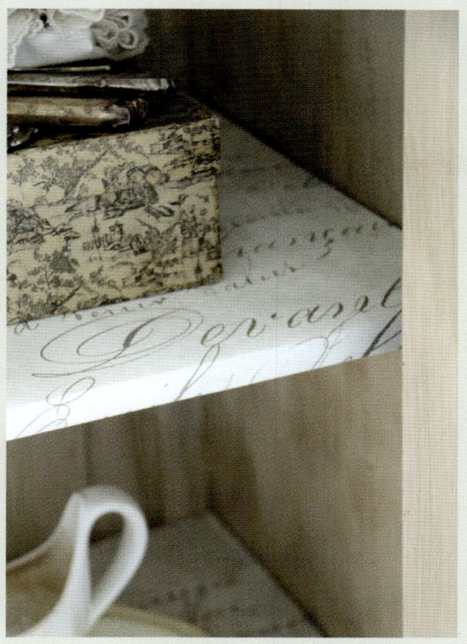

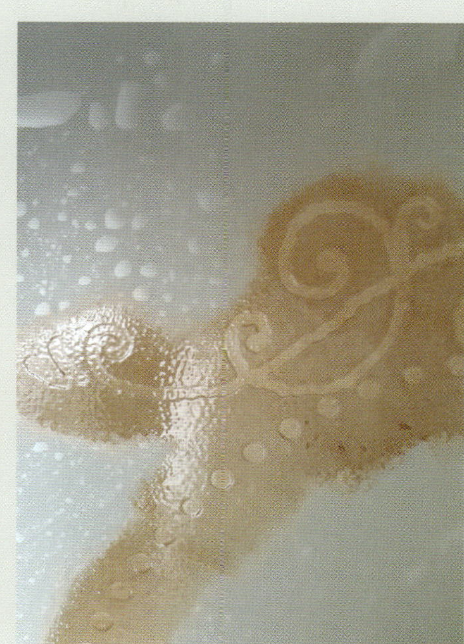

GLASSCHRANK

Ein großer Schrank wie dieser ist immer sehr nützlich, da er unglaublich viel Platz bietet. Wir mochten von Anfang an seine braune Farbe und entschieden uns daher, sie teilweise zu belassen. Wir strichen die Innenwände in „Soft cream", mussten allerdings sehen, dass die braune Farbe immer wieder durchschlug – selbst dann noch, als wir die Flächen mit „Primer & Sealer" versiegelt haben. Deshalb verwendeten wir Antikwachs im Farbton „Light brown", was sich tatsächlich als sehr geeignet erwies, da die Farbe sehr gut zu der Tapete auf den Schrankböden passte und den cremefarbenem Porzellan und den Textilien einen kontrastreichen Hintergrund bereitet. Auf der Außenseite behandelten wir den Schrank mit Antikwachs in „Brown" nach und sorgten mit „Metallic effect" in „Bronze" für einen interessanten Schimmer, der insbesondere in den bis dahin kaum sichtbaren Vertiefungen im Holz zutage tritt. Auf dem Glas haben wir ein Stencil in Metallic-Farbe aufgetragen. „Metallic effect" eignet sich sehr gut für Glas, wenn es sehr sparsam mit einem Schwamm oder flachen Pinsel aufgetupft wird, sodass es nicht hinter die Schablone fließen kann.

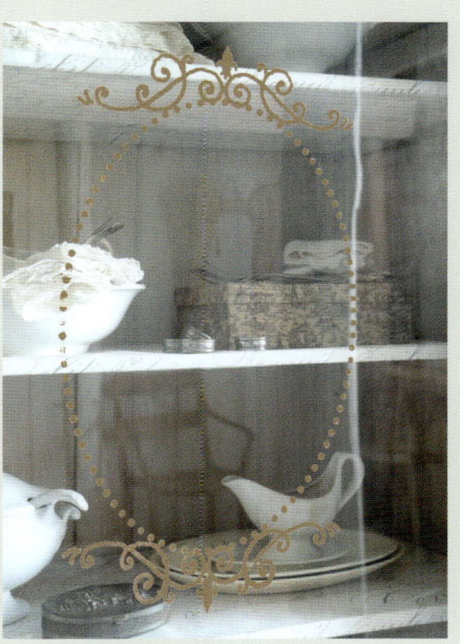

Soft cream

Light brown wax

Brown wax

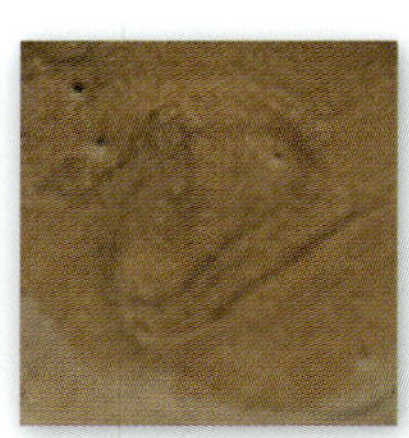

Metallic bronze

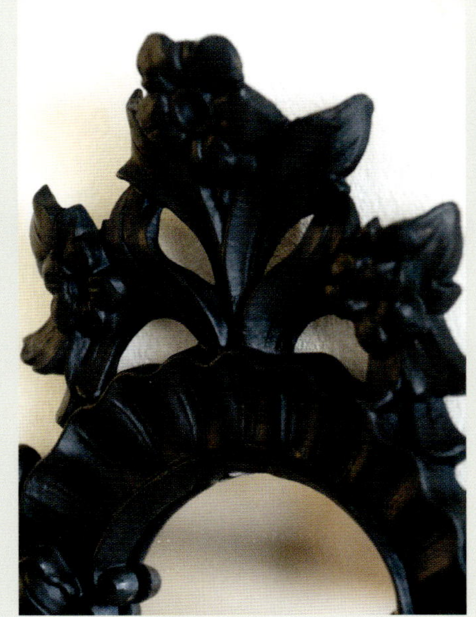

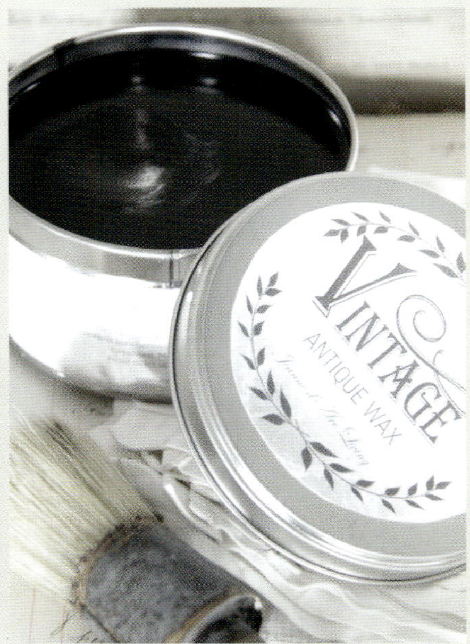

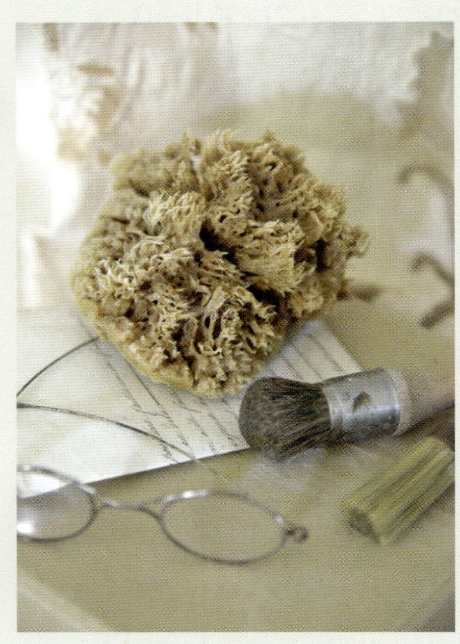

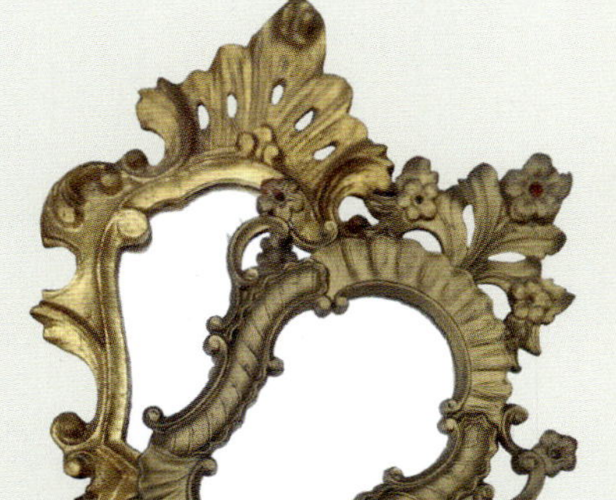

SPIEGEL UND STUHL

Spiegel im Goldrahmen erfahren eine erstaunliche Verwandlung, wenn man sie mit „Black velvet" streicht und mit Antikwachs in „Black" nachbehandelt. Diese Arbeit fällt am leichtesten, wenn man den Spiegel zuvor aus dem Rahmen herausnehmen kann. Allerdings kann man auch einfach drauflosmalen und die Farbe, die auf dem Glas landet, nach dem Trocknen mit einem Rasiermassen abkratzen. Wichtig ist, dass Sie den Rahmen bis zur Kante hin komplett schwarz malen. Wenn man auf diese Weise mehrere Rahmen streicht und diese nebeneinander an die Wand hängt, ergibt das einen ganz bezaubernden Affekt. Die Wand haben wir hier zunächst mit „Soft cream" und „Antique cream" patiniert. „Antique cream" ist leicht gräulich, was sie besonders kalkartig erscheinen lässt und zu einer der authentischsten Wandfarben überhaupt macht. Wir strichen die Wand zunächst in „Soft cream" und tupften anschließend „Antique cream" mit einem Naturschwamm auf. Daraus ergibt sich eine rustikale Wand, die zugleich Ton-in-Ton ist. Den alten französischen Stuhl strichen wir passend zu den Spiegeln in „Black velvet" und behandelten ihn mit Antikwachs „Black" nach. Die Farbe bildet einen wundervollen Kontrast zum hellen Geflecht.

Black velvet

Soft cream

Antique cream

Black wax

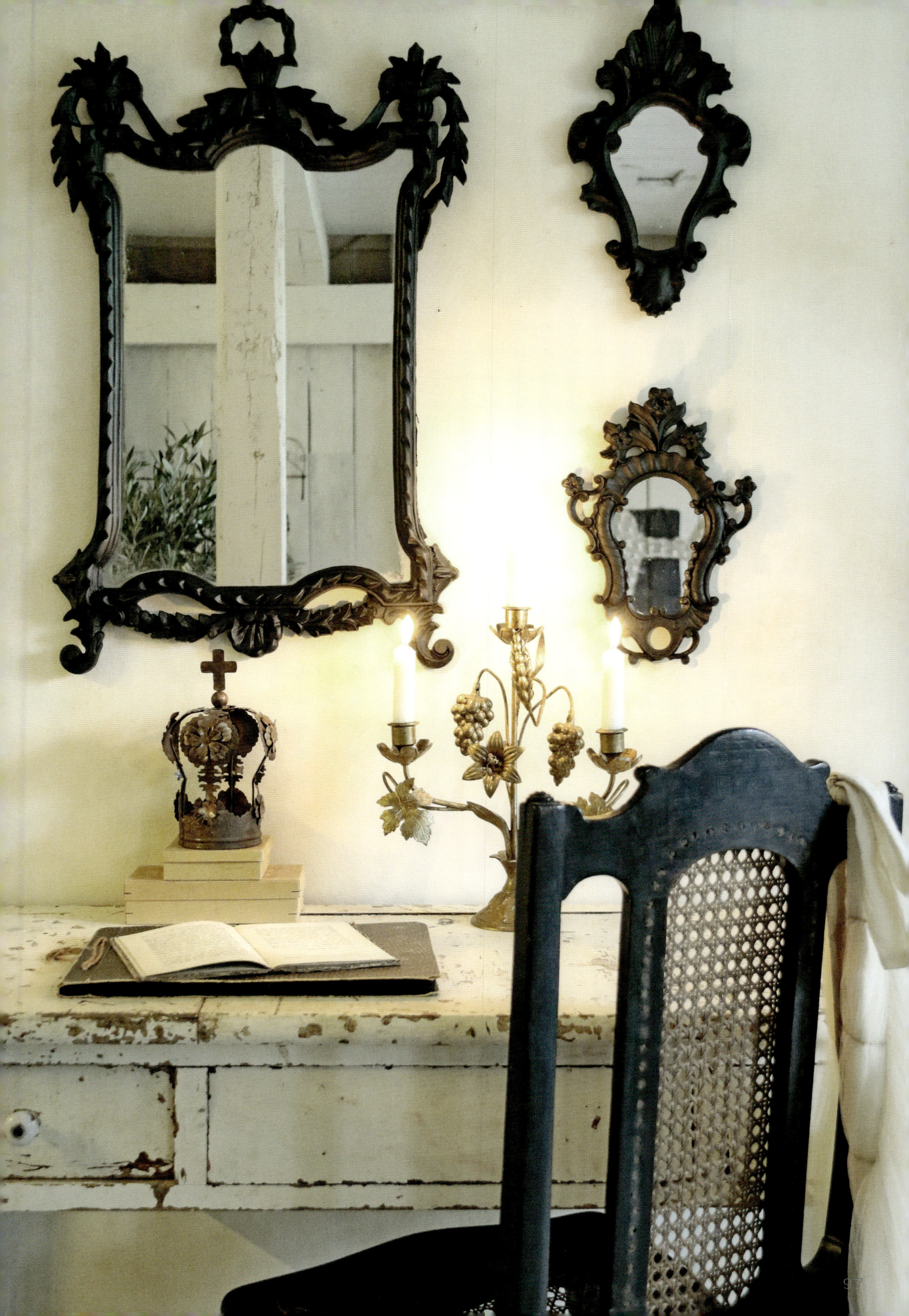

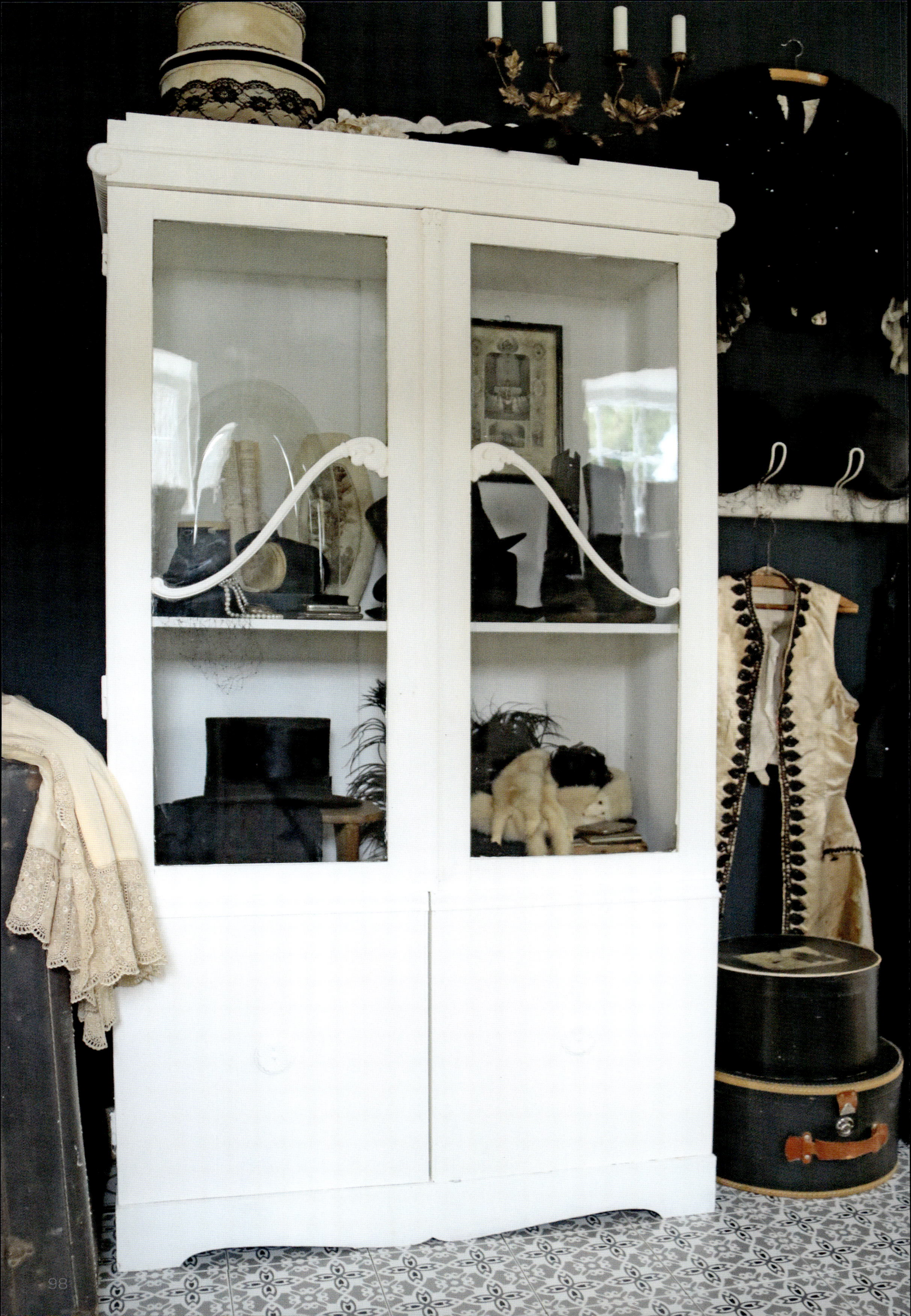

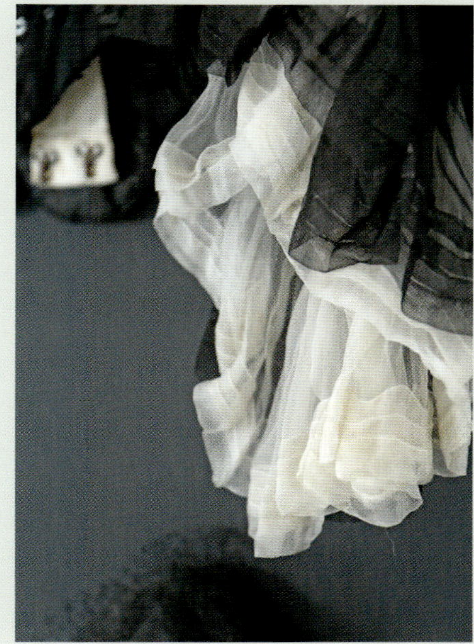

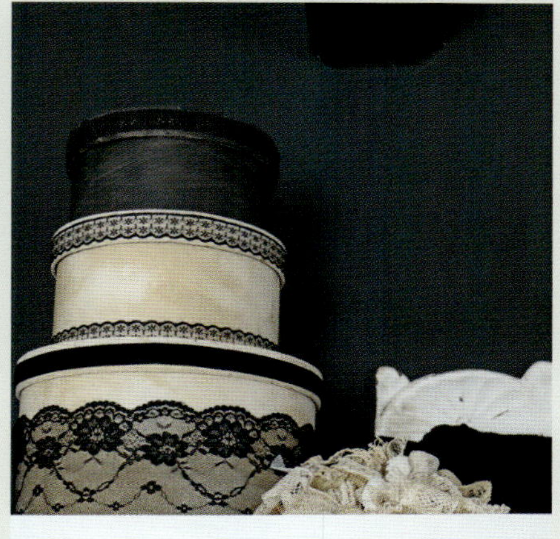

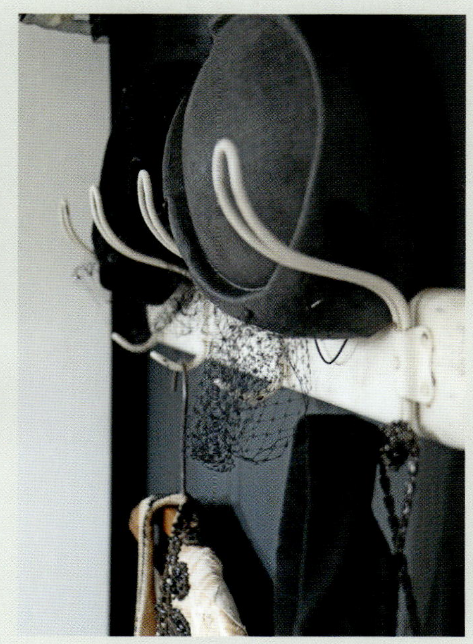

EINE SCHWARZE WAND

Achten Sie auf diese wundervolle schwarze Wand! Der Effekt ist ganz außerordentlich, wenn man eine Wand mit Hilfe von „Black velvet“ fast komplett schwarz streicht´. Dennoch waren wir auch etwas nervös und fragten uns, wie diese dunkle Farbe wohl zu unserem übrigen Einrichtungsstil passen würde. Wir müssen allerdings eingestehen, dass uns das Aussehen der fertigen Wand durchaus begeistert hat. Die Oberfläche wirkt, wie der Name der Farbe bereits andeutet, samtartig. Und wie Sie selbst auf den Bildern erkennen können, ist die Farbe nicht tiefschwarz, sondern eher schwarzgrau. Das kommt besonders klar zur Geltung, nachdem wir die Farbe zweimal aufgetragen und auf eine Nachbehandlung mit Antikwachs verzichtet haben. Allerdings könnte man sich auch eine Nachbehandlung mit unserem Antikwachs „Black“ vorstellen können, um den Kontrast zum mit „Soft cream“ gestrichenen Schrank noch klarer herauszuarbeiten. In Kombination mit alten Textilien und Hüten in dunklen Farben ergibt sich ein wirklich beeindruckendes Gesamtbild. Die Schachteln auf dem Schrank wurden mit „Soft cream“ bemalt und anschließend mit Antikwachs im Farbton „Light brown“ patiniert, bevor wie sie mit unterschiedlichen schwarzen Bändern dekoriert haben. Auf dem Boden sieht man Fliesen aus unserem Sortiment, die perfekt mit unseren Vintage Paint-Farben harmonieren.

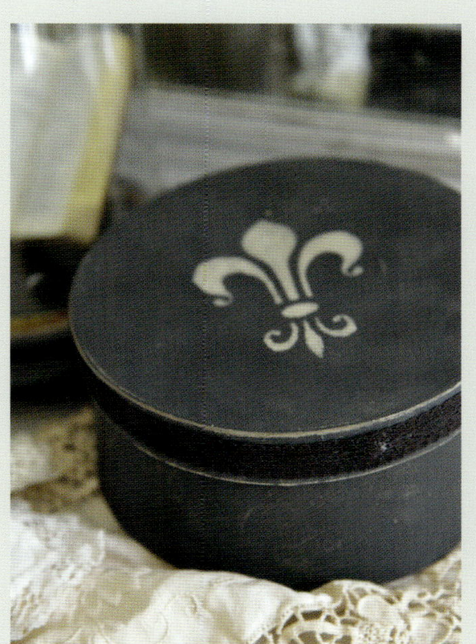

Black velvet

Soft cream

Black wax

Light brown wax

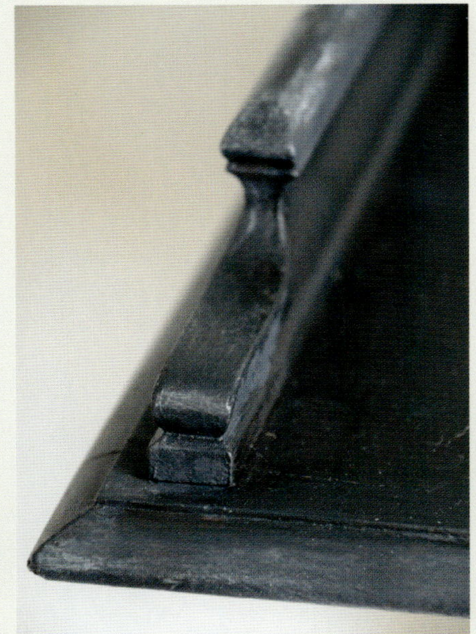

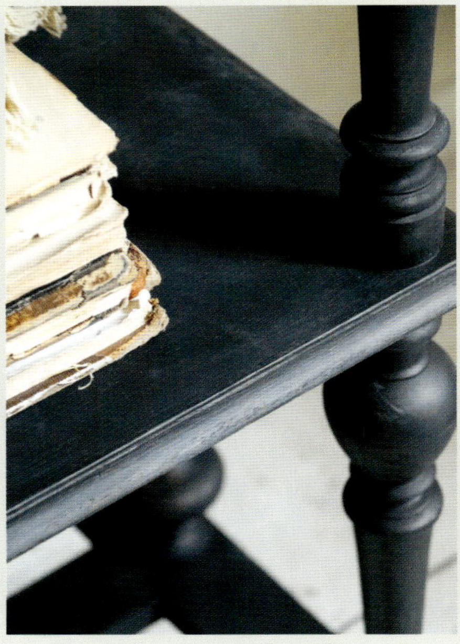

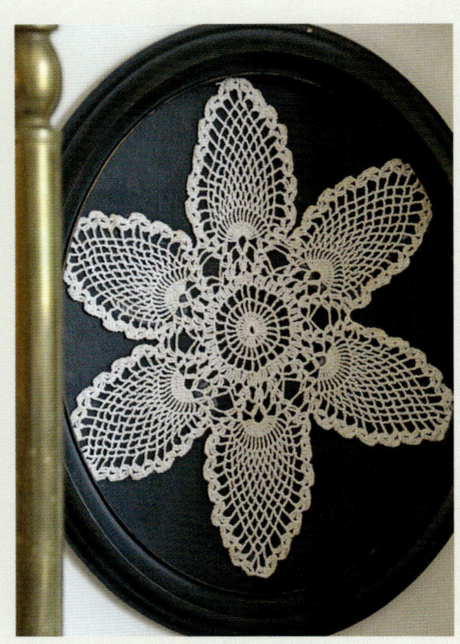

COLLAGE AUS RAHMEN

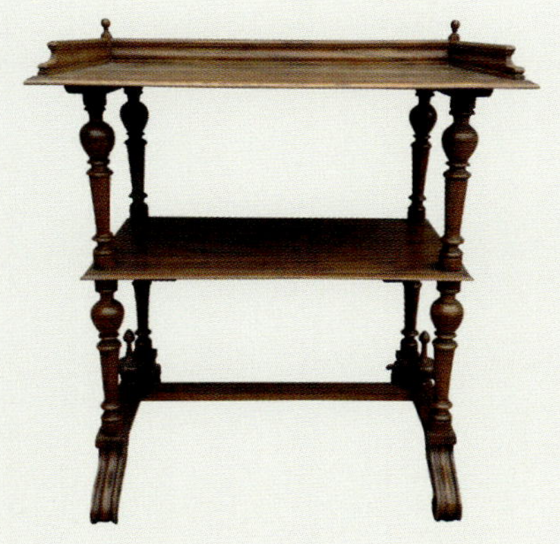

Diese Wandcollage lässt sich sehr einfach herstellen. Hierfür kauften wir einfach eine Reihe von Rahmen unterschiedlicher Größe, Form und Farbe auf dem Flohmarkt. Mit einer gemeinsamen Farbe – „Black velvet" mit Antikwachs „Black" – für die Rahmen und die Rückwand sowie hübschen, alten Häkeldeckchen wurde ein hübscher Zusammenhang zwischen den Antikrahmen hergestellt. Die Deckchen wurden jeweils mit Sprühkleber befestigt. Auch der Tisch wurde in „Black velvet" gestrichen und mit dem Antikwachs „Black" nachbehandelt. Wir haben in diesem Fall auf eine Patinierung verzichtet, obwohl es fraglos sehr gut ausgesehen hätte, wenn man die Kanten kräftig abgeschliffen hätte.

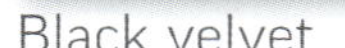

Black velvet

Black wax

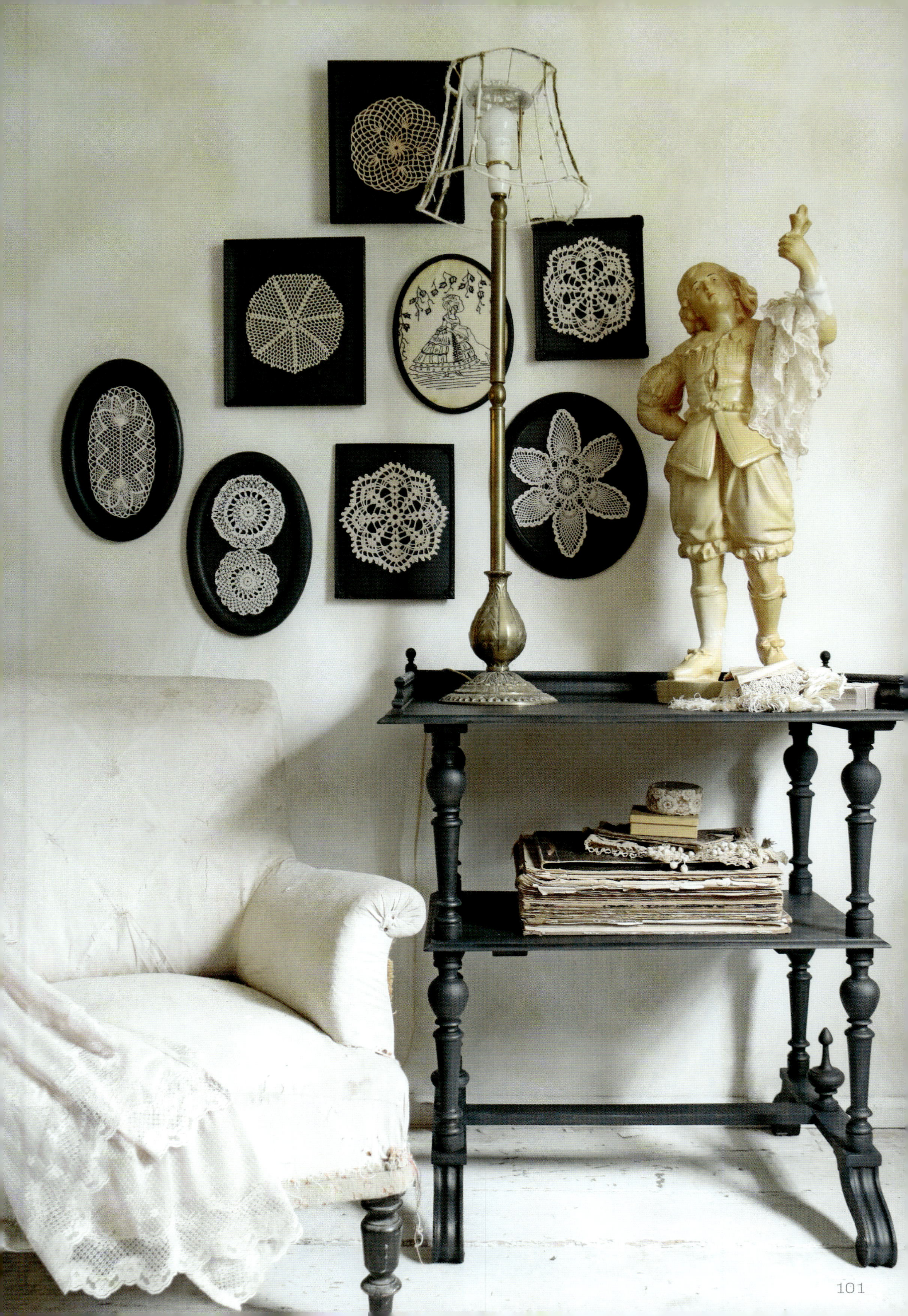

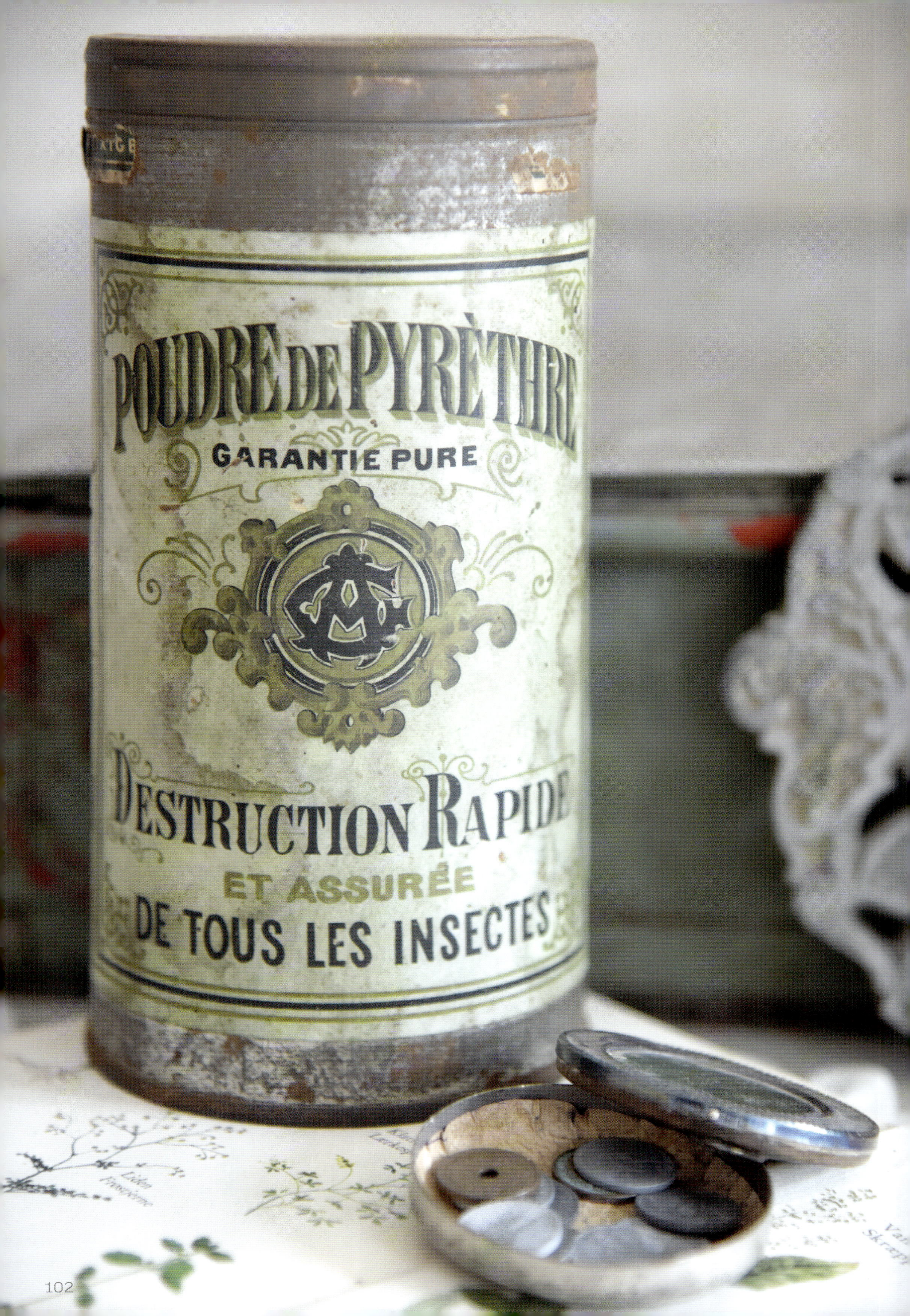
POUDRE DE PYRÈTHRE
GARANTIE PURE
DESTRUCTION RAPIDE
ET ASSURÉE
DE TOUS LES INSECTES

KAPITEL 7

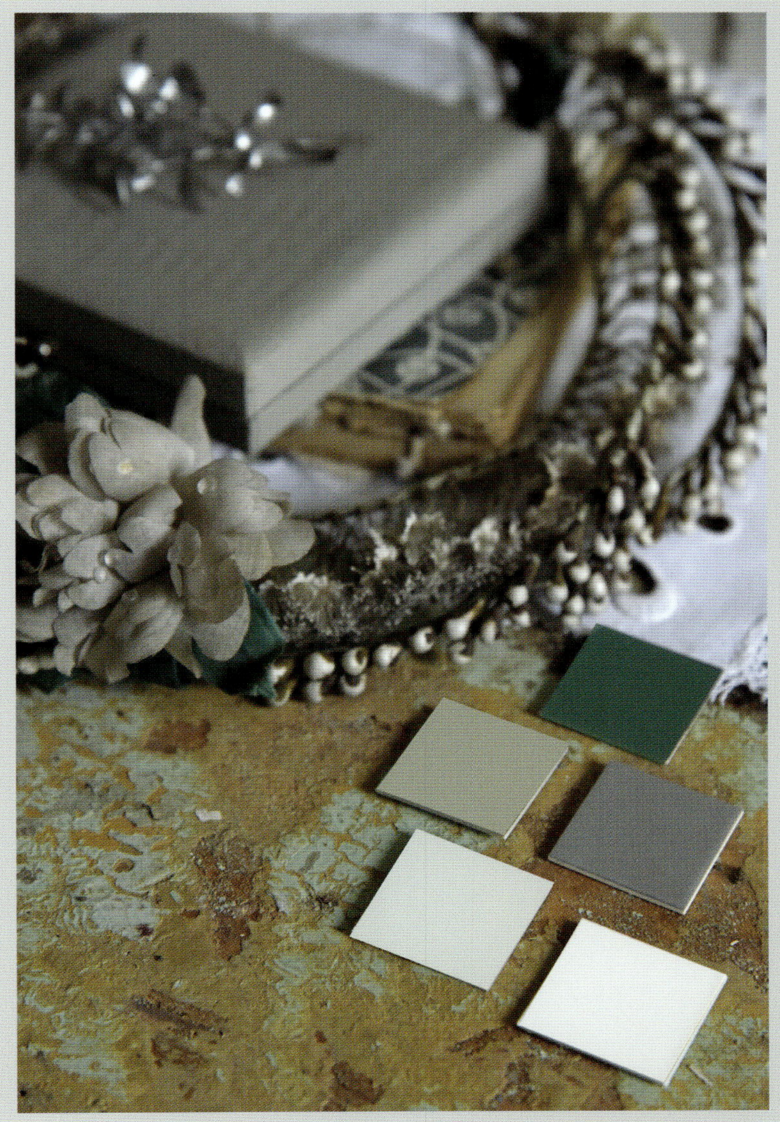

MOSS GREEN, FOREST GREEN, STONE GREY, SOFT LINEN UND PEARL GREY

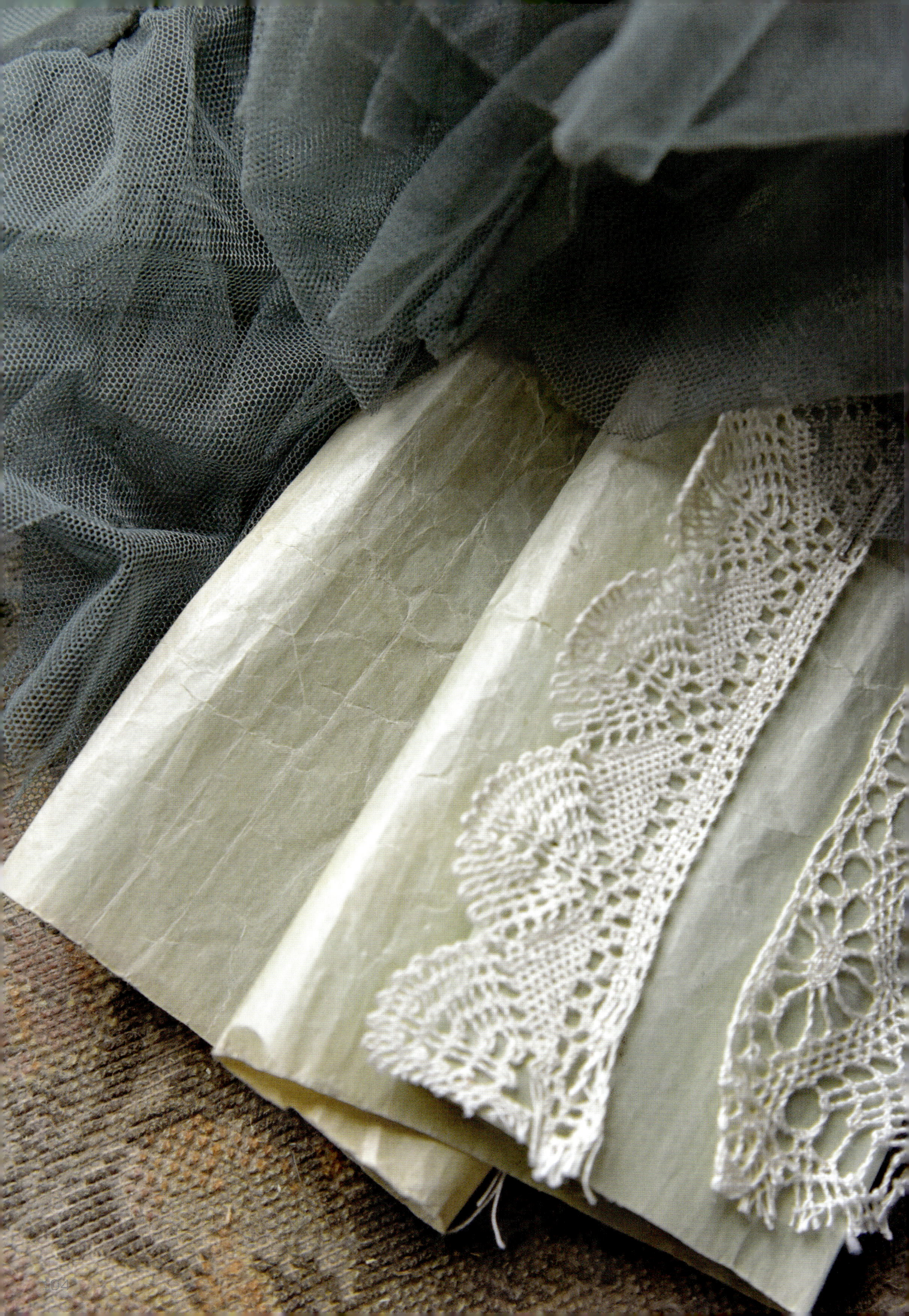

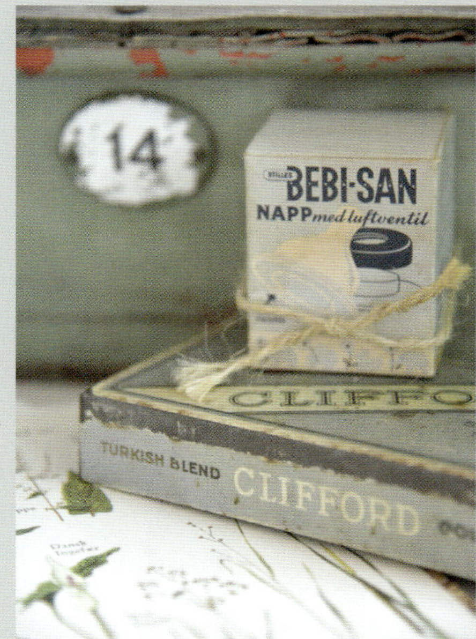

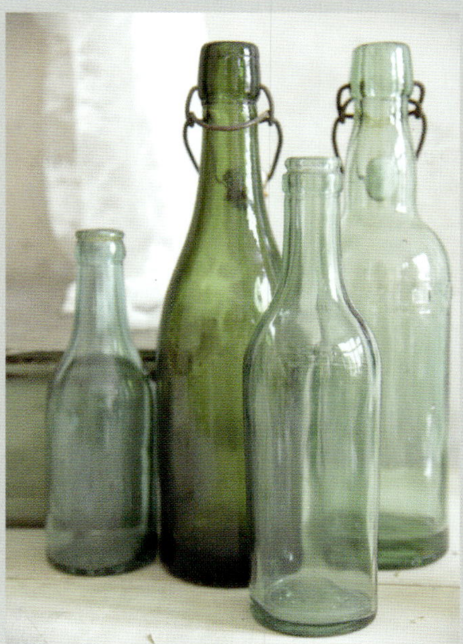

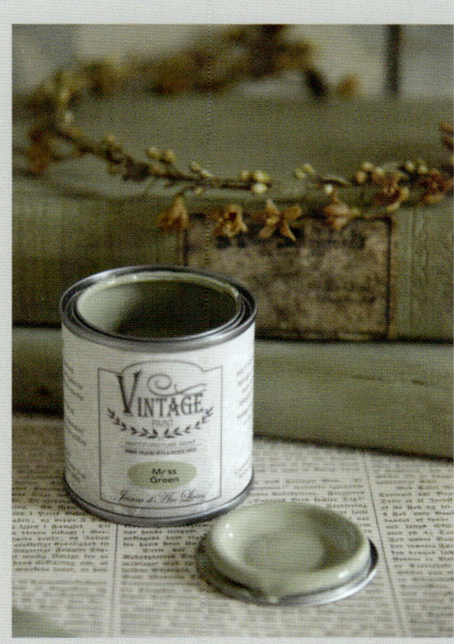

MOSS GREEN, FOREST GREEN, STONE GREY, SOFT LINEN UND PEARL GREY

Wir lieben die Farben der Natur. Deshalb haben wir in diesem Kapitel unsere beiden neuen Grüntöne „Moss green“ und „Forest green“ mit Grau- und Brauntönen kombiniert. Diese Farben repräsentieren all das, was wir mit der Natur verbinden: der Wald mit seinen Bäumen, der Waldboden, die Steine und der Himmel an einem bedeckten Tag. Fantastische Farbtöne, die unendlich variiert werden können. Besonders an „Moss green“ können wir uns immer wieder erfreuen, weil dieses gedeckte Grün über einen goldenen, warmen Unterton verfügt, der in verschiedensten Zusammenhängen richtig gut passt. Besonders gut wirkt die Farbe auf großen Möbeln, Wänden sowie kleineren, flächigen Dingen wie Büchern oder Dosen. Die Ähnlichkeit mit dem Grünton, den man auf manchen alten Bauernmöbeln finden kann, lässt diese Farbe besonders authentisch erscheinen. „Forest green“ eignet sich hingegen vorzüglich als Untergrundfarbe, die alles andere als neutral ist.

Moss green

Forest green

Stone grey

Soft linen

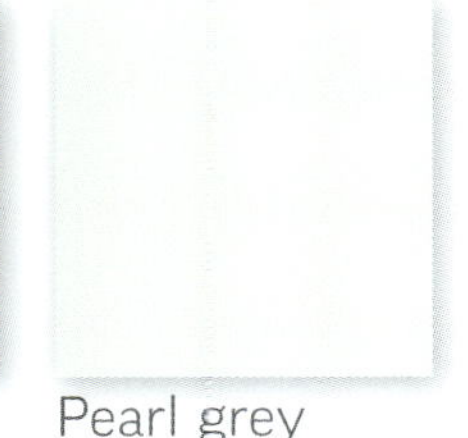
Pearl grey

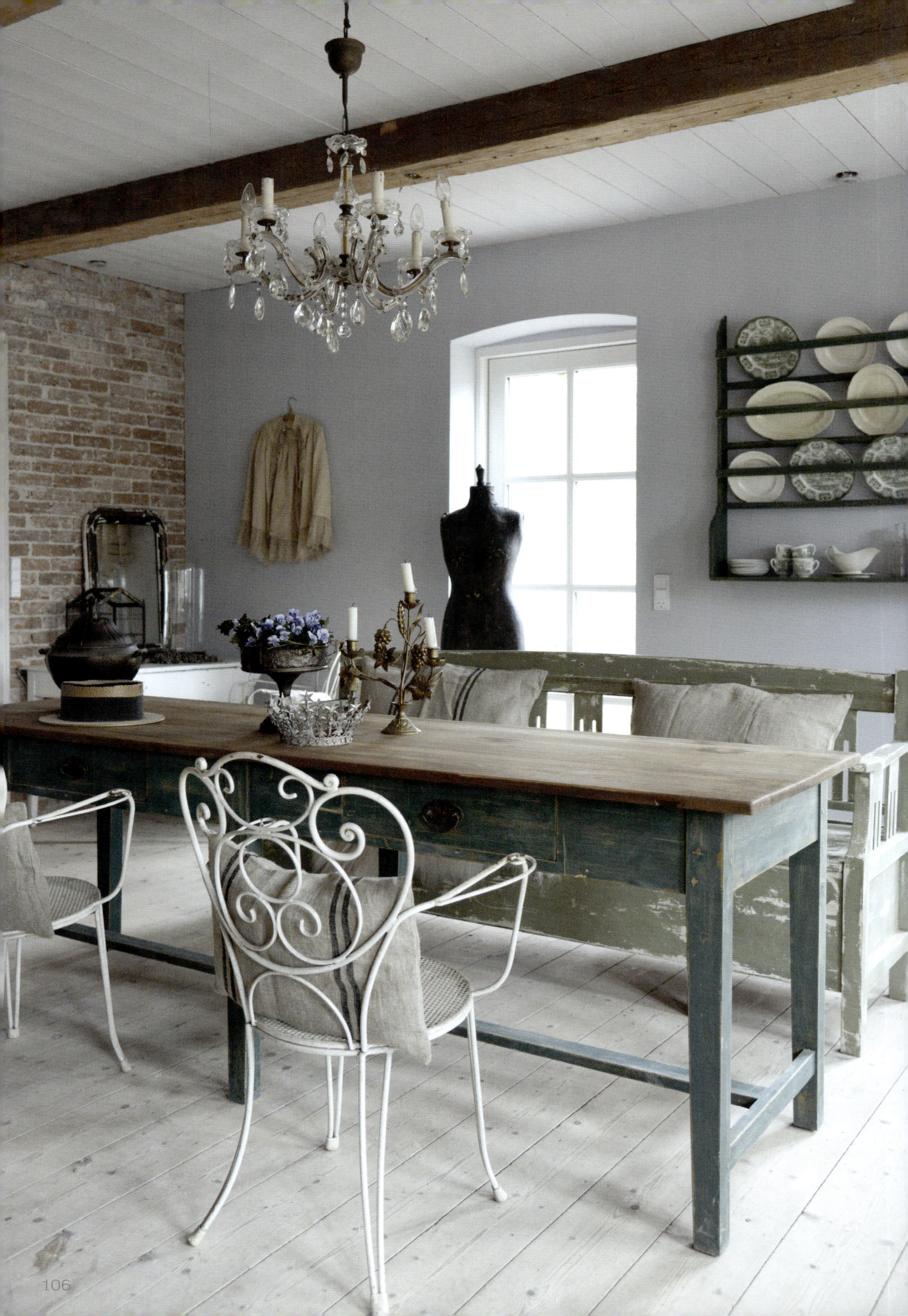

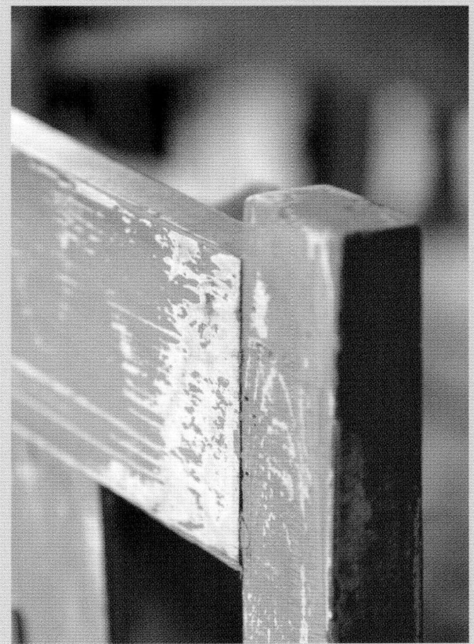

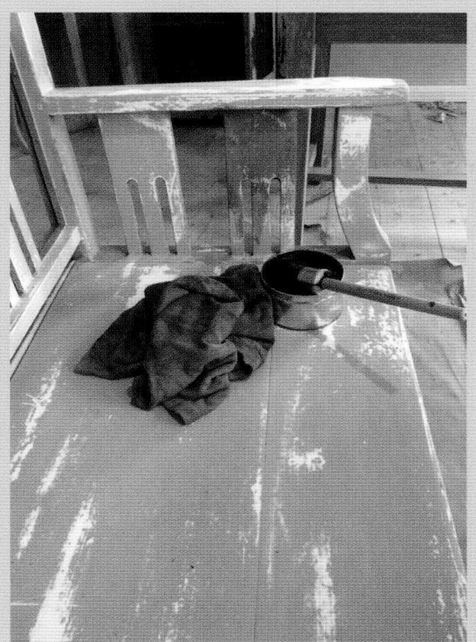

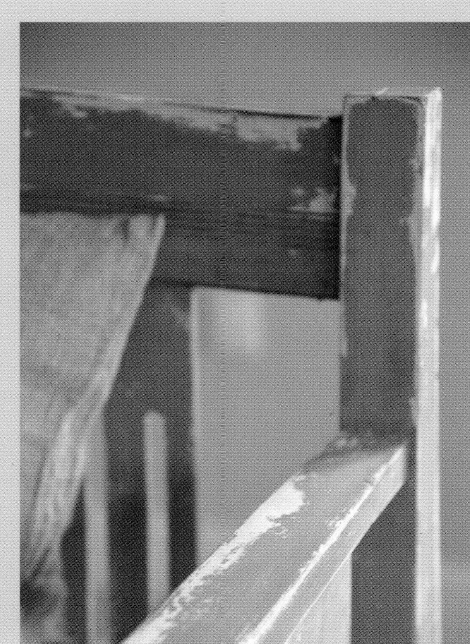

KLAPPBANK

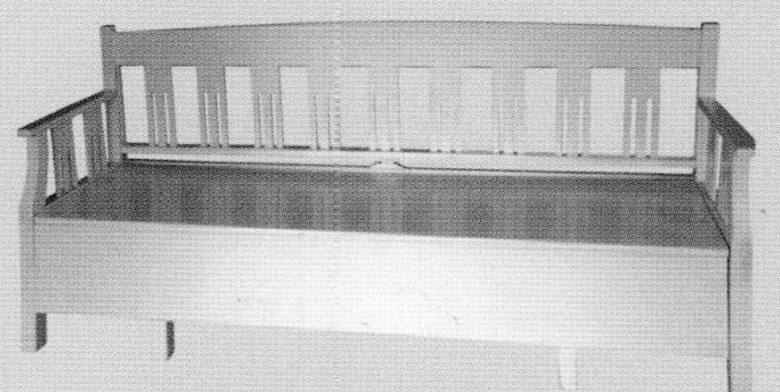

Diese alte Klappbank wurde zweimal mit „Moss green" gestrichen. Achten Sie darauf, dass die erste Farbschicht gut getrocknet ist, bevor Sie die zweite auftragen. Das dauert in der Regel nicht mehr als eine gute Stunde. Danach wurde die Farbe kräftig angeschliffen. Wenn man gerne besonders starke Abnutzungserscheinungen imitieren will, eignet sich der Einsatz einer Maschine. Achten Sie dabei darauf, welche Farbe das Möbelstück ursprünglich hatte. Sollten Sie das nicht wissen, kann es sich lohnen, die Farbe an einer Stelle einzuritzen. So werden Sie vor der Überraschung verschont, dass plötzlich eine orange Patina auftaucht. Bei dieser Bank sieht der Effekt äußerst hübsch aus, weil sie nie in einer anderen Farbe als Weiß gestrichen war. Wir behandelten die Oberfläche abschließend mit Antikwachs im Farbton „Brown" nach, indem wir das Wachs kräftig mit einem Pinsel einarbeiteten und den überschüssigen Rest mit einem weichen Baumwolltuch aufnahmen. Seien Sie sich im Vornherein klar, dass dieses braune Wachs die Farbe Ihres Möbelstücks noch einmal erheblich verändert.

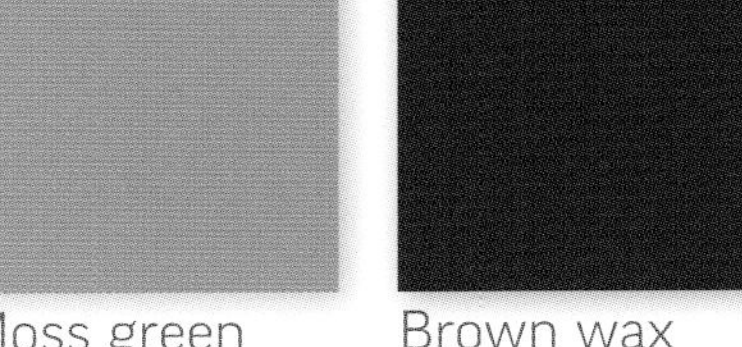

Moss green Brown wax

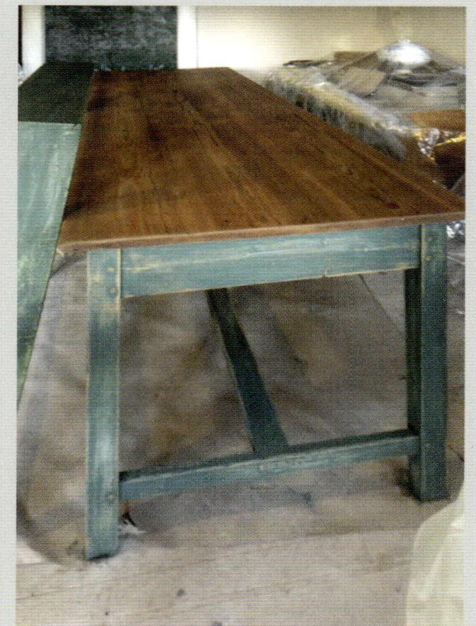
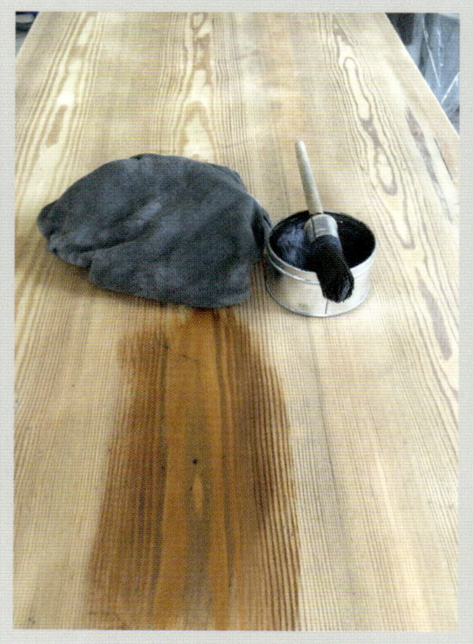
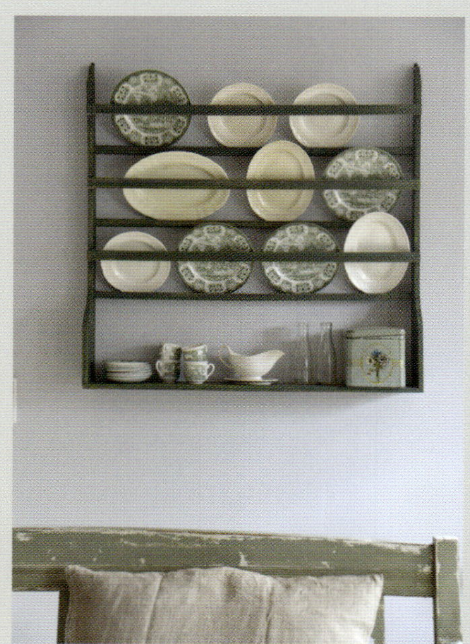

ESSTISCH UND TELLERREGAL

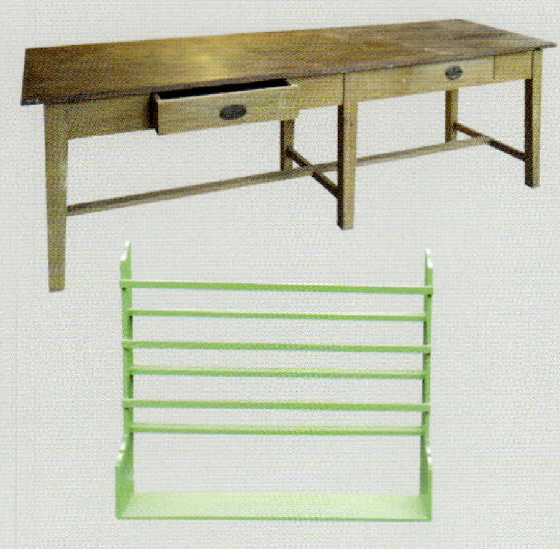

Der Esstisch verfügt über eine sehr schöne hölzerne Tischplatte. Sie musste lediglich einmal mit der Schleifmaschine abgeschliffen werden, um wieder in altem Glanz zu erstrahlen. Die hässlichen grauen Kratzer verschwanden und die Oberfläche wirkte wieder angenehm gleichmäßig. Die Oberfläche behandelten wir anschließend mit Antikwachs im Farbton „Braun", das wir mit einem Pinsel einarbeiteten. Das überschüssige Wachs nahmen wir mit einem weichen Tuch auf. Eine unbehandelte Naturholzplatte wie diese wird immer sehr viel Wachs aufnehmen, sodass ein mehrfacher Auftrag nötig sein kann. Hierbei kann es sich jedoch empfehlen, auf „Clear" zu wechseln, da die Färbung ansonsten sehr dunkel werden kann. Das Tischgestell haben wir derweil zunächst mit „Moss green" bemalt, anschließend mit „Forest green", um die Oberfläche danach mit dem Exzenterschleifer zu bearbeiten und mit Antikwachs „Brown" zu behandeln.

Das Tellerregal orientiert sich farblich an dem Tisch, indem wir 5 Teile „Moss green" mit 1 Teil „Antique sand" abtönten. Für den zweiten Farbauftrag verwendeten wir „Forest green". Abermals schliffen wir die Oberfläche, allerdings nur ganz sachte, da wir nicht wollten, dass das ursprüngliche Apfelgrün allzu stark zutage tritt. Auch hier behandelten wir die Oberfläche abschließend mit Antikwachs „Bown", das wir hier mit einem Schwamm auftrugen.

Moss green

Forest green

Antique sand

Brown wax

Clear wax

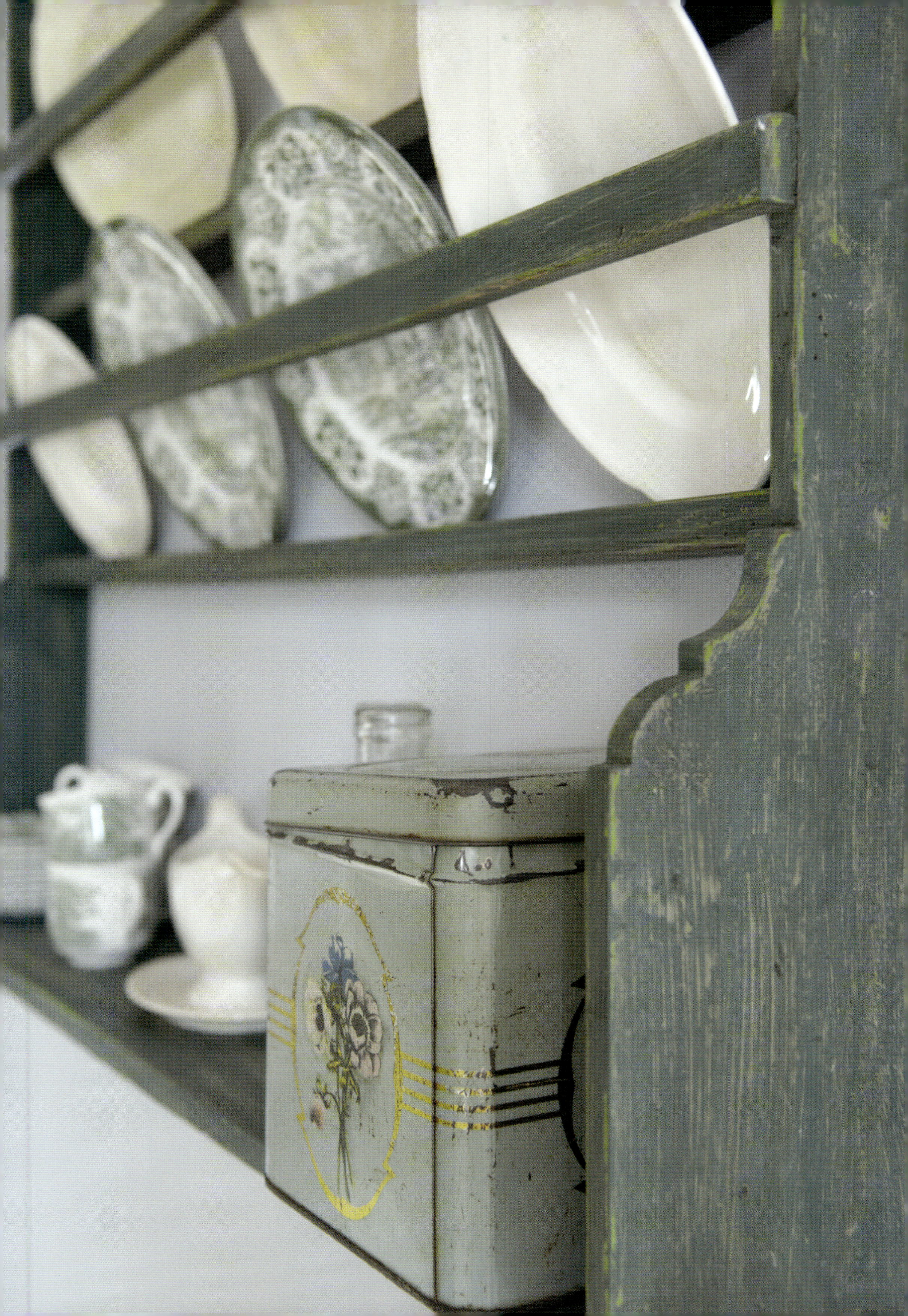

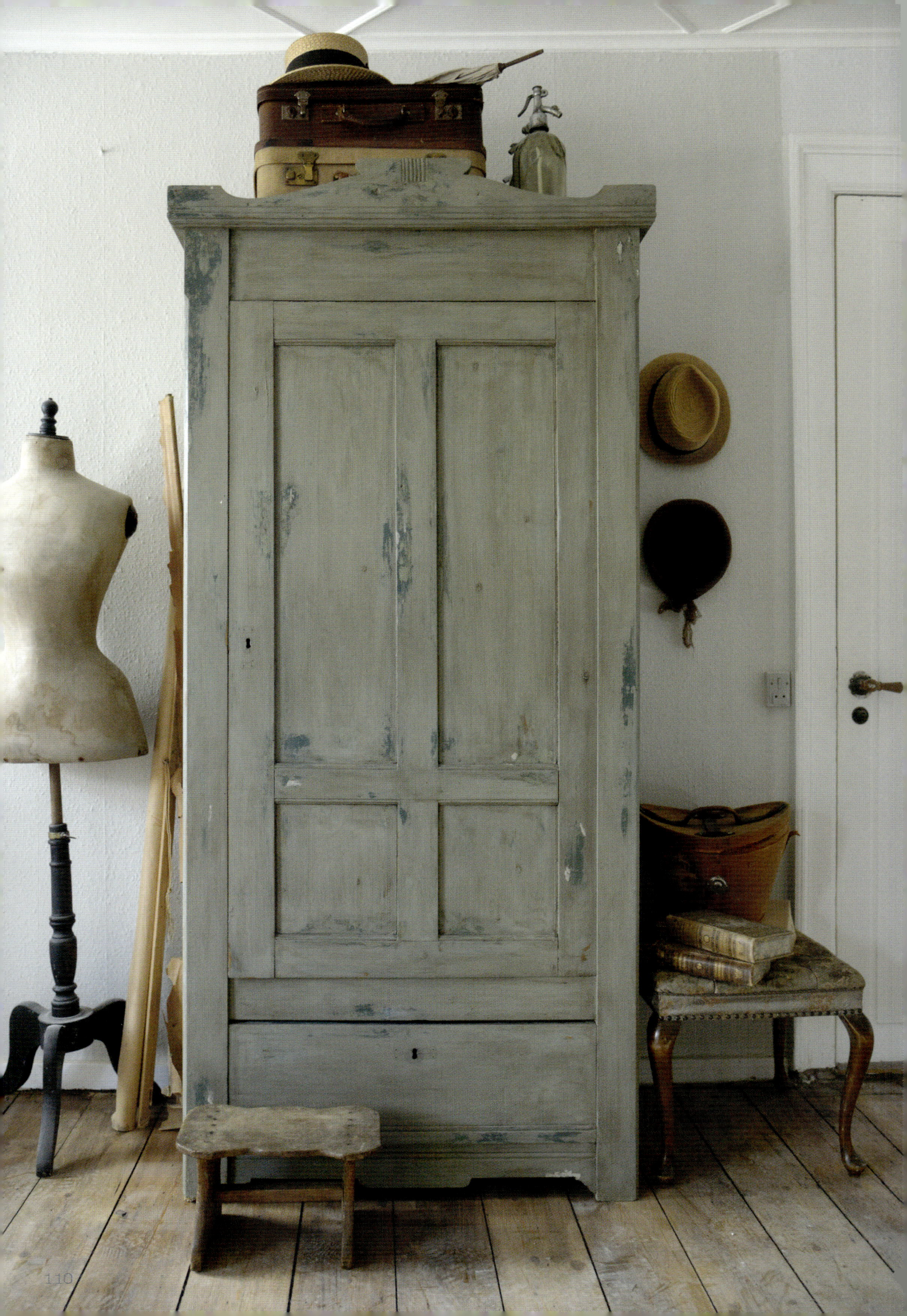

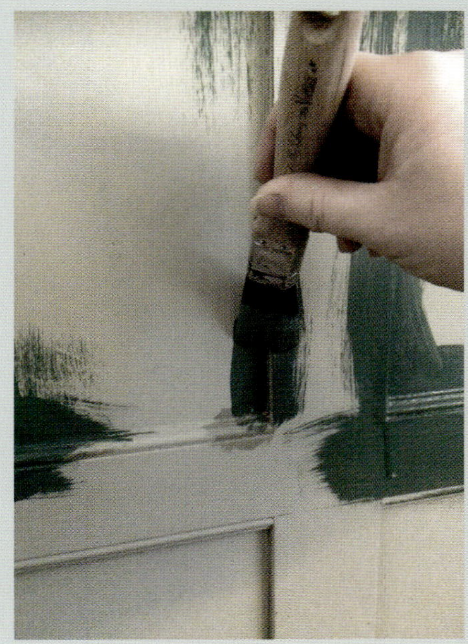

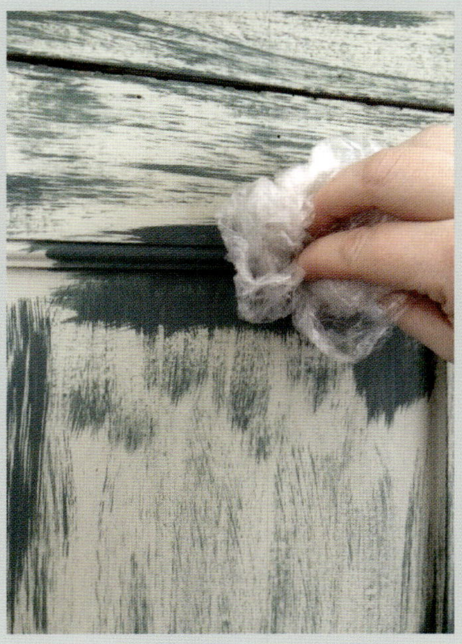

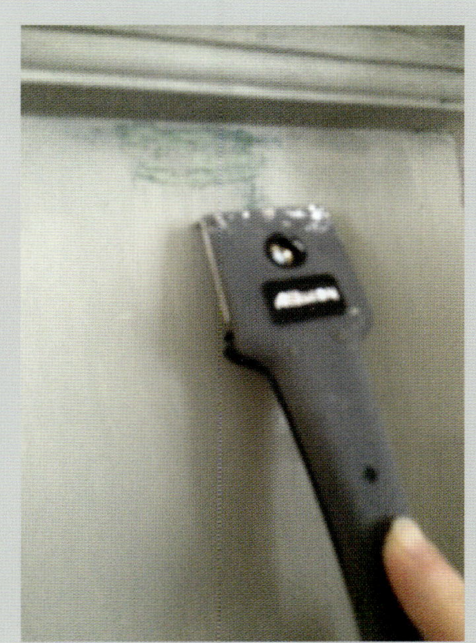

GEMÜSESCHRANK

Dieser alte Bauernschrank verlangte nach einer grundlegenden Veränderung, Daher strichen wir ihn zunächst mit „Moos green", um anschließend stelleweise „Crackle effect" aufzutragen – vornehmlich dort, wo der Schrank natürlicherweise die meisten Abnutzungserscheinungen zeigen würde. Nachdem wir den Schrank mehr als 4 Stunden Zeit zum Trocknen gegönnt haben, trugen wir mit einem Schwamm „Forest green" auf die Stellen mit den „Crackle effect"-Tupfern sowie an einigen anderen willkürlichen Stellen auf. Nachdem die Farbe halbwegs getrocknet war, schabten wir die Farbe ein wenig ab, sodass die darunterliegende Farbe wieder sichtbar wurde. Anschließend tupften wir mit einer zerknüllten Kunststofftüte Vaseline auf, um die gesamte Oberfläche mit einer Mischung aus 2 Teilen „Moos green" und 1 Teil „Soft linen" zu streichen. Auch diese Farbschicht ließen wir lediglich antrocknen, um sie hiernach mit dem Spachtel zu bearbeiten, sodass die Farbe teilweise wieder abgetragen wurde, zugleich aber ein Teil des Krakelee-Effekts bewahrt blieb. Nach dem Trocknen wuschen wir die Oberfläche mit Seifenwasser ab, um die Vaseline zu entfernen, und trugen mit dem Pinsel Antikwachs „Light brown" auf.

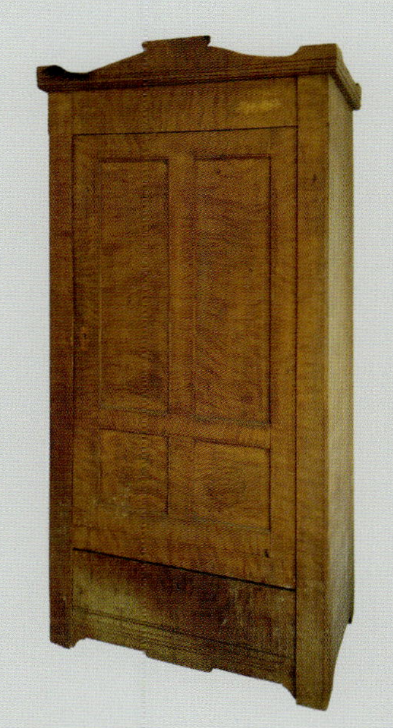

Moss green

Forest green

Soft linen

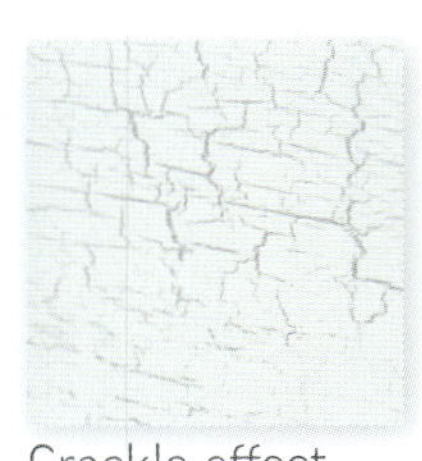

Crackle effect

Light brown wax

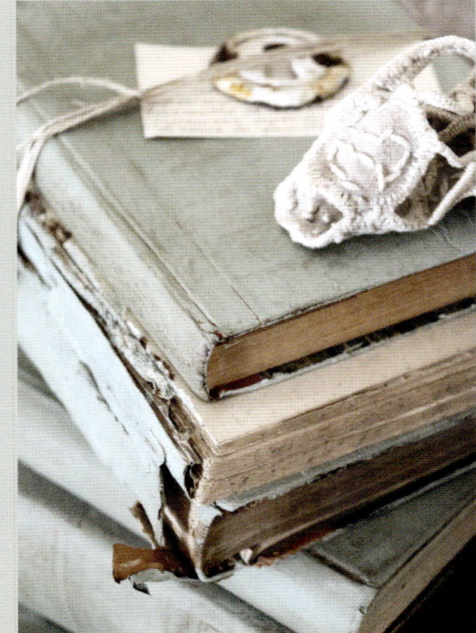

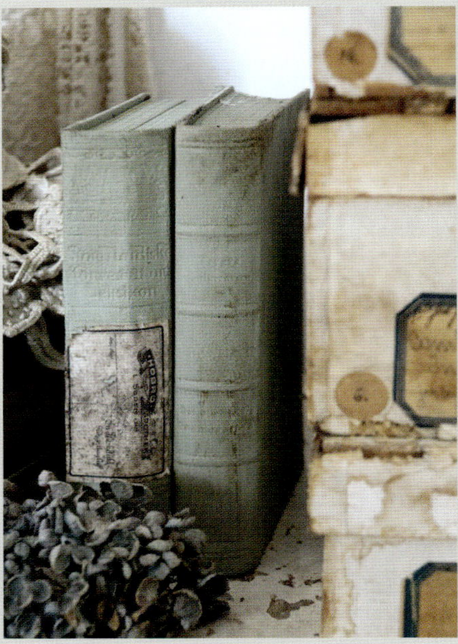

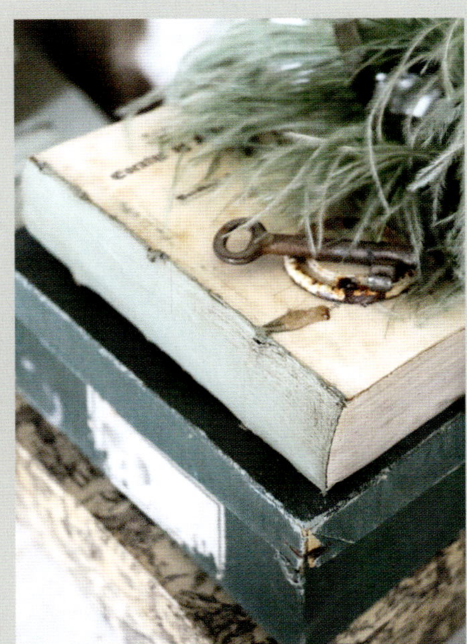

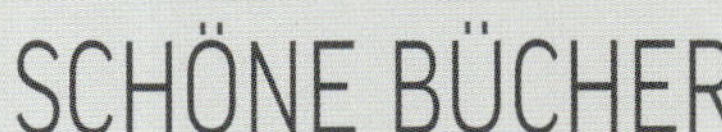

SCHÖNE BÜCHER

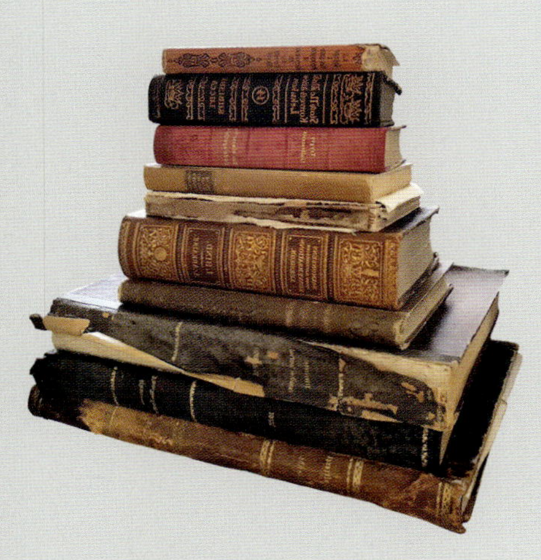

Es ist immer leicht, alte Bücher zu finden. Häufig sind die Seiten noch in einem guten Zustand, nicht aber mehr die Einbände. Wir kamen daher auf die Idee, Bucheinbände in „Moss green" zu bemalen. Nachdem die Farbe getrocknet war, gingen wir mit verschiedenfarbigen Antikwachsen zu Werke: sowohl mit „Brown" als auch mit „Light brown" und einer Ahnung „Black", die wir willkürlich und in unterschiedlicher Dicke mit einem Pinsel auftrugen. So entsteht eine natürlich anmutende Fleckigkeit. Seien Sie zu Beginn gerne etwas sparsamer und arbeiten Sie sich danach schrittweise an das gewünschte Ergebnis heran. Bei Bedarf können Sie auch etwas „Clear" verwenden. Wenn Sie den Pinsel erst in das klare Wachs eintauchen und danach in eines der farbigen, wird der Effekt etwas schwächer ausfallen. Sie können übrigens auch die Seiten mit etwas Antikwachs behandeln, wenn Sie zum Beispiel finden, dass diese nicht abgenutzt genug aussehen.

Moss green

Brown wax

Light brown wax

Black wax

Clear wax

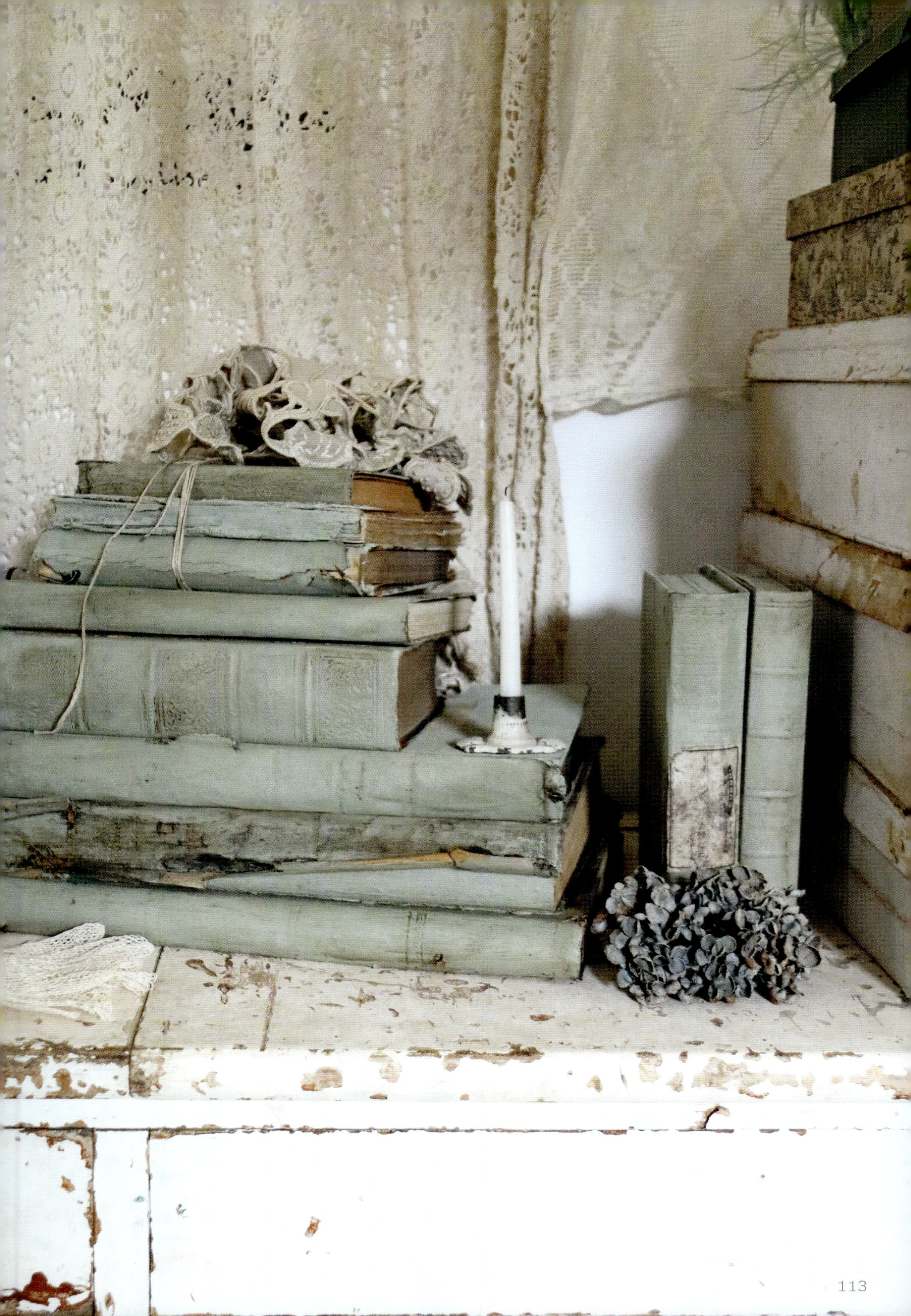

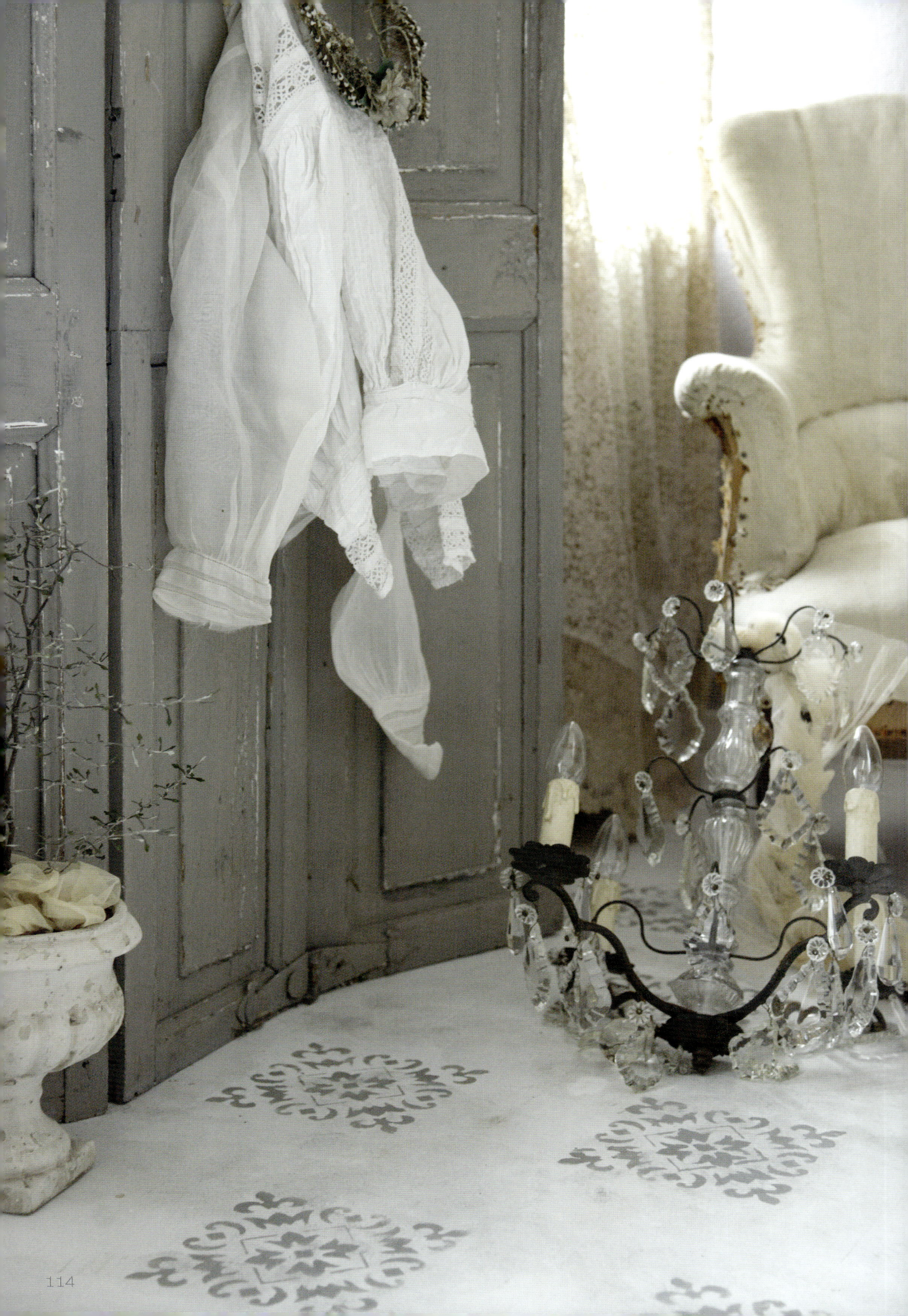

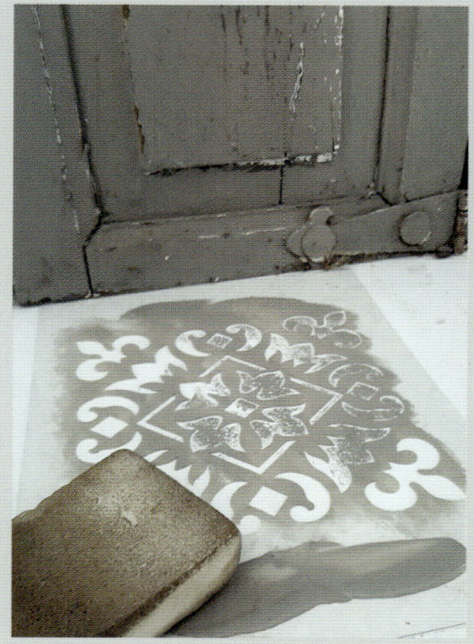

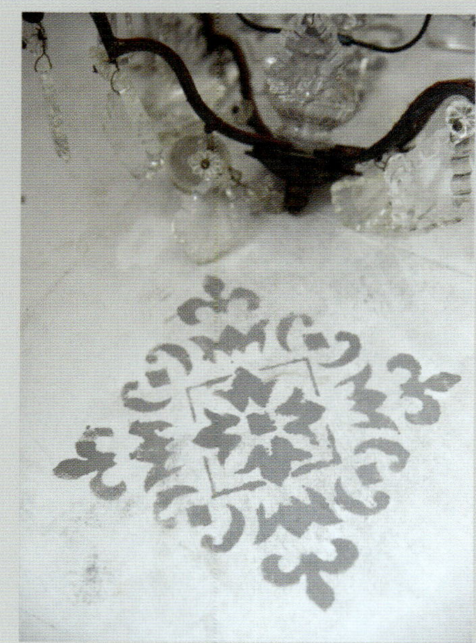

BODEN MIT STENCIL

Einige unserer Stencils eignen sich sehr gut, um „Fliesen" auf einen Boden zu malen. Sie können entweder so wie hier vorgehen und einfach einige simple Felder aufmalen, oder Sie können die Felder sehr dicht setzen und damit einen sehr authentischen Fliesen-Effekt erzielen. Damit das Ergebnis gleichmäßig wird, müssen Sie die Felder vorab präzise ausmessen und aufzeichnen. Wir hatten in diesem Fall das Glück, dass der Korkboden bereits von Vornherein in Quadrate unterteilt war, sodass es bereits Linien gab, an denen man sich orientieren konnte. Zuallererst strichen wir den Boden in „Pearl grey", um nach dem Trocknen „Soft linen" mit dem Schwamm und mit Hilfe einer Schablone aufzutragen. Die Farbe sollte sehr behutsam und in sparsamer Menge aufgetragen werden. Das Gute an der Schablone ist, dass man sie immer und immer wieder verwenden kann, obgleich man sie zwischendurch öfters abwaschen und anschließend gut trocknen sollte, um Verunreinigungen zu verhindern. Auf diese Weise kann man die Schablone für sämtliche Felder verwenden. Nachdem sämtliche Felder aufgetragen und getrocknet waren, versiegelten wir den Boden mit „Ultra matt varnish". Die Fensterläden im Hintergrund stammen übrigens aus einem älteren Artikel. Wir haben sie lediglich von Weiß in „Soft linen" umgestrichen und anschließend mit Sandpapier bearbeitet. Wir verpassten ihnen noch einige Schläge mit einer Kette und behandelten die Oberfläche mit unserem Antikwachs „Light brown" nach.

Pearl grey

Soft linen

Light grey wax

Light brown wax

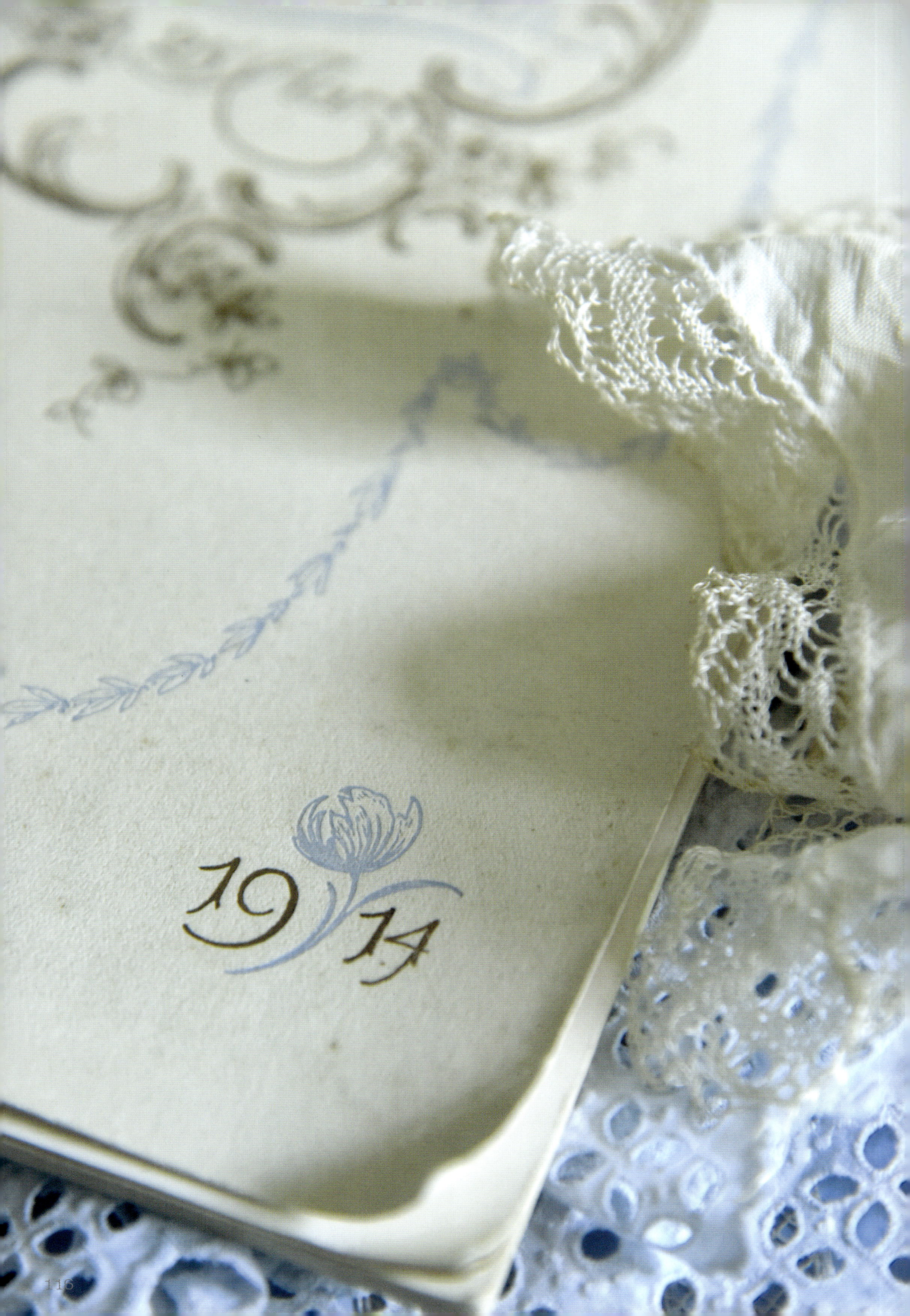
1914

KAPITEL 8

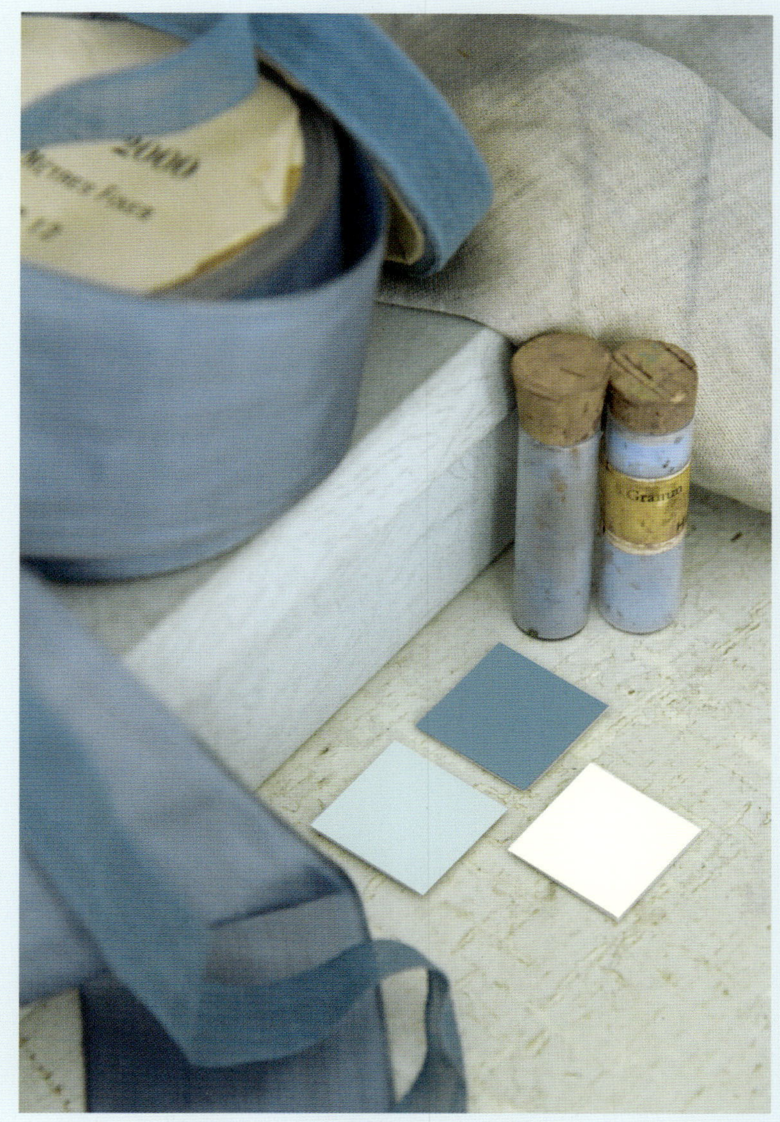

DUSTY BLUE, POWDER BLUE UND WARM CREAM

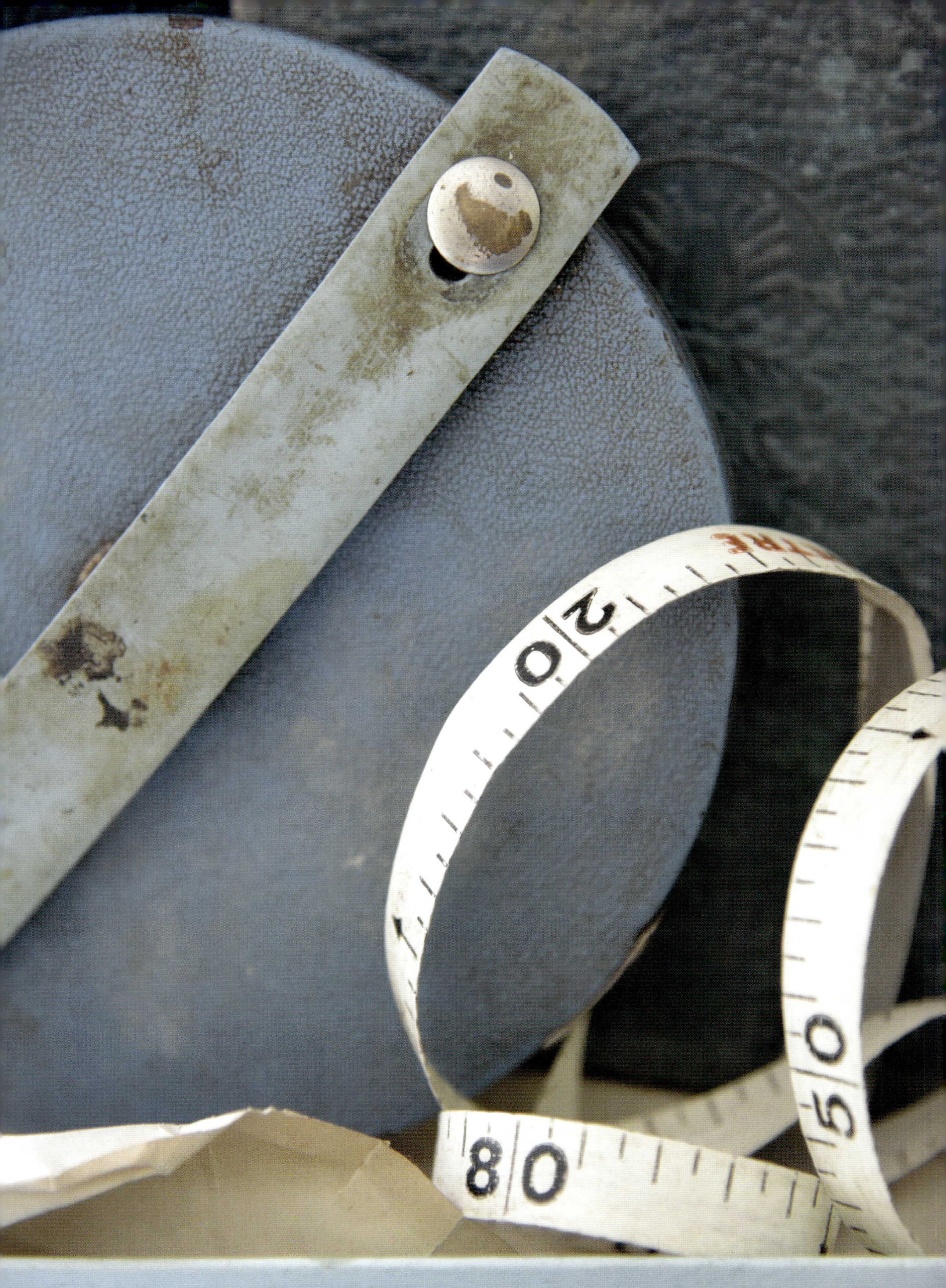
20
80
50

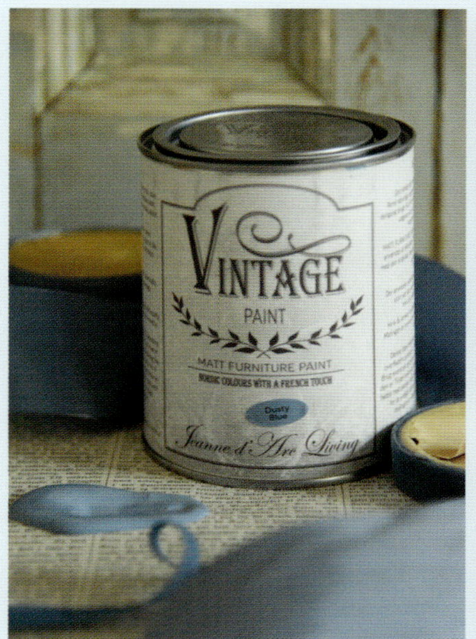

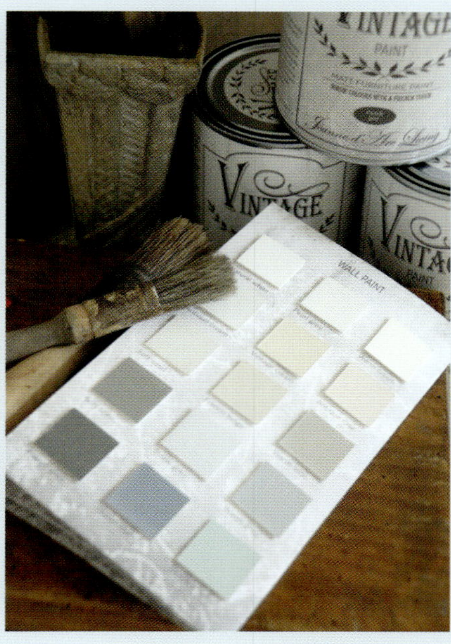

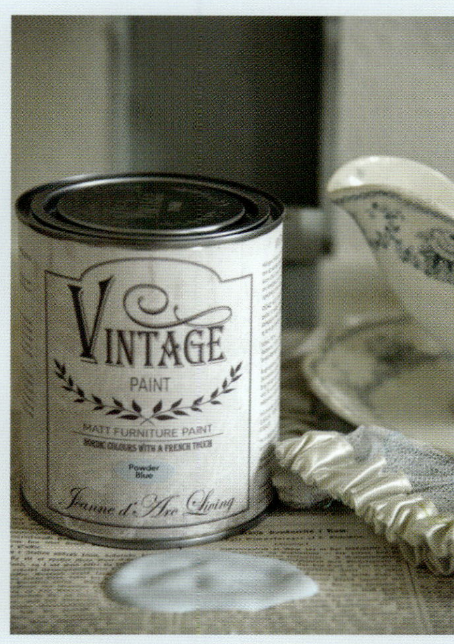

DUSTY BLUE, POWDER BLUE UND WARM CREAM

Diese neuen blauen Farbtöne sind intensiver als die ersten Blaunuancen auf unserer Farbkarte. Sie sind der Inbegriff nordischer Leichtigkeit und Schönheit. Zugleich kann man sie mit einer französischen Note versehen, indem man die Farbe mit unserem Antikwachs „Light brown" versiegelt. Das verleiht der Fläche eine französische Rustikalität. Wenn Sie die helle, nordische Komponente unterstreichen möchten, können Sie mit Wachs im Farbton „White" nachbehandeln. Diese Farben sind ein blendendes Beispiel dafür, wie sehr Sie den Charakter einer Farbfläche durch die Wahl des richtigen Antikwachses steuern können. Die Farbe „Warm cream" erinnert an herrliches Vanilleeis und ist wundervoll warm und weich. Sie harmoniert zudem hervorragend mit den Blautönen.

Dusty blue

Powder blue

Warm cream

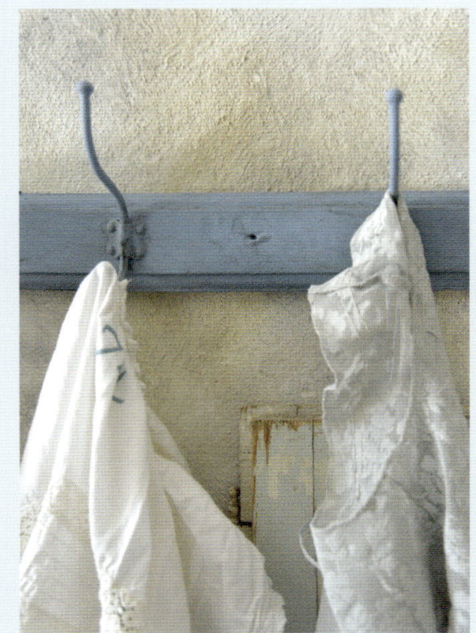

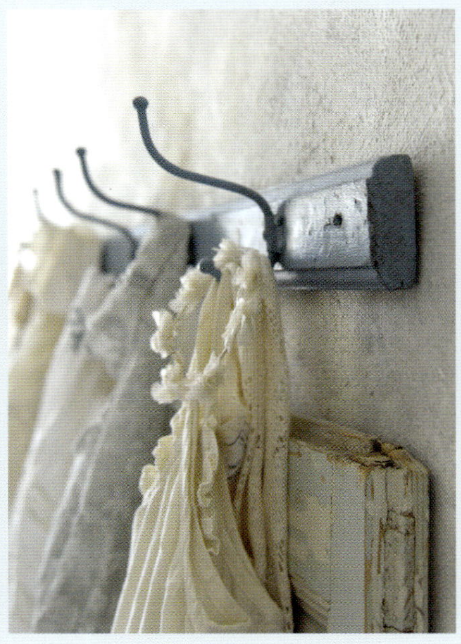

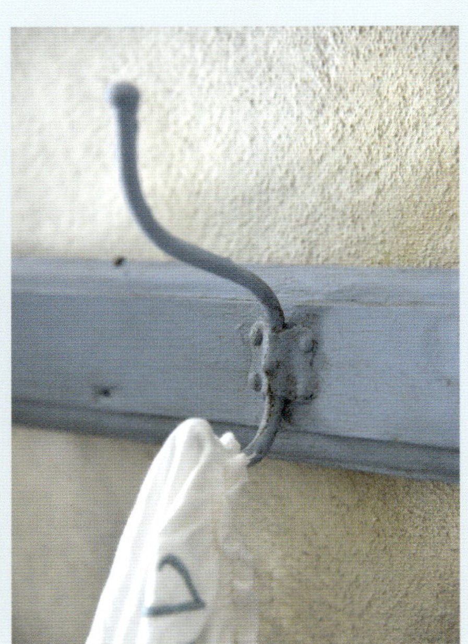

ALTE HAKENLEISTE

Hakenleisten wie diese mögen wir besonders gerne. Jedes Mal, wenn wir eine entdecken, müssen wir sie einfach kaufen – nicht nur, weil wir sie so schön finden, sondern auch wegen ihres Nutzwertes. Manchmal kommt es jedoch vor, dass uns die Farben viel zu grell sind. Dieses Exemplar war zum Beispiel knallblau, sodass wir ihr einen neuen Anstrich in „Dusty blue" gönnten. Auf einen Schlag sah die Leiste komplett anders aus - und dies umso mehr, nachdem wir noch eine Mischung aus den Antikwachsen „Clear" und „Light brown" aufgetragen hatten. Diese Mischung, die wir sehr häufig verwendet, erzeugt eine ganz dezente Patina, die man erst dann bewusst wahrnimmt, wenn man ganz dicht herangeht Dadurch wirkt sie besonders authentisch - und macht Sinn an einem Möbelstück wie einer Hakenleiste, die üblicherweise nicht stark beansprucht wird.

Die Wand wurde in „Warm cream" gestrichen, wobei wir der Farbe etwas Sand vom Strand zugegeben haben. Dadurch wirkt die Wand, als sei sie grob verputzt worden. Nachdem die Farbe getrocknet war, patinierten wir sie noch mit unserem Antikwachs. Hierfür verwendeten wir „Grey" und „Clear" sowie ein klein wenig „Light brown". Wir öffneten alle drei Dosen und tunkten den Pinsel wechselweise in die drei Farben, jedoch meist in „Grey" und „Clear". Zudem trugen wir das Wachs mal kräftig, mal sehr sparsam auf. Durch diese Methode entstand eine wundervoll changierende Patina.

Dusty blue

Warm cream

Clear wax

Light brown wax

Light grey wax

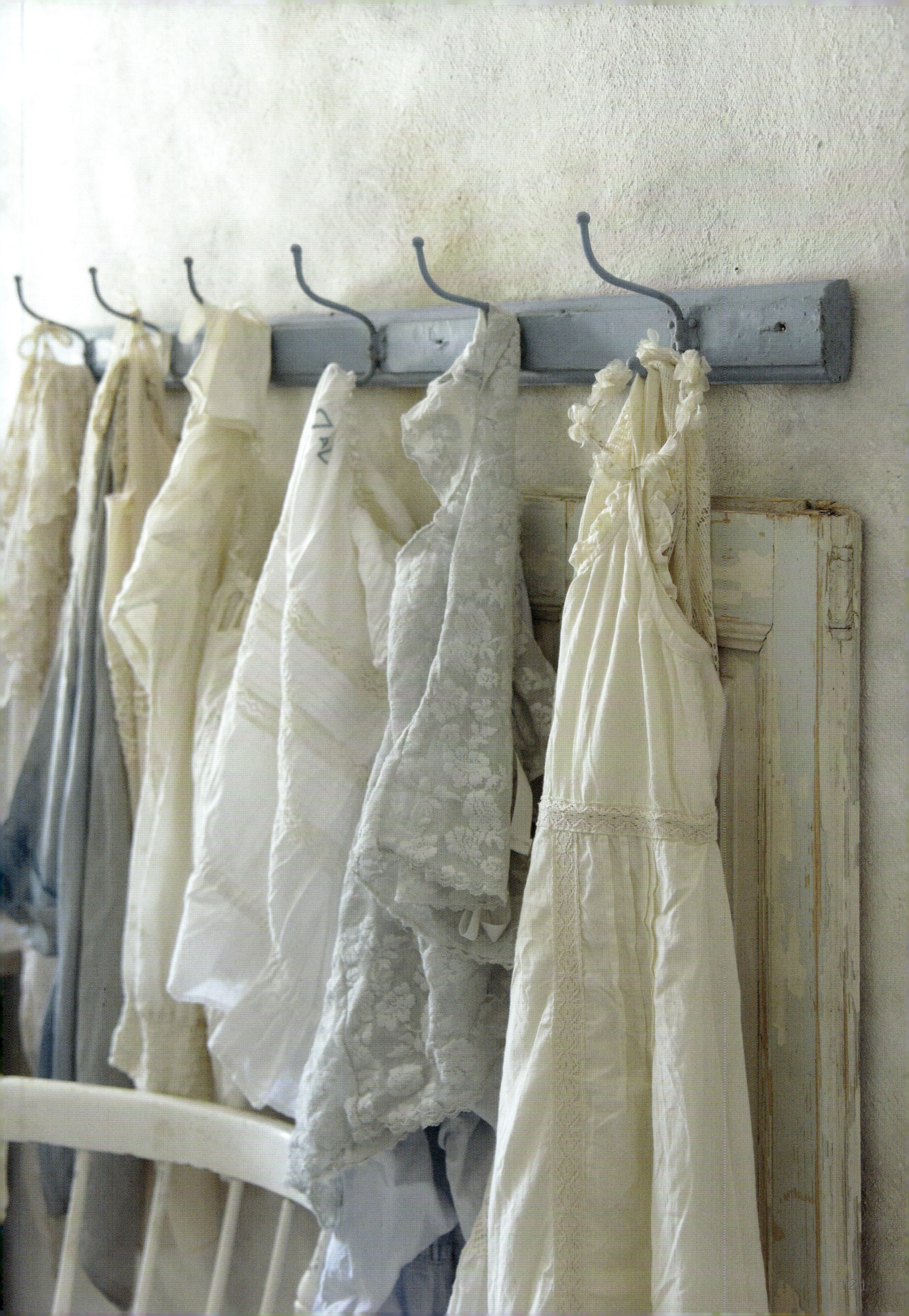

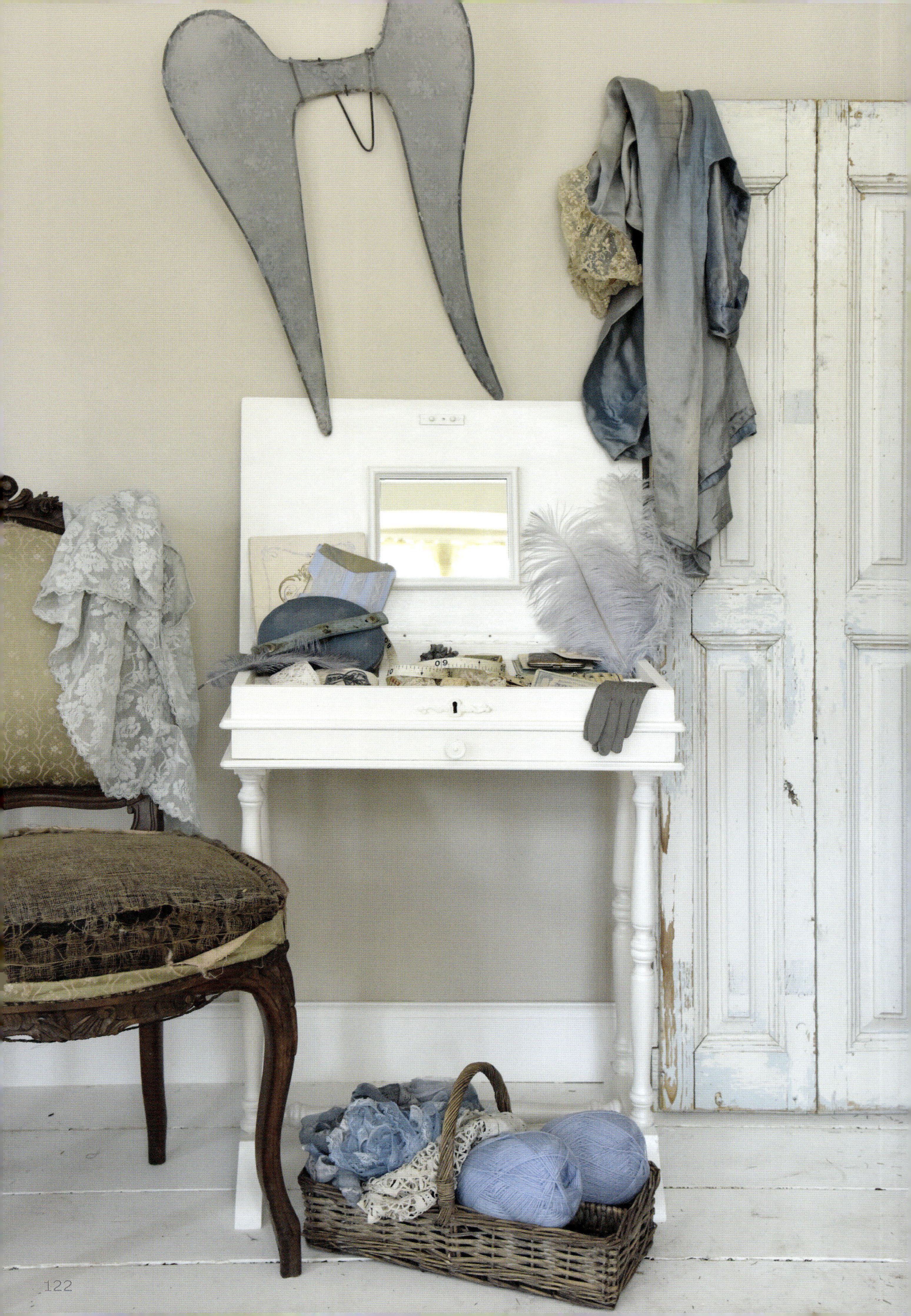

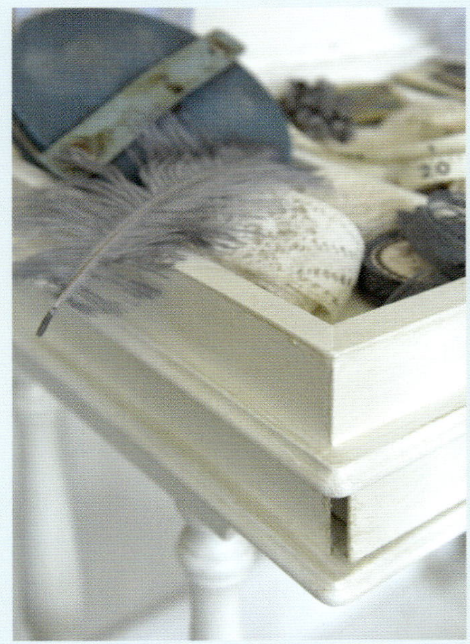

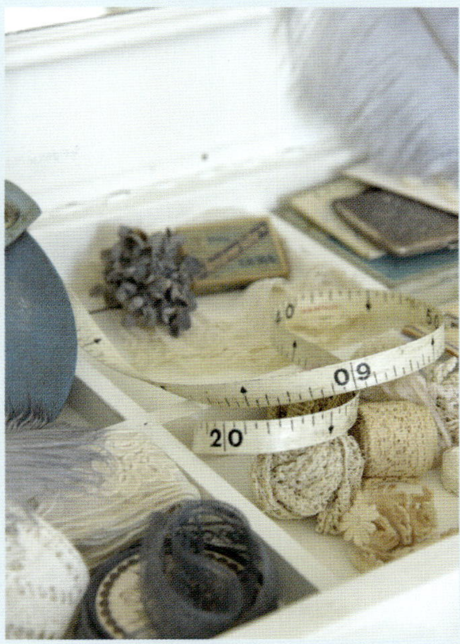

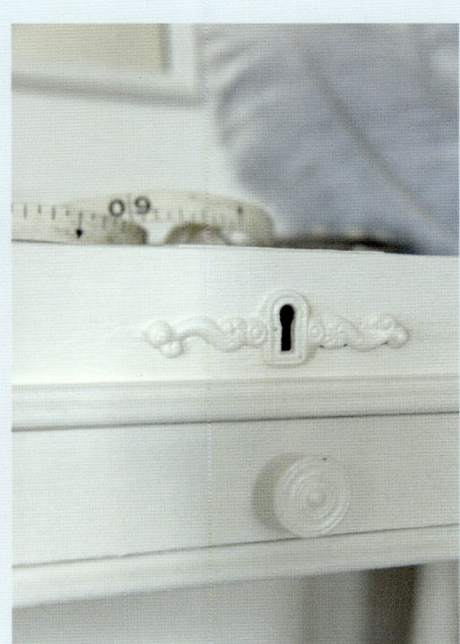

NÄHTISCH

Diesem alten Nähtisch konnten wir einfach nicht widerstehen. Er repräsentiert eine Art von Möbeln, denen man heute nur noch selten begegnet. Uns gefallen all diese kleinen Fächer, in denen man allerlei Dinge unterbringen kann. Keine Frage, dass dieser Tisch mitgenommen werden musste. Zuhause angekommen, strichen wir den Tisch zweimal mit „Warm cream". Nachdem die Farbe getrocknet war, schliffen wir die Oberfläche mit feinem Sandpapier ganz glatt und trugen unser neues Antikwachs „Pearl" auf, das der Oberfläche einen angenehmen Perlmuttschimmer verleiht. Man denkt unweigerlich an die glamourösen Zwanziger. Die Kombination aus der samtig-glatten Kalkfarbe und dem Wachs ist etwas ganz Besonderes. Wenn Sie in Ihrem geheimen Innersten ein Glitzermädchen sind, wird das gleichermaßen diskrete wie elegante „Pearl" sicherlich Ihr neues Lieblingswachs sein.

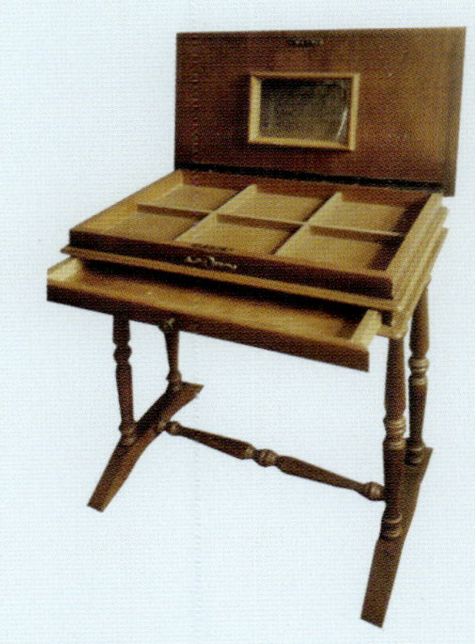

Warm cream

Pearl wax

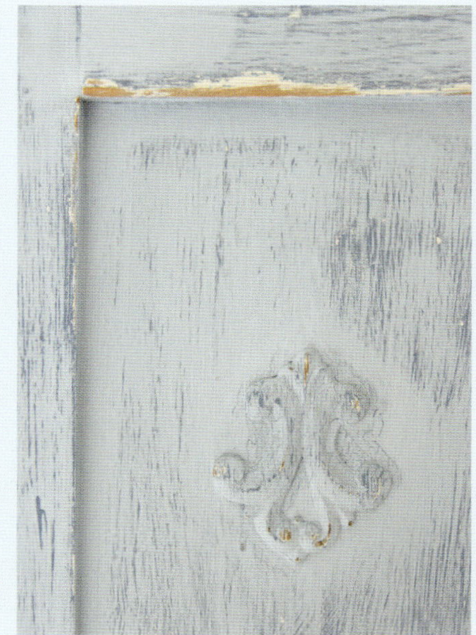
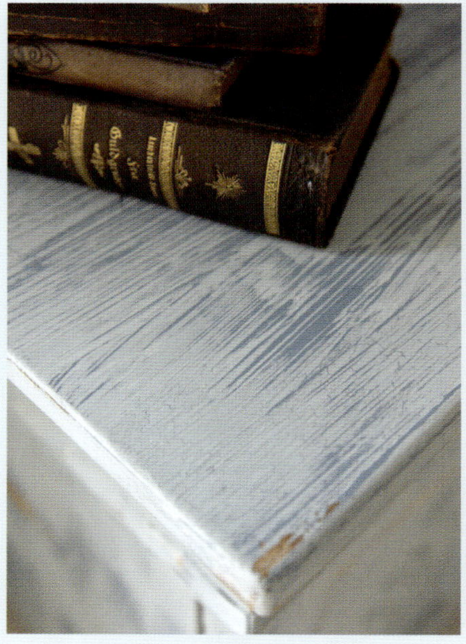
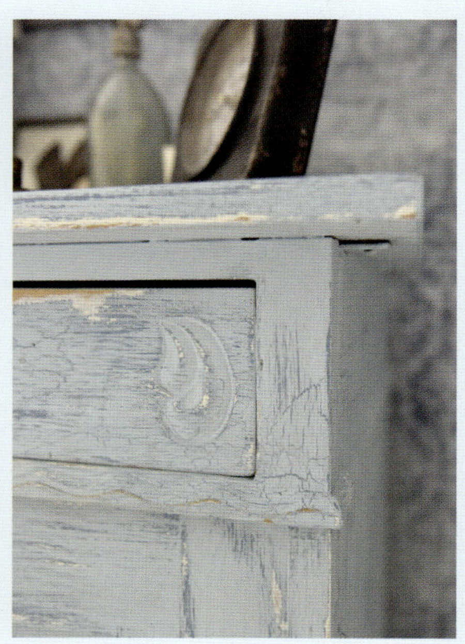
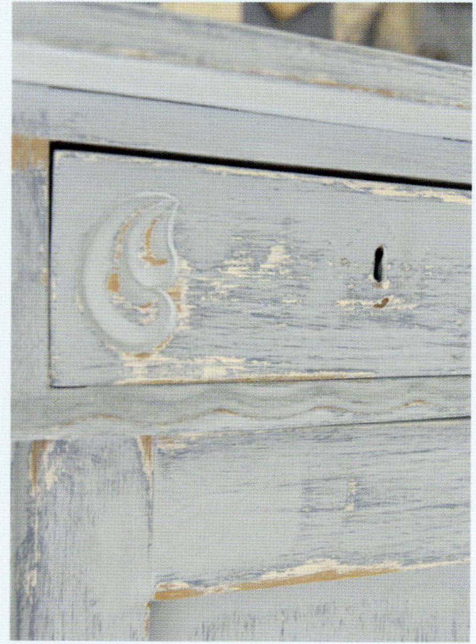

SCHREIBTISCH

Dieser alte Schreibtisch, der in den achtziger Jahren abgebeizt wurde, benötigte dringend eine Auffrischung. Das gelangt auf sehr auffällige Art und Weise mit Hilfe unserer neuen blauen Farben. Wir strichen den Tisch zunächst mit „Dusty blue", das wir mit ein wenig Wasser verdünnten. Dass die Farbe damit nicht komplett deckend war, stellte kein Problem dar. Anschließend trugen wir an den Ecken „Crackle effect" auf – und zwar genau an den Stellen, an denen üblicherweise die stärkste Abnutzung auftritt. Wir warteten hiernach vier Stunden, bevor wir die Farbe „Powder blue" auftrugen. Um den Patinaeffekt zu erzielen, den Sie hier sehen, verwendeten wir eine Schleifmaschine mit grober Körnung, um die oberste Farbschicht so kräftig zu schleifen, dass stellenweise das dunklere Blau, hier und da sogar das Weiß oder das blanke Holz zutage trat. Die beiden blauen Farbtöne ergänzen einander ganz wunderbar und passen sehr gut zur blau gemusterten Tapete aus unserer Kollektion.

Dusty blue

Powder blue

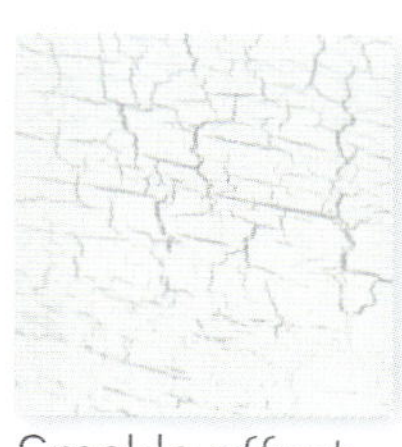
Crackle effect

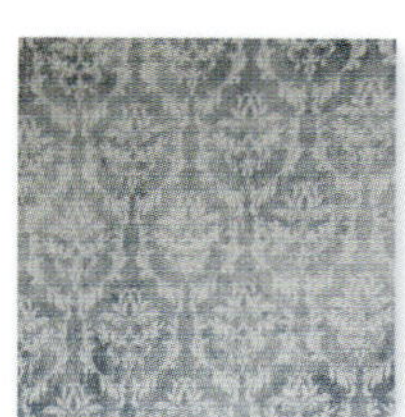
Tapete - gemustert

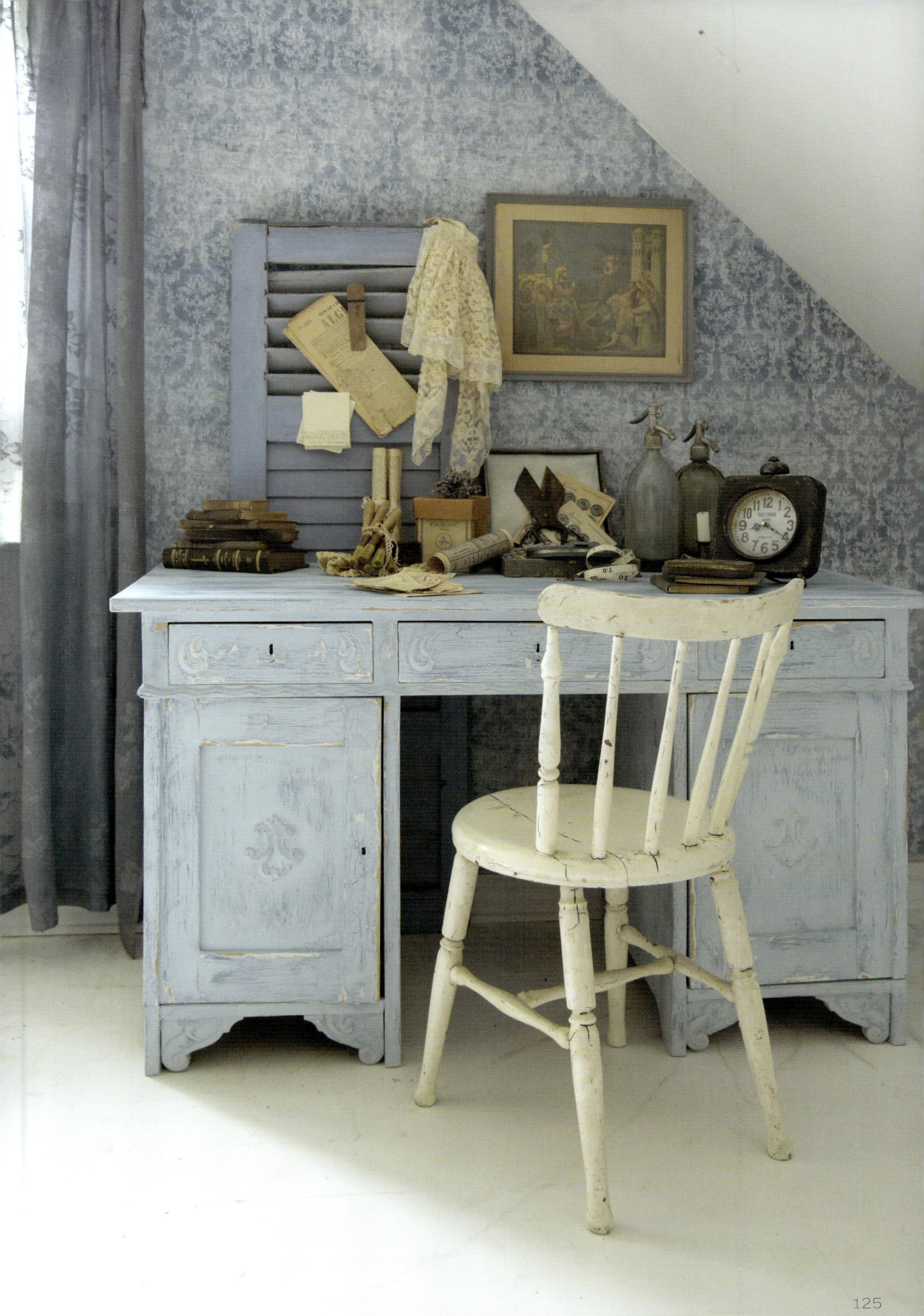

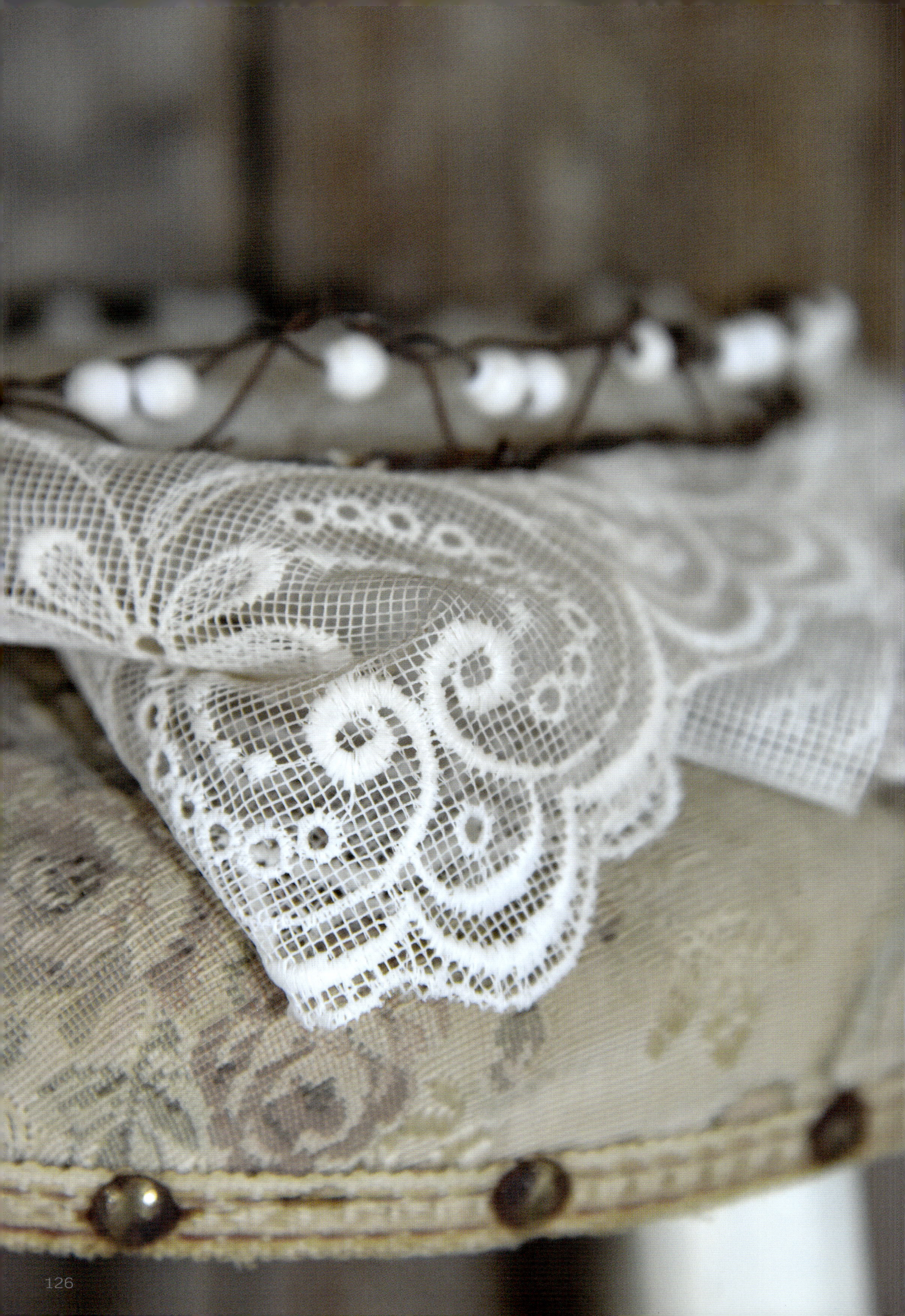

KAPITEL 9

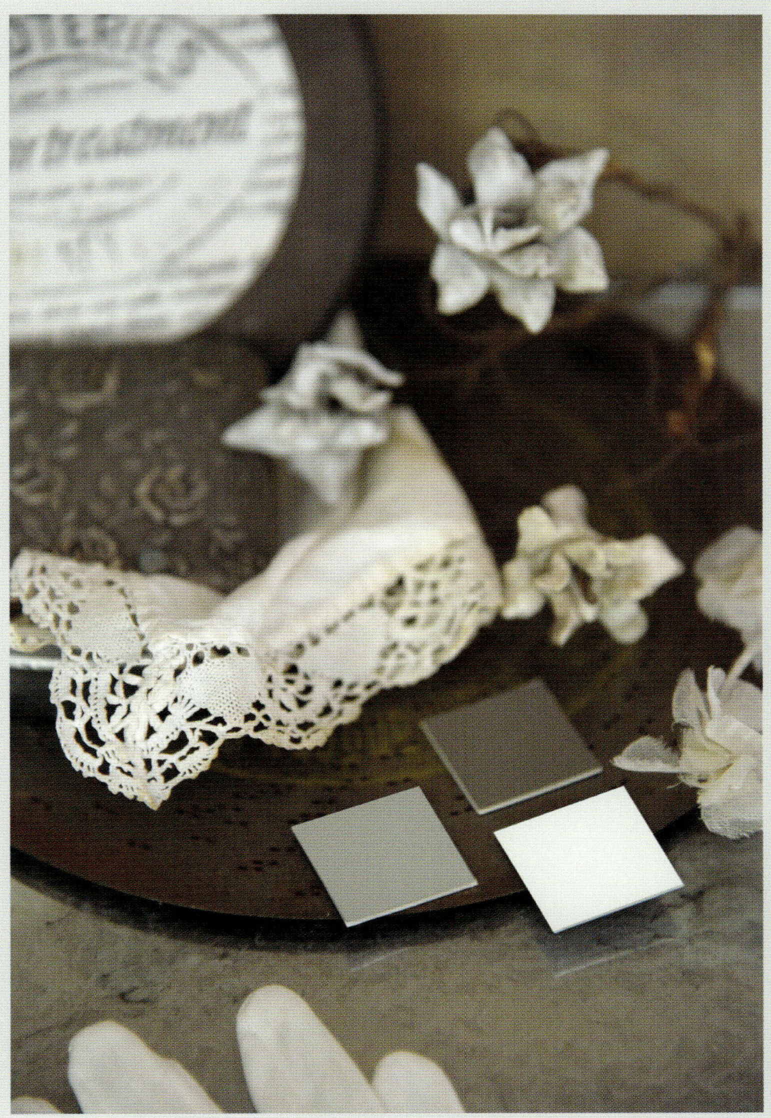

WARM LATTE, VINTAGE BROWN UND SOFT SAND

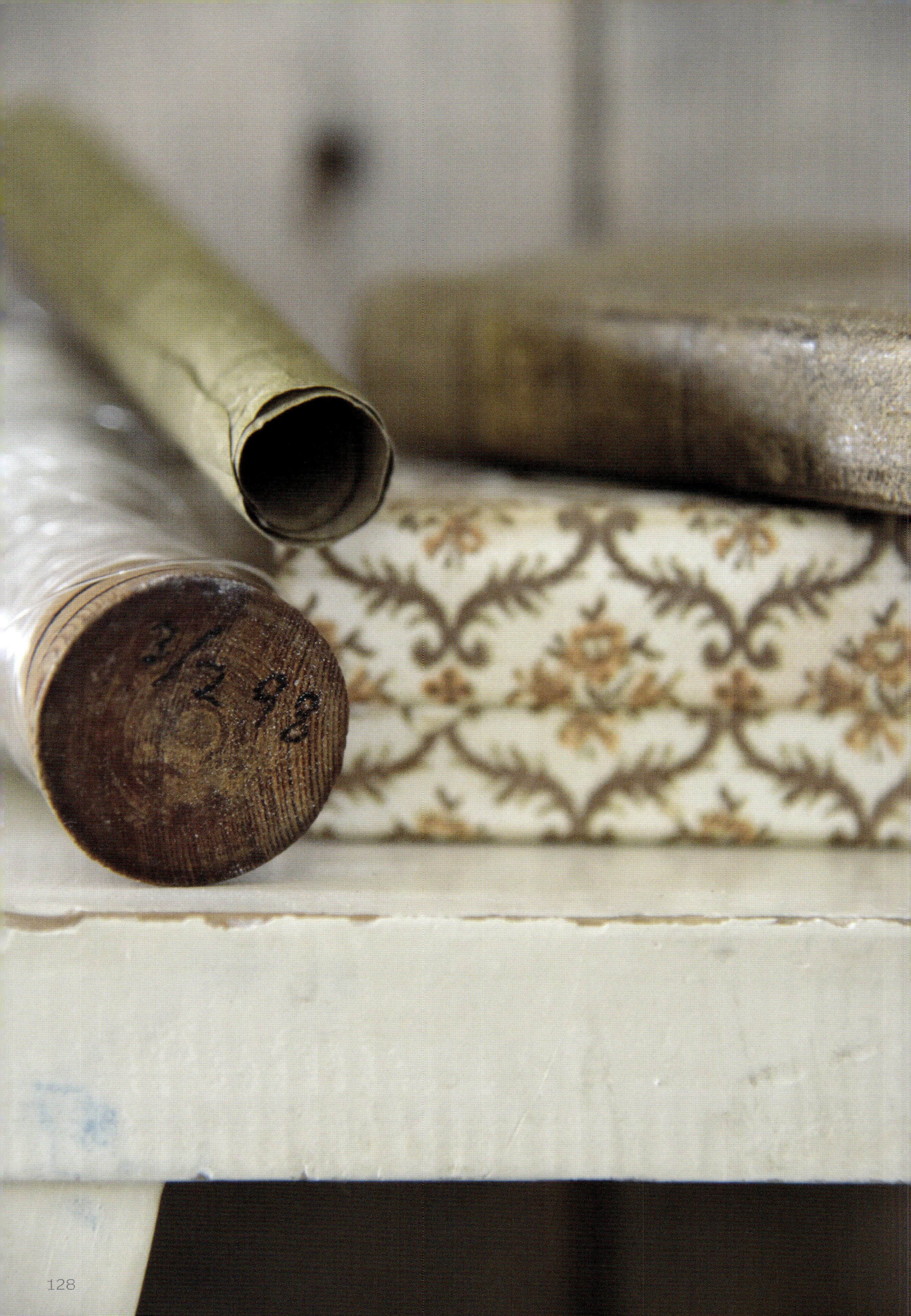

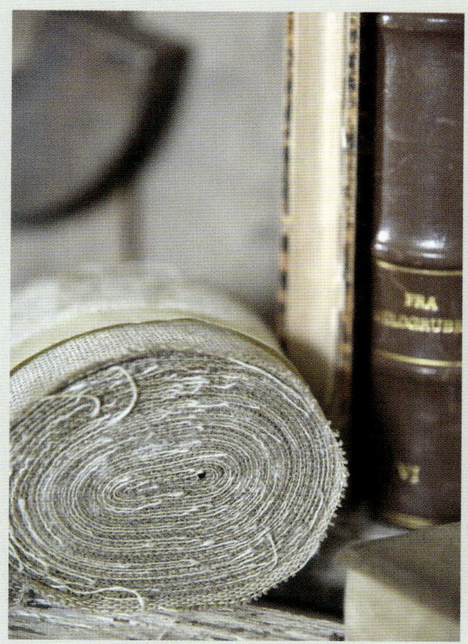

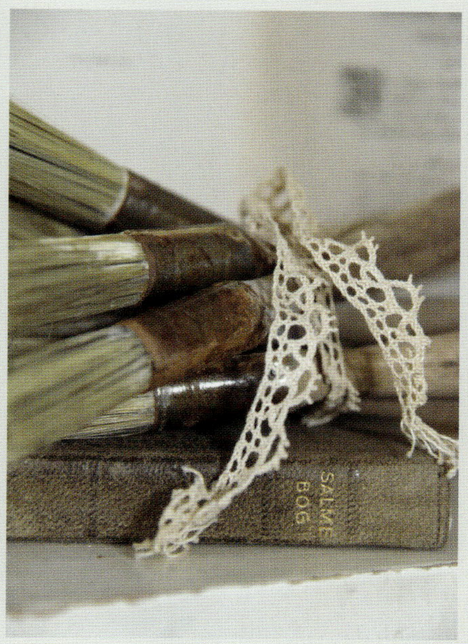

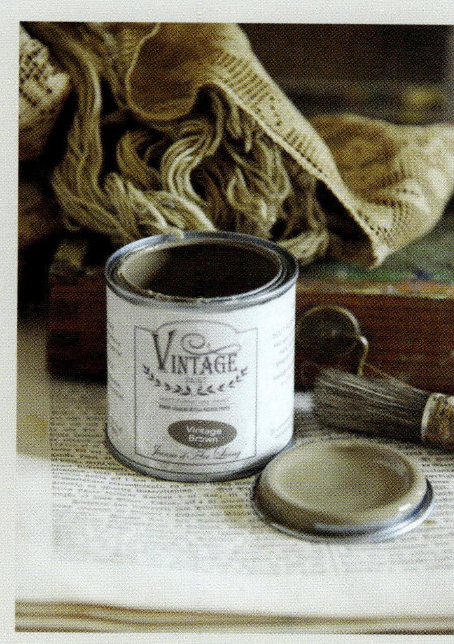

WARM LATTE, VINTAGE BROWN UND SOFT SAND

Dieses Kapitel repräsentiert die warmen und charaktervollen Erdfarben. „Warm latte" ist, wie der Name bereits andeutet, eine Farbe, die angenehm an den sanften Farbton eines Milchkaffees erinnert. Diese Farbe harmoniert mit praktisch allen anderen Tönen auf unserer Farbkarte. „Vintage brown" ist ein schönes, gedecktes Braun, das für authentische und alte Akzente sorgt. Diese Farbe weckt sogar noch in der Dose, bevor der Pinsel erstmals eingetaucht wird, Vintage-Gefühle. „Soft sand" ist die hellste unserer Erdtöne und passt hervorragend zu den anderen Farben. Diese Farbe lässt sich vorzüglich verwenden, wenn Ihnen Weiß zu hell ist und „French beige" zu dunkel.

Warm latte

Vintage brown

Soft sand

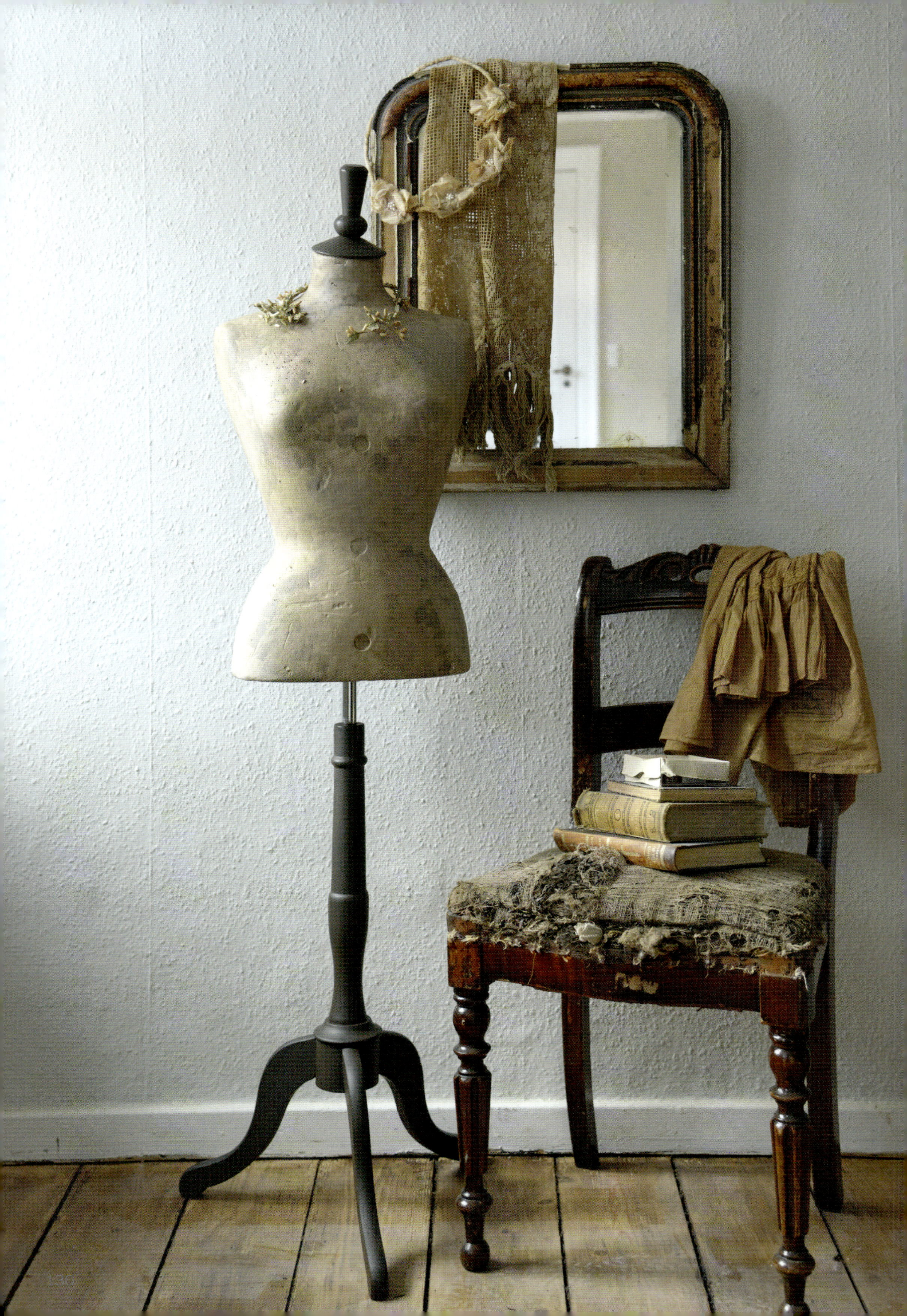

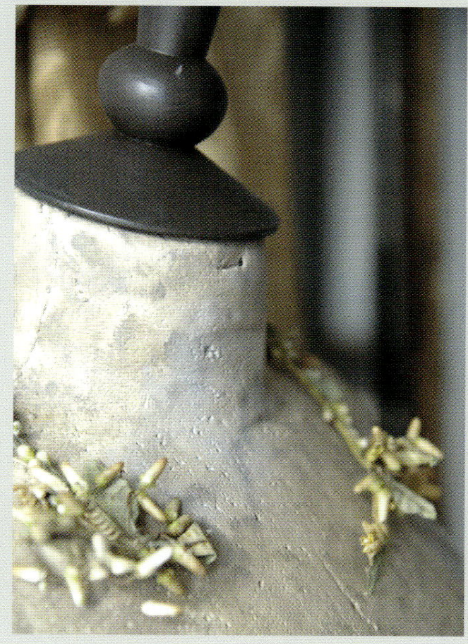

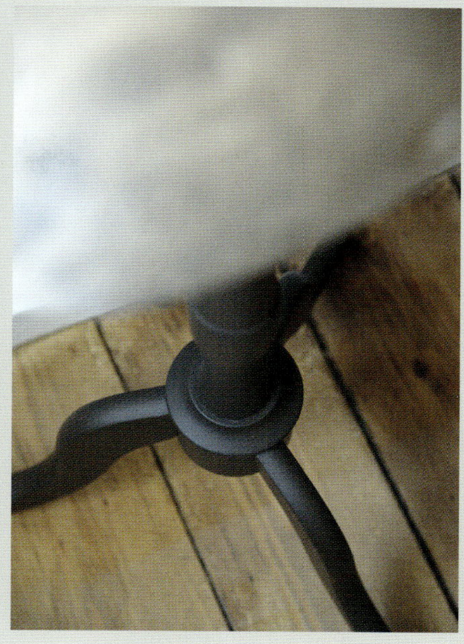

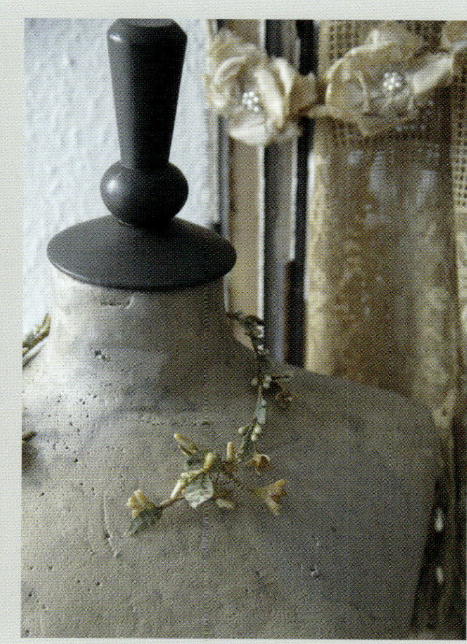

SCHNEIDERPUPPE

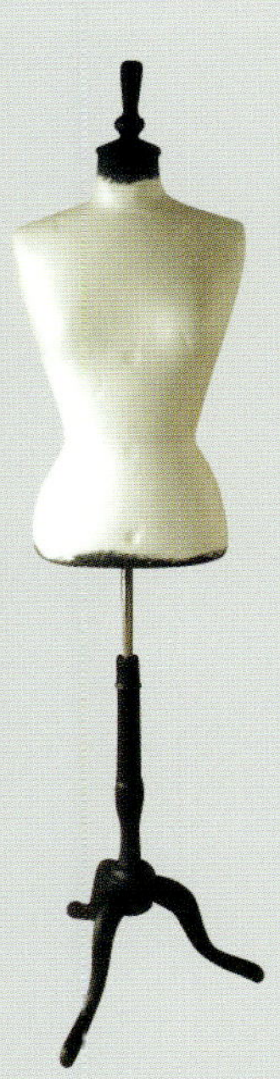

Hier können Sie erfahren, wie Sie eine neuere Schneiderpuppe wie ein altes Original aussehen lassen. Wir strichen die Puppe zunächst in „Warm latte". Sobald die Farbe getrocknet war, füllten wir ein Schälchen mit Wasser und einen tiefen Teller mit „Vintage brown". Wir nahmen einen Schwamm und tupften behutsam die Farbe auf, wobei wir den Schwamm zunächst immer ein paar Mal auf den Teller tupften und ihn zwischendurch immer mal wieder in das Wasser tunkten. Dadurch entsteht eine angenehm changierende Oberfläche. Sobald einem das Ergebnis gefällt, lässt man die Schneiderpuppe trocknen und kann diese Zeit nutzen, um den Standfuß mit „Vintage brown" zu bemalen und mit unserem Antikwachs „Light brown" nachzubehandeln. Der Korpus wurde noch einmal mit einer Mischung aus „Light brown" und „Light grey" nachbehandelt. Hierfür wird der Pinsel zunächst in das eine Wachs getunkt und auf dem Korpus verteilt, anschließend wird derselbe Pinsel in das andere Wachs getaucht. Die Kombination beider Töne erzeugt ein wunderbares Farbspiel. Wenn es Ihnen schwerfallen sollte, die beiden Wachse miteinander zu vermengen, können Sie den gesamten Korpus vorab mit unserem Antikwachs „Clear" behandeln. So fällt die anschließende Arbeit mit den farbigen Wachsen leichter.

Warm latte

Vintage brown

Light brown wax

Light grey wax

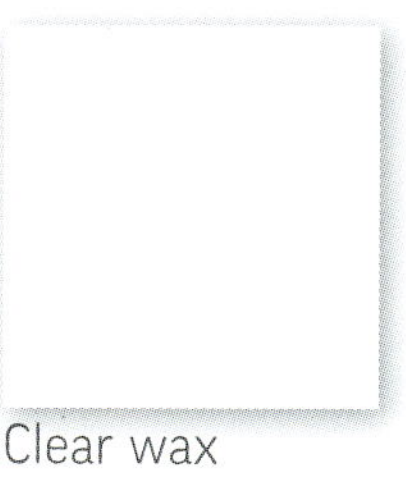

Clear wax

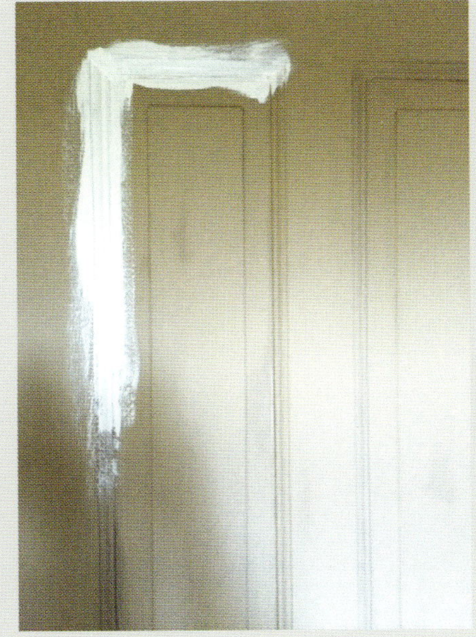

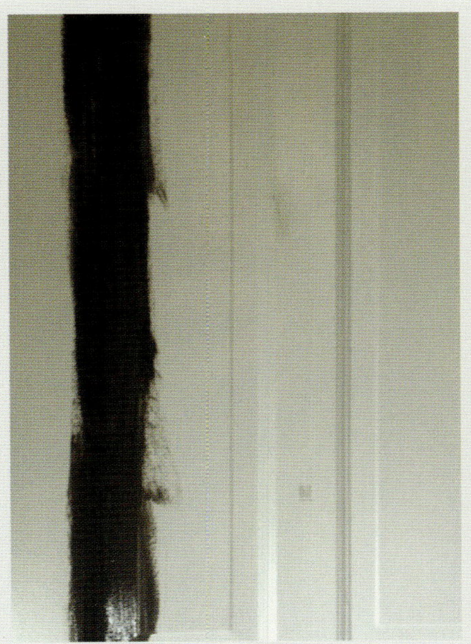

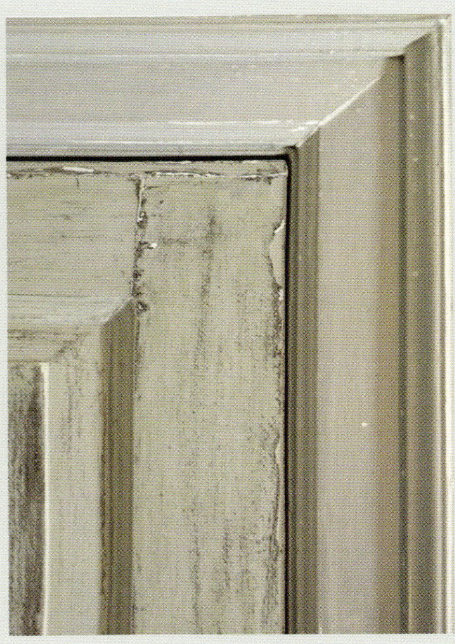

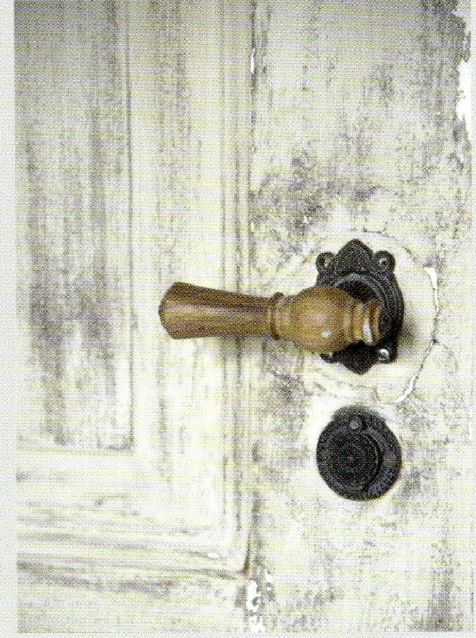

TÜR

Die alte Tür war ursprünglich weiß. Wir setzten uns zum Ziel, sie richtig stark zu patinieren, sodass sie zu den rau geputzten Wänden und der alten Tapete passe. Das grelle Weiß der Tür schien fast zu schreien, so sehr hob es sich vom rustikalen Ambiente des Raumes ab. Also strichen wir sie neu – zunächst mit „Chocolate brown“, danach mit „Vintage brown“, „Warm latte“ und abschließend mit „Soft Sand“. Jede Farbschicht ließen wir zunächst gründlich trocknen, bevor wir weitermachten. Nach der letzten Schicht gingen mit der Schleifmaschine heran und bearbeiteten die Oberfläche so behutsam, dass lediglich hier und da die unteren Farbschichten zutage traten. Danach behandelten wir die Oberfläche mit Antikwachs in „Brown“ und „Clear“ nach.

Die Zarge strichen wir mit „Soft sand“. Auch hier schliffen wir die getrocknete Oberfläche an und behandelten sie mit Antikwachs nach. Bei Türen und Zargen empfiehlt sich immer der Einsatz von Antikwachs, da dieser die Oberfläche widerstandsfähiger macht.

Chocolate brown

Vintage brown

Warm latte

Soft sand

Brown wax

Clear wax

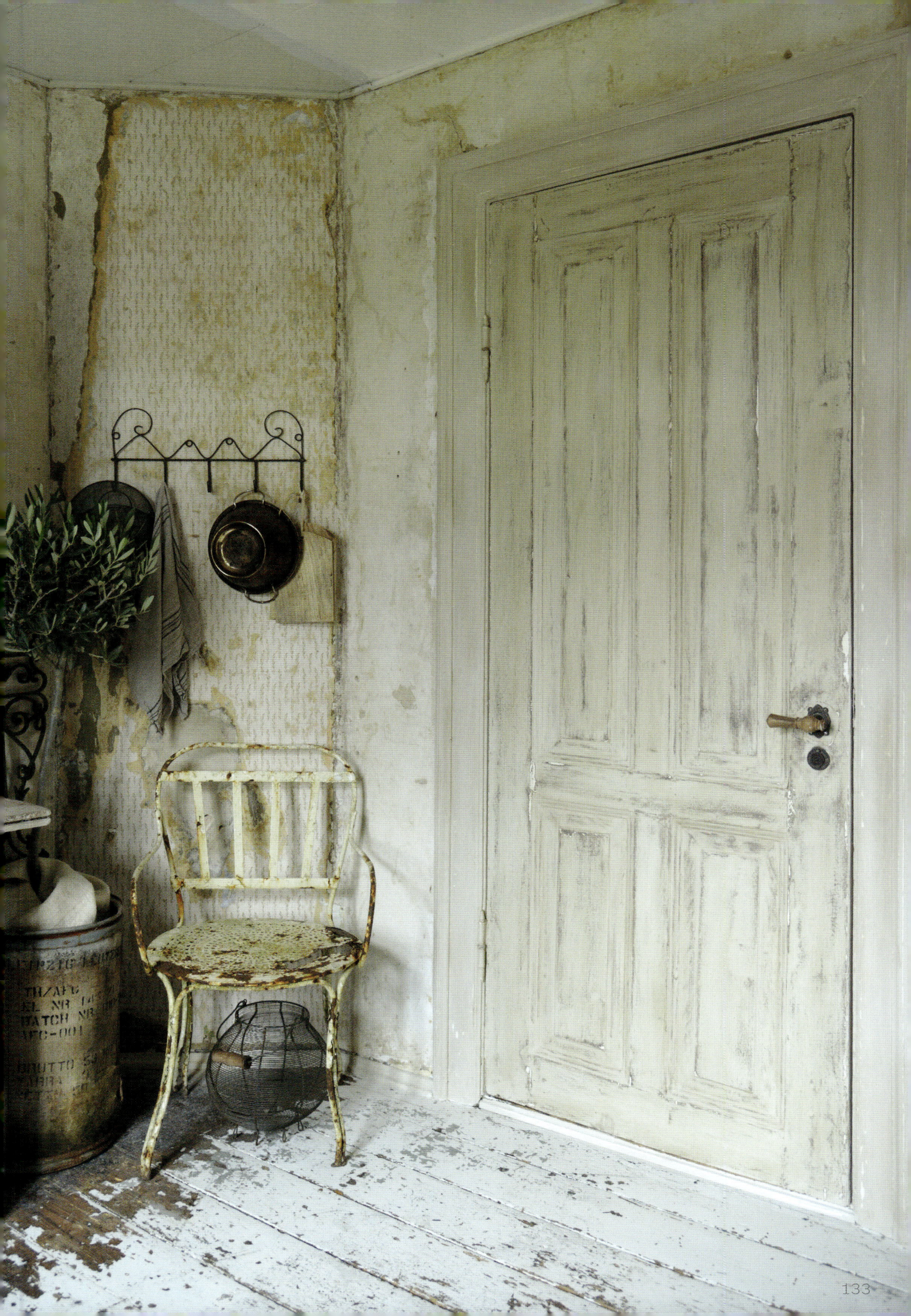

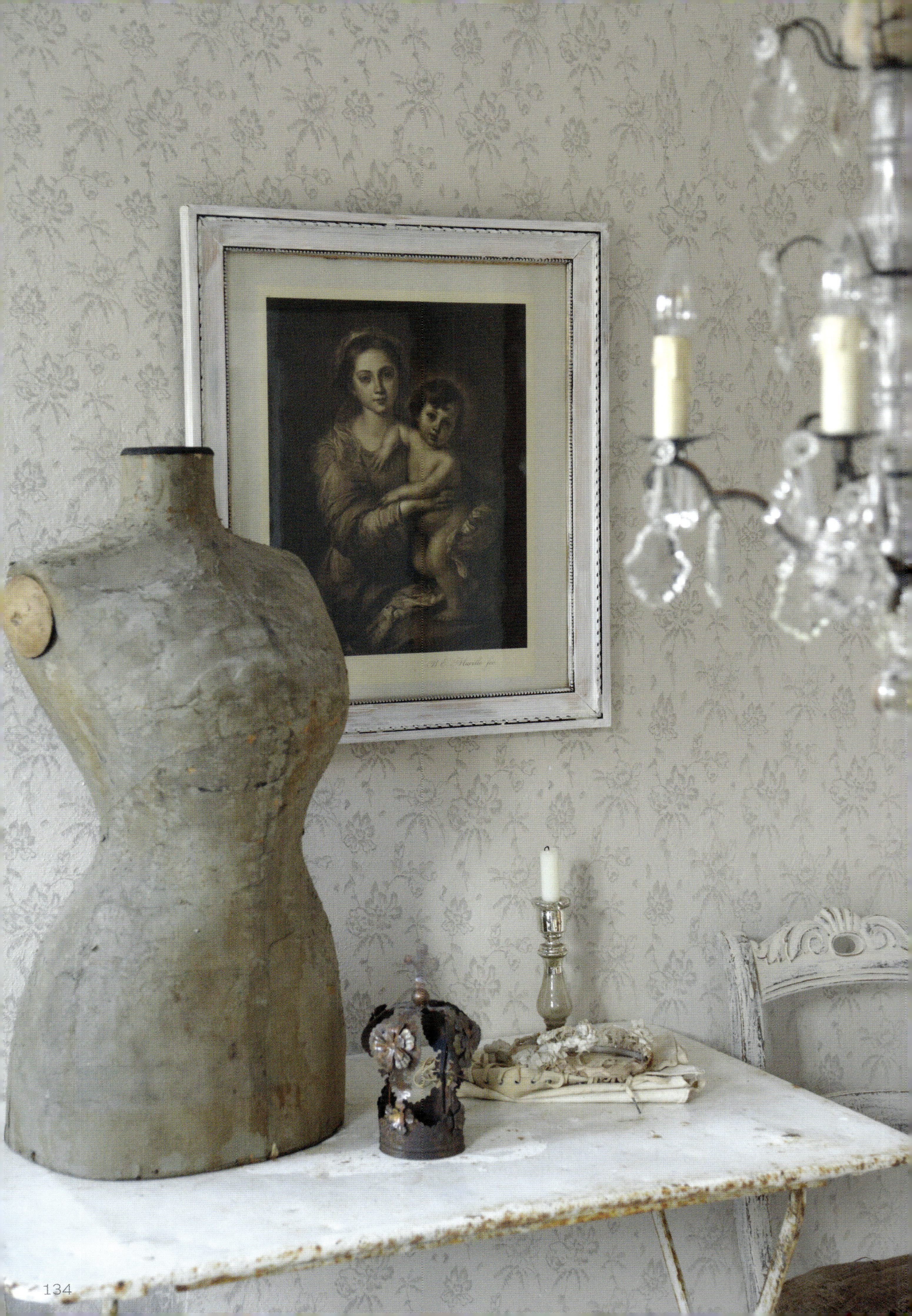

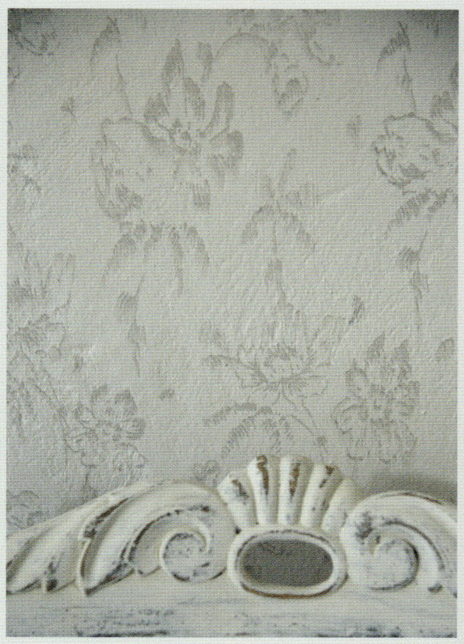
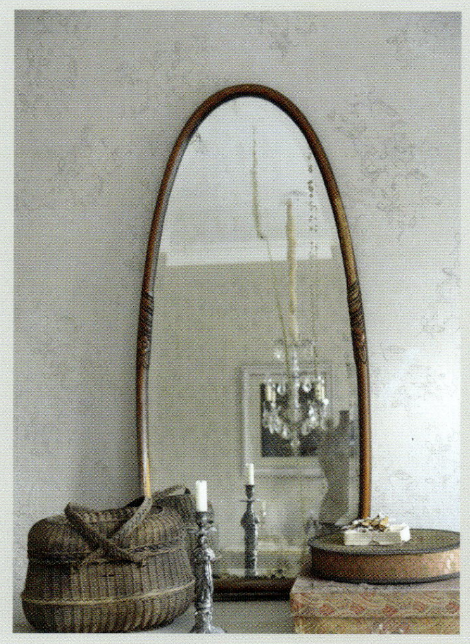
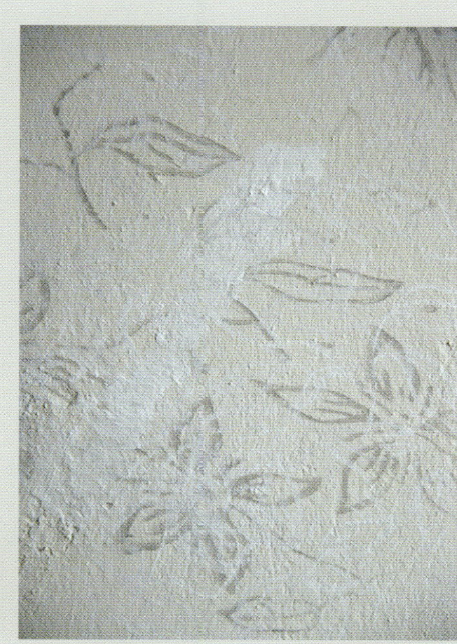

WANDDEKORATION

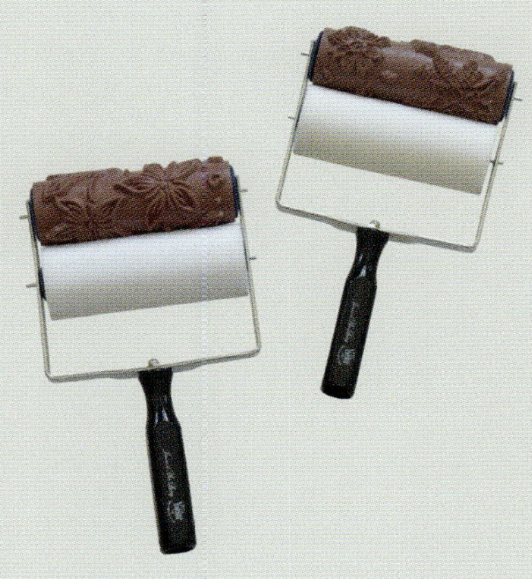

Das Wohnzimmer veränderte sein Erscheinungsbild komplett, nachdem wir die Wände mit „French beige“ gestrichen hatten. Das Muster trugen wir mit Hilfe einer Stencilrolle auf. Die feine Qualität des Drucks vermittelt die Anmutung einer alten Tapete. Die Rolle kann auf unterschiedliche Arten und Weisen verwendet werden: entweder, um ein schönes, gleichmäßiges Muster wie auf der linken Seite aufzutragen oder um ein eher zufälliges Muster wie auf dieser Seite zu erzeugen. In beiden Fällen haben wir den Farbton „Warm latte“ verwendet. Ein Muster wie auf dieser Seite erreicht man, indem man die Rolle kreuz und quer über die Wand führt. Nachdem die Farbe getrocknet war, wechselten wir zu „Soft sand“ und bewegten die Rolle nochmals kreuz und quer. Dadurch entsteht ein schönes Spiel auf der Wand. Die Schaumrolle benetzt die gemusterte Rolle jeweils mit einer dünnen Farbschicht, die anschließend auf die Wand – oder auch einem Stoff oder einem Möbelstück – übertragen wird. Die Arbeit mit der Rolle ist äußerst einfach, wenn man die Technik erstmal raus hat. Es lohnt sich daher immer, die Technik zunächst einmal an anderer Stelle auszuprobieren. Eine ausführliche Beschreibung liegt der Rolle bei.

French beige

Warm latte

Soft sand

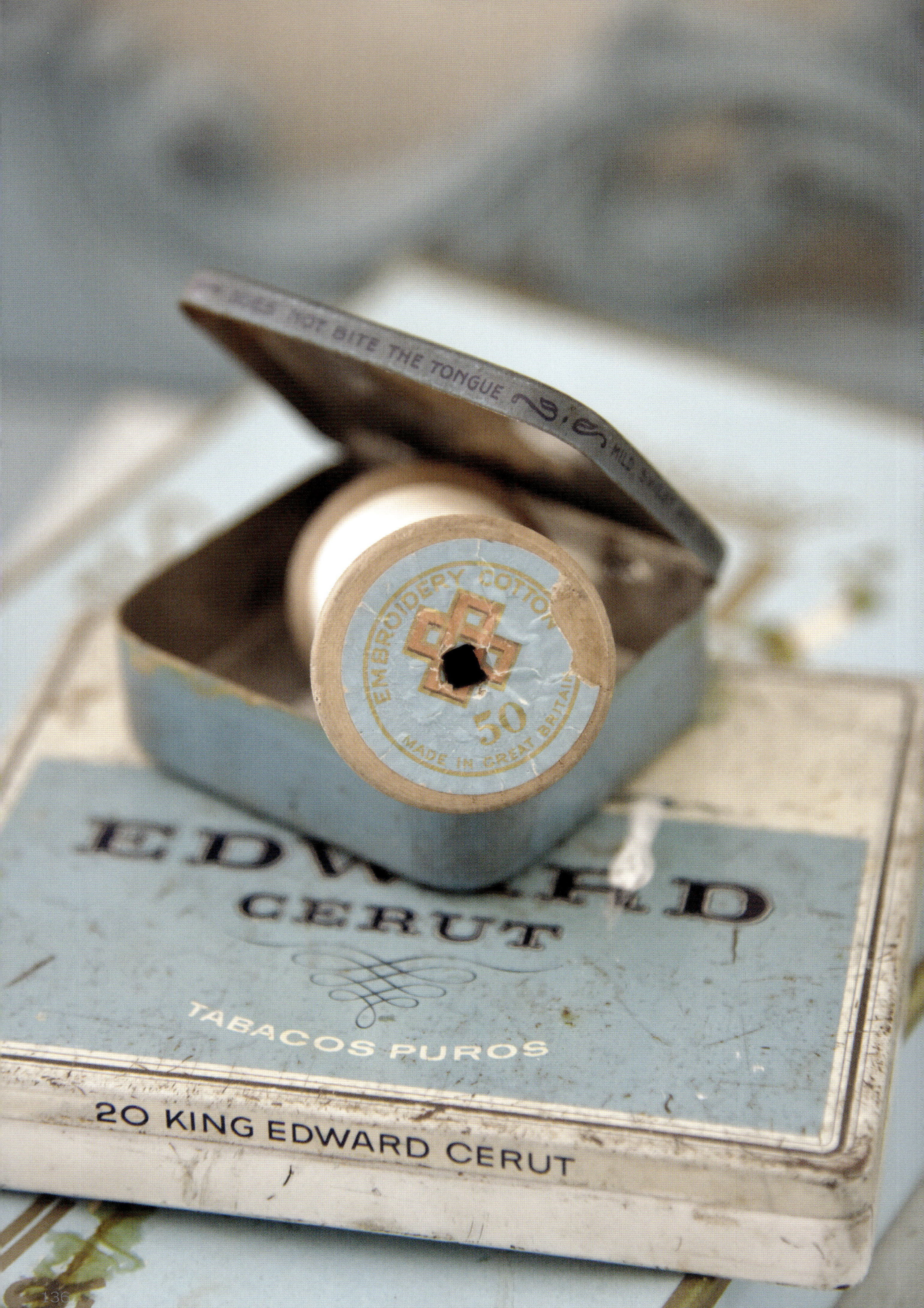
NOT BITE THE TONGUE
EMBROIDERY COTTON
50
MADE IN GREAT BRITAIN
EDWARD
CERUT
TABACOS PUROS
20 KING EDWARD CERUT

KAPITEL 10

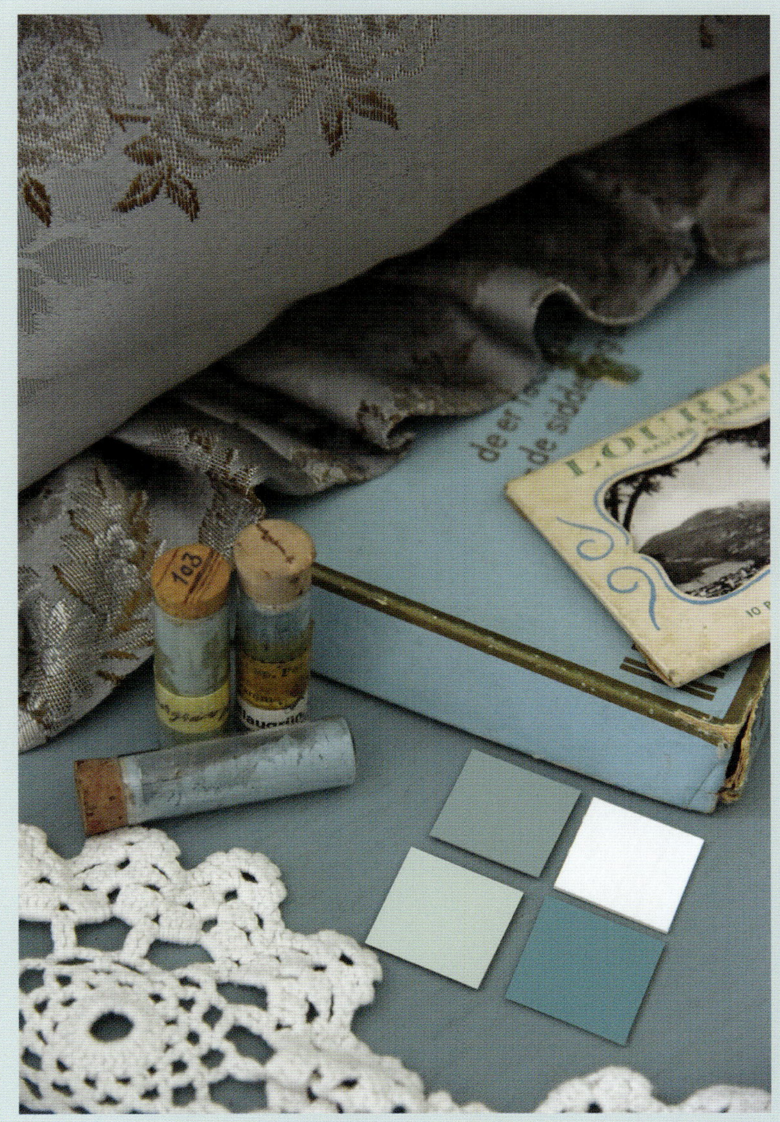

DUSTY TURQUOISE, OLD TURQUOISE, NATURAL WHITE UND DUSTY GREEN

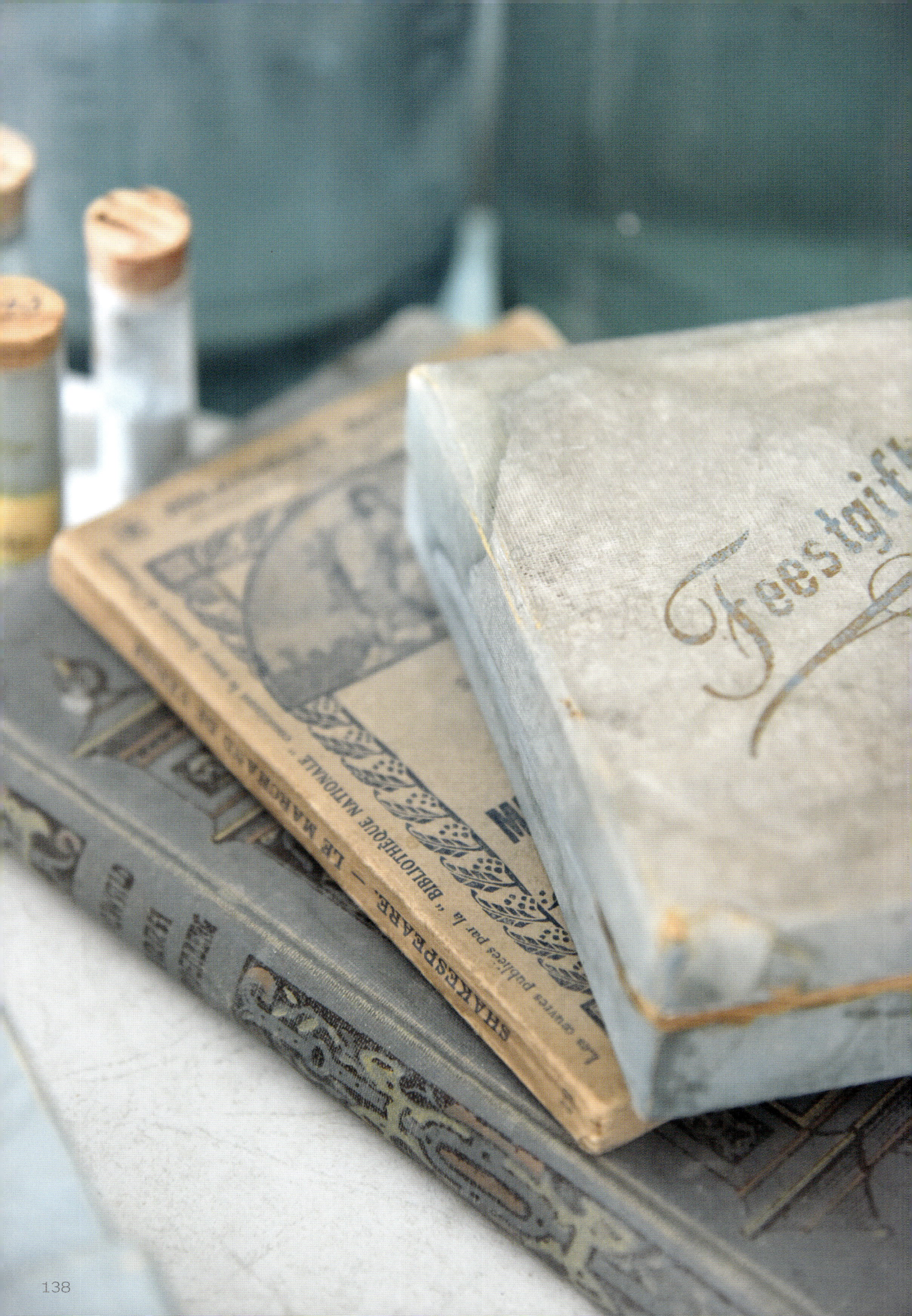
Les œuvres publiées par la "BIBLIOTHÈQUE NATIONALE"
SHAKESPEARE.

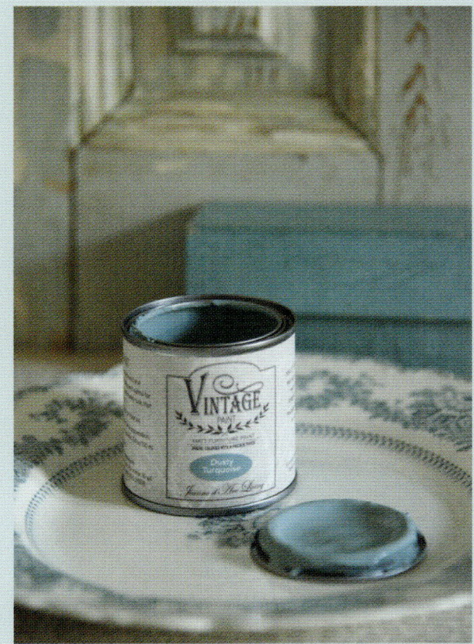

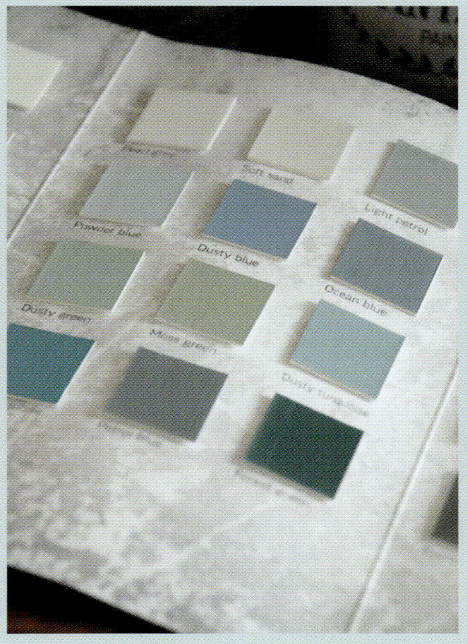

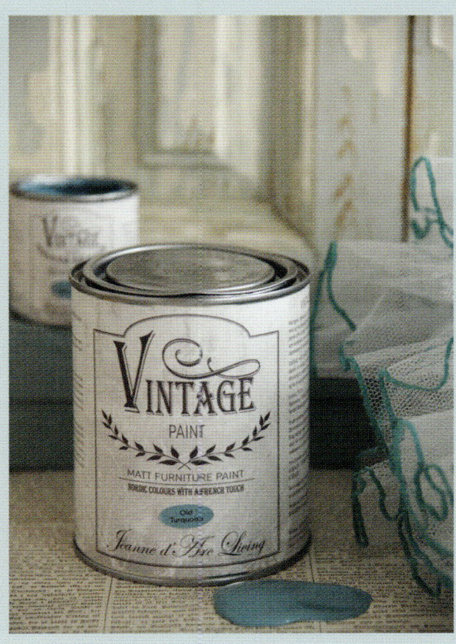

DUSTY TURQUOISE, OLD TURQUOISE, NATURAL WHITE UND DUSTY GREEN

Mit diesen türkisgrünen Farben beginnt man unweigerlich, von wärmeren Gefilden zu träumen. Wir befinden uns gedanklich am Mittelmeer, dessen Wasser mal an „Old turquoise", mal an „Dusty turquoise" erinnert. Eines haben diese Farben gemein: Sie ziehen uns in ihren Bann. Wenn Sie den Mut zu etwas stärkeren Farben haben, ist „Old turquoise" eine perfekte Wahl. Wer es gerne etwas gedeckter mag, sollte mit „Dusty turquoise" gut bedient sein. Das milde und weiche „Dusty green" orientiert sich an der Farbe des frischen Hafers. Wenn Sie eine dieser drei Farben mit dem Antikwachs „White" nachbehandeln, erhalten Sie einen hellen, nordischen Look. Verwenden Sie hingegen „Brown" oder „Light brown", nehmen die Farben einen ganz anderen Charakter. Sie wirken älter, ehrwürdiger. Auch wenn wir diese Farben als relativ modern empfinden, werden sie schon seit Jahrhunderten verwendet. Sie harmonieren gut mit dem reinen und klaren „Natural white", ein kalkiges Weiß, wie man es von vielen älteren Gemäuern kennt.

Dusty turquoise

Old turquoise

Natural white

Dusty green

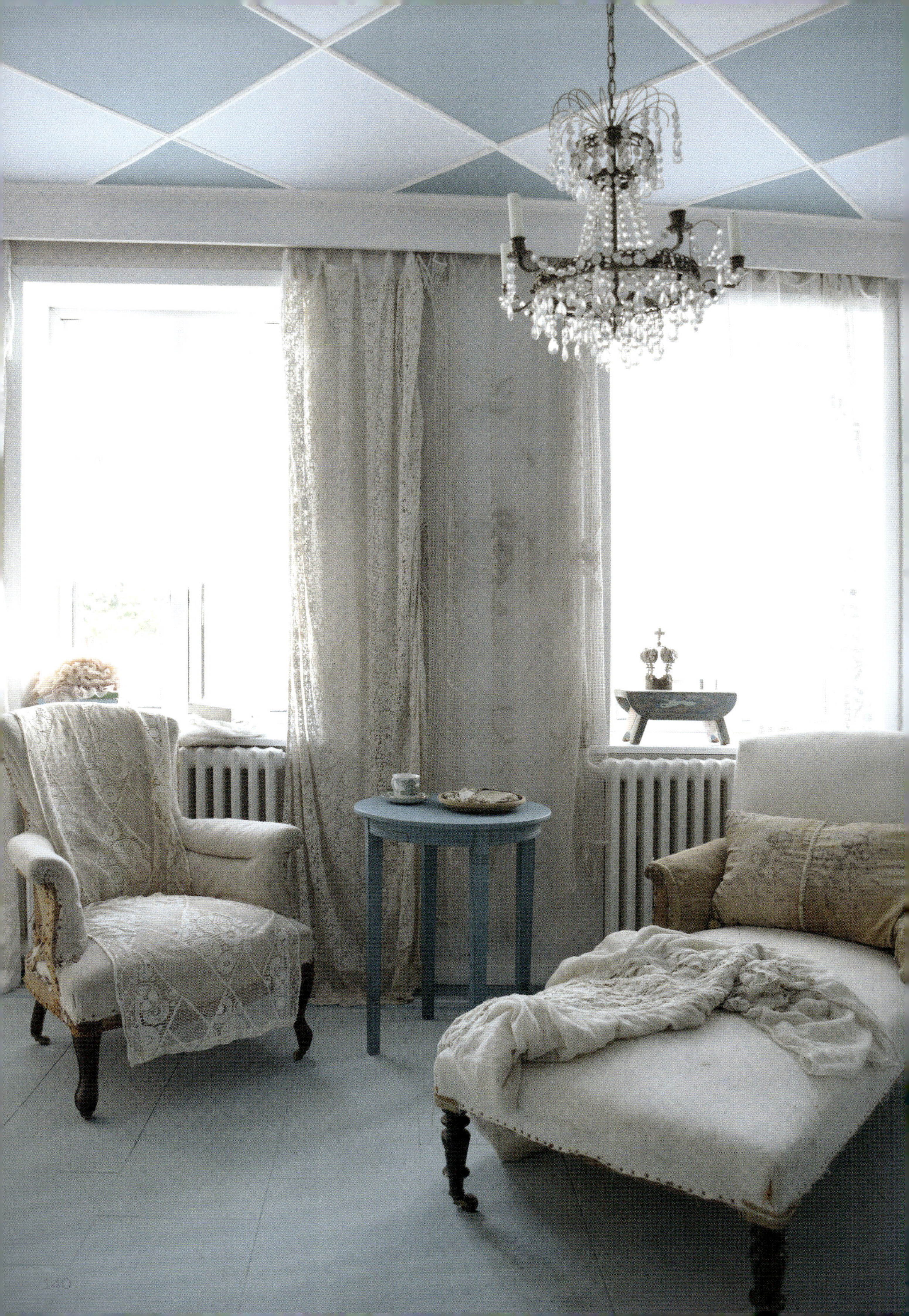

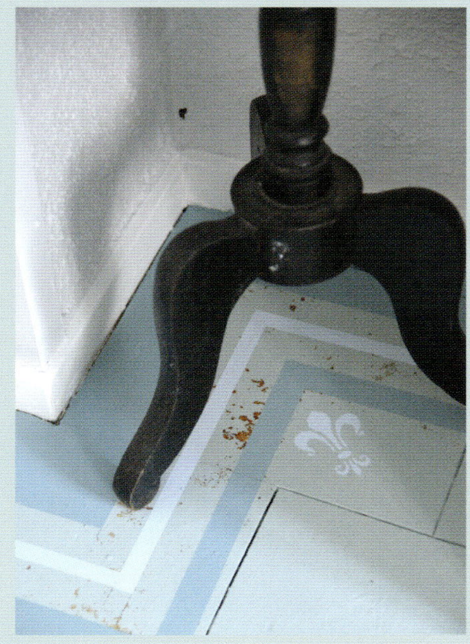

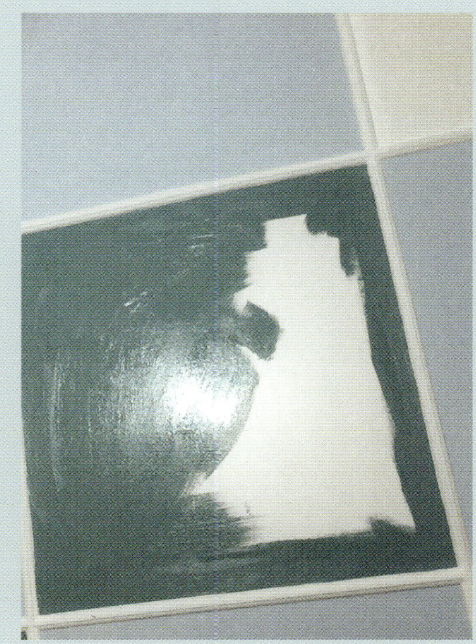

HERRSCHAFTLICHES WOHNZIMMER

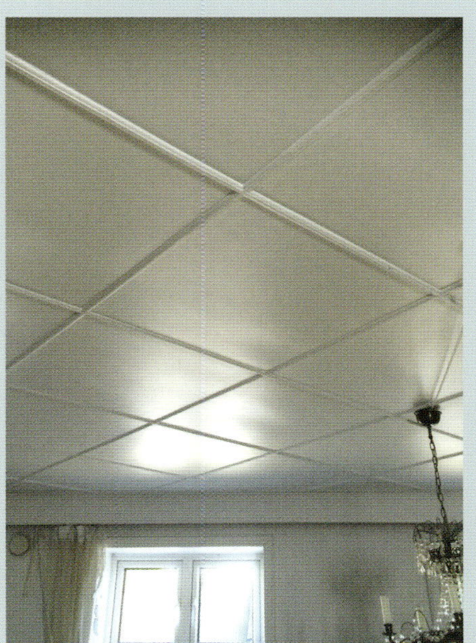

Im Wohnzimmer haben wir uns munter mit unseren türkisgrünen Farben ausgetobt. Die Decke, die bereits zuvor über ein hübsches Muster aus Holzleisten verfügte, wurde mit „Powder blue" und „Dusty turquoise" gestrichen, während die Leisten selbst in „Natural white" angemalt wurden. Dadurch tritt die Struktur und Rhythmik der Decke besonders gut zutage. Die Wände halten sich mit „Antique cream" eher zurück, ebenso die Scheuerleisten, die wir mit „Soft cream" angemalt haben. Damit bildet die Wand einen neutralen Hintergrund für Decke und Boden. Letzterer wurde nämlich mit „Dusty green" gestrichen und mit einer Borte versehen, die wir zunächst präzise ausgemessen und mit Malertape auf dem Boden markiert haben. Die äußeren 10cm strichen wir in „Dusty turquoise". Danach haben wir 3,5cm nach Innen abgemessen und ein Feld von 1,5cm Breite markiert, für das wir „Powder blue" verwendeten. Hiernach maßen wir nochmals 3,5cm ab und markierten einen Streifen von 3cm Breite, den wir mit „Dusty turquoise" strichen.

Powder blue

Dusty turquoise

Natural white

Soft cream

Antique cream

Dusty green

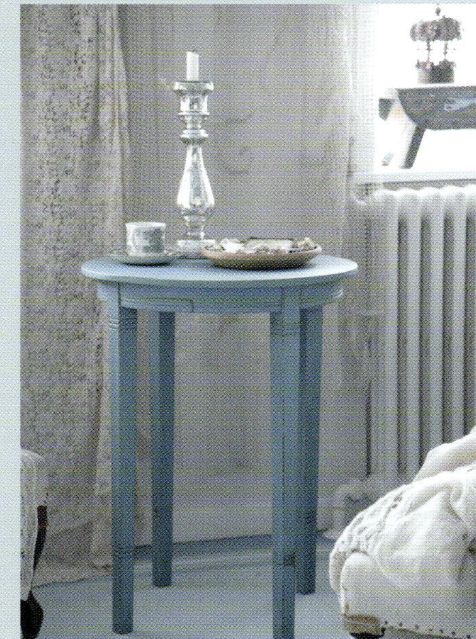

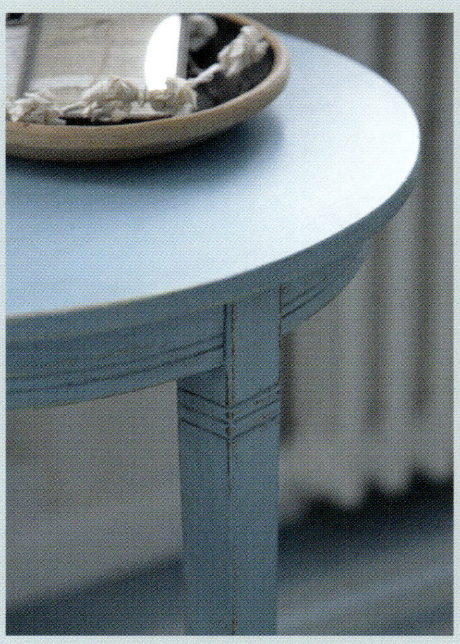

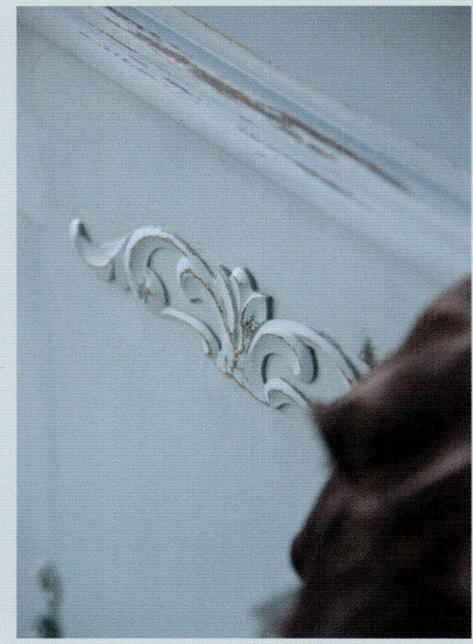

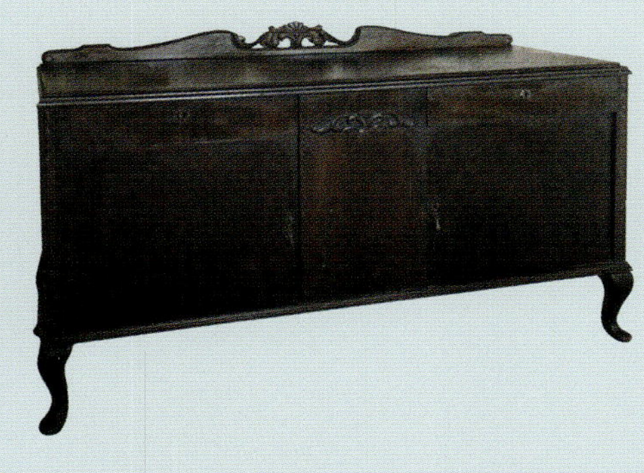

ANRICHTE UND TISCH

Diese Anrichte gehört zu einem Typ, wie man ihn immer noch oft finden kann. Solch ein großes Möbelstück komplett in Türkis anzumalen, bereitete uns viel Freude. Das Ergebnis kann sich sehen lassen: Die ursprüngliche, dunkle Farbe setzt sich angenehm vom Türkis ab. Wir strichen zunächst die gesamte Anrichte in „Dusty green", danach mit „Dusty turquoise". Danach bearbeiteten wir die Fläche mit etwas feinem Sandpapier auf einem Schleifklotz und gingen insbesondere an den Ecken und Kanten zu Werke, sodass die braune Farbe an diesen Stellen wieder sichtbar wurde. Zum Abschluss trugen wir „Clear"-Antikwachs mit einem weichen Pinsel auf. Überschüssiges Wachs entfernten wir mit einem weichen Baumwolltuch. Der kleine, runde Tisch hatte die gleiche Farbe wie die Anrichte. Hier verwendeten wir lediglich „Old turquoise", schliffen auch hier die Kanten und behandelten mit Antikwachs nach, diesmal allerdings im Farbton „Brown". Dieses Wachs trägt dazu bei, die Farbe etwas zu dämpfen und diesen sehr schlichten Tisch charaktervoll erscheinen zu lassen.

Dusty green

Dusty turquoise

Clear wax

Old turquoise

Brown wax

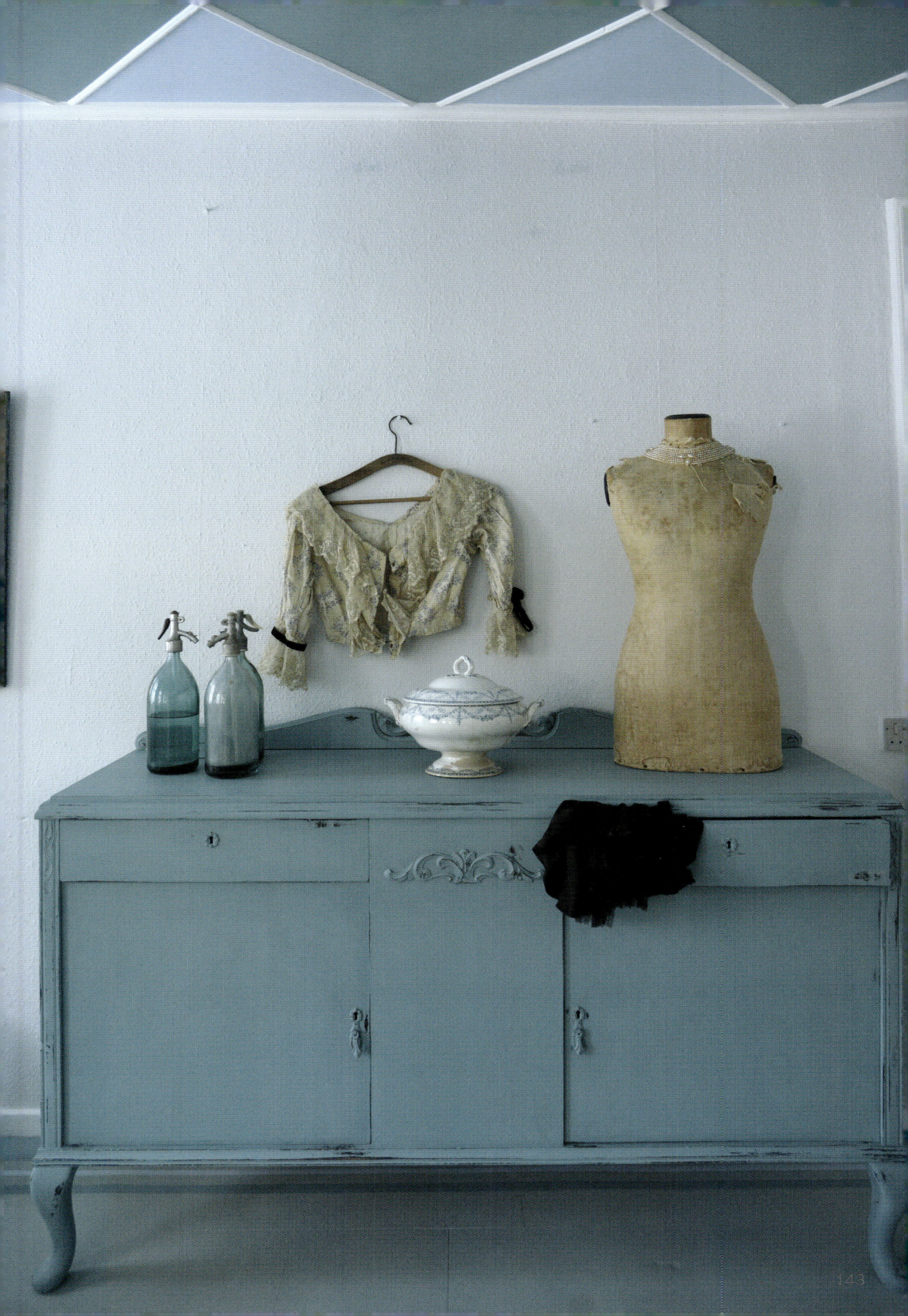

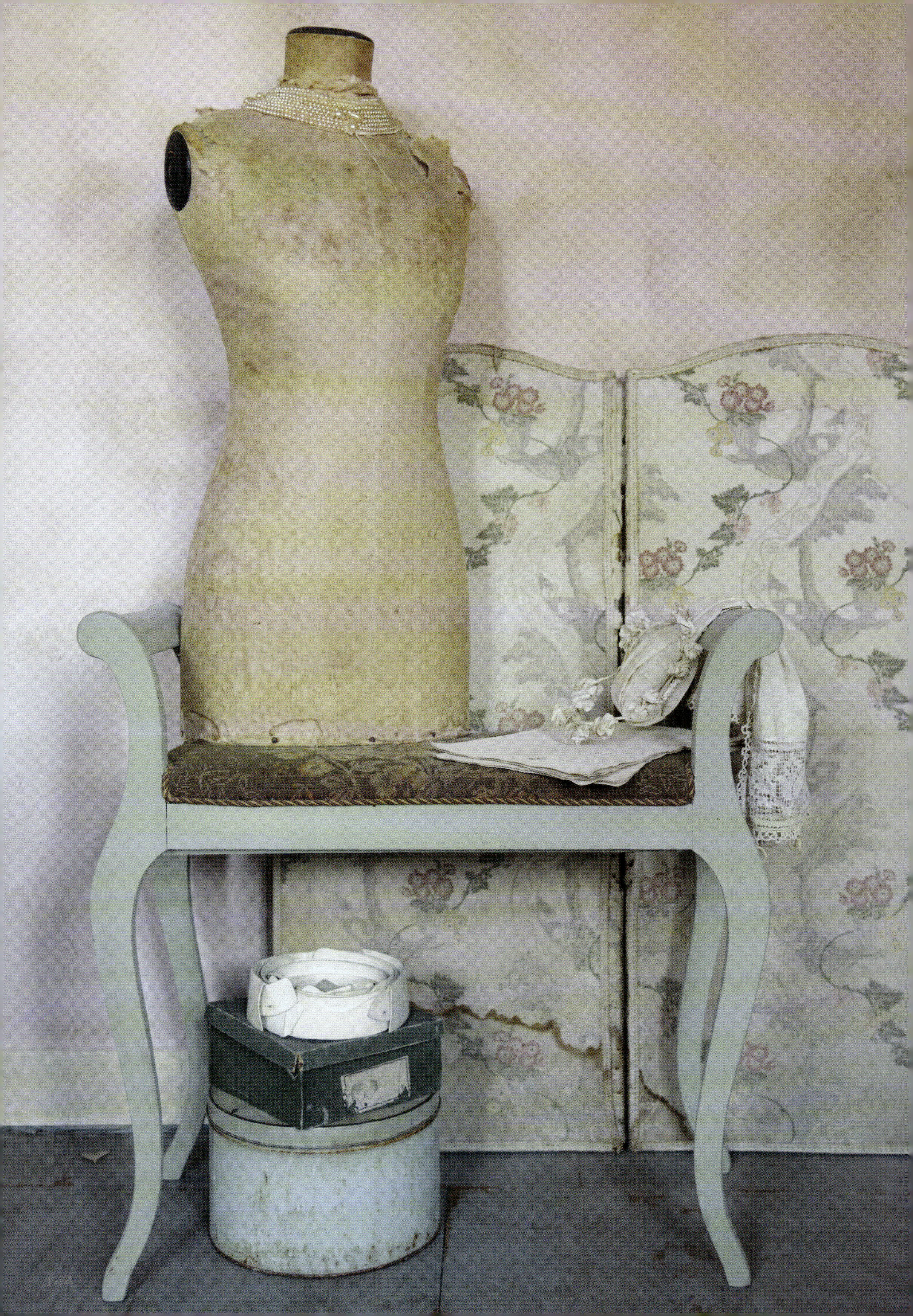

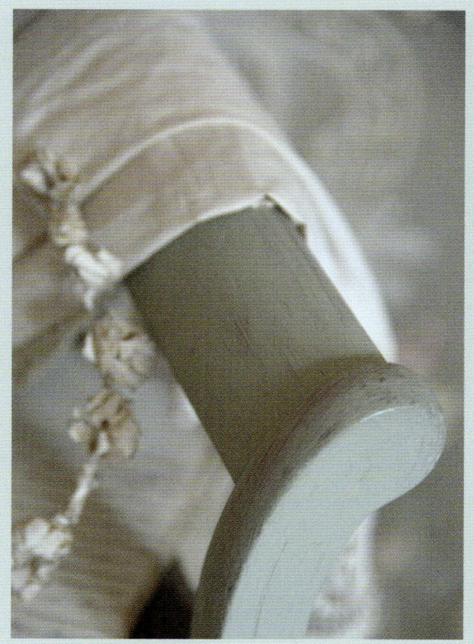

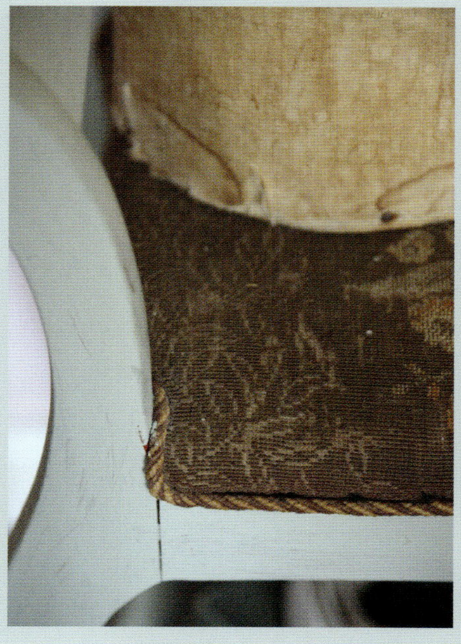

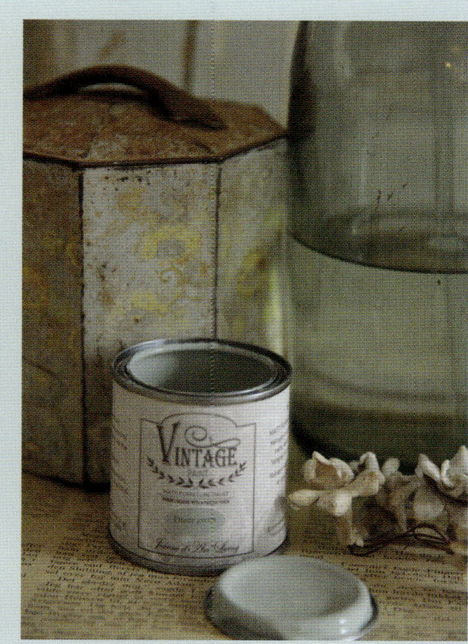

KLAVIERBANK UND WAND

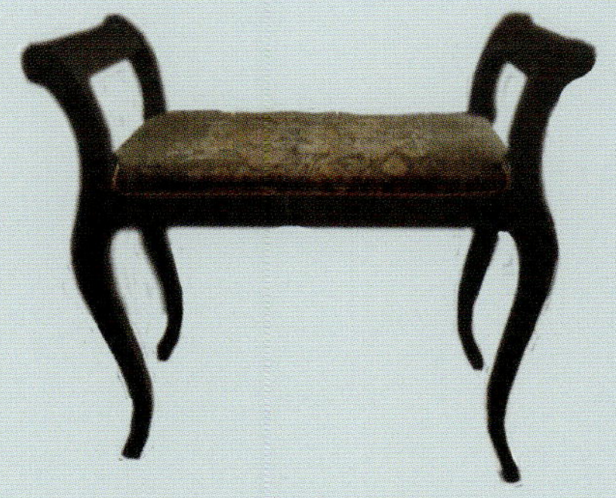

Diese alte Klavierbank gefiel uns unter anderem wegen ihres schönen Stoffbezugs. Um ihr noch etwas mehr Charakter zu verleihen, verwendeten wir „Dusty green" und patinierten mit Antikwachs im Farbton „Brown" nach. Die dahinter liegende Wand strichen wir mit „Faded rose" und verwendeten die Antikwachse „Light brown" und „Clear" zum nachpatinieren. Die Wachse trugen wir mit einem großen, weichen Pinsel auf, den wir wechselweise in das klare und in das braune Antikwachs tunkten. Die Patinierung entsteht auf diese Weise praktisch von selbst. Die Wandfarbe gehört eigentlich nicht zum Thema dieses Kapitels, allerdings wollten wir gerne zeigen, auf welch elegante Weise hier das Thema des alten Paravents aufgegriffen wurde. Dieser vereint sowohl das Rosa als auch das Grün in seinem Blumenmotiv und bindet so das farbliche Konzept dieses Raums elegant zusammen. Farben, die man sonst vermutlich nie im Leben miteinander kombiniert hätte, bilden hier ein äußerst schönes Gespann.

Dusty green

Brown wax

Faded rose

Light brown wax

Clear wax

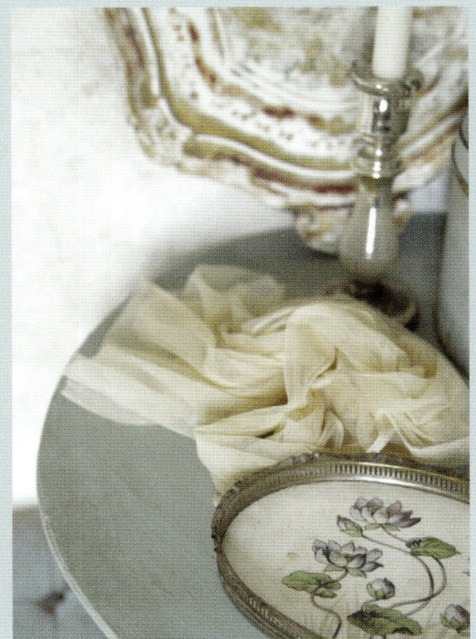
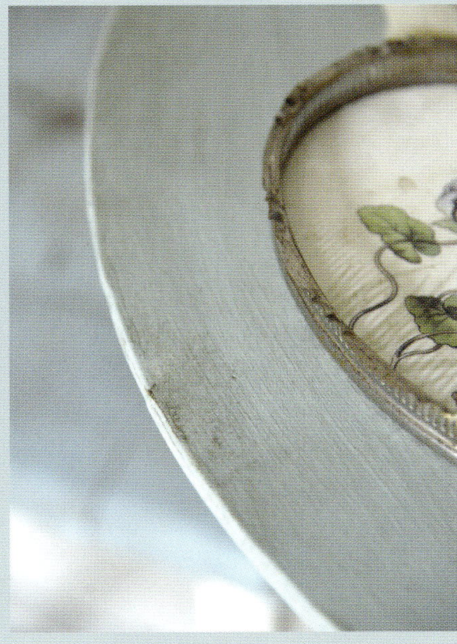
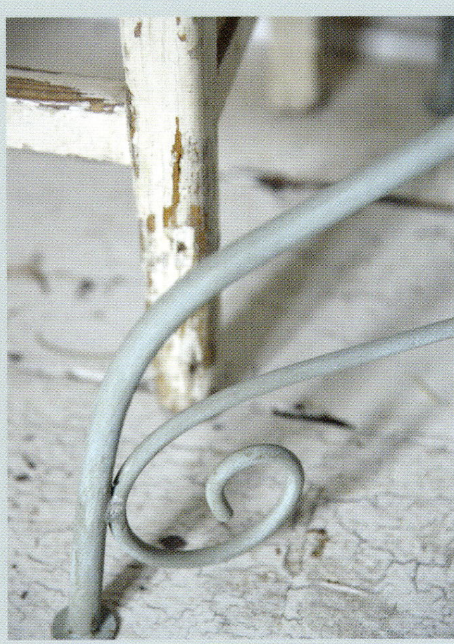

METALLTISCH

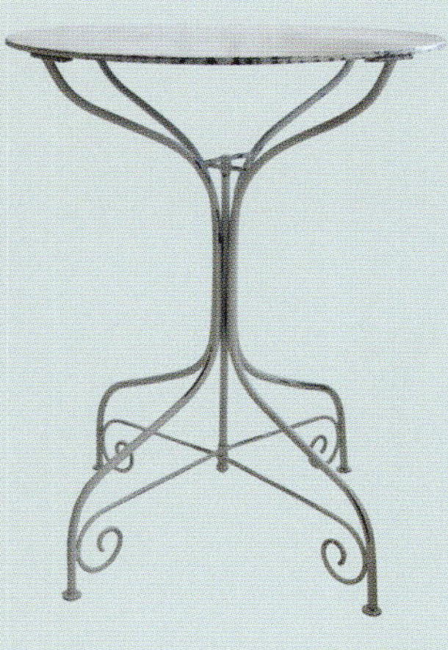

Es erstaunt uns immer wieder, wie gut die Farbe auf verschiedensten Untergründen haftet. Gerade bei Metalluntergründen waren wir seit jeher gewohnt, dass man mit Spezialfarben arbeiten musste. Diese hatten meist den Nachteil, dass sie eine Menge Chemie enthielten. All das gehört nun aber der Vergangenheit an, da sich Vintage Paint auf Metall sehr gut verarbeiten lässt und dauerhaft hält – ganz egal, ob es sich um Möbel für Drinnen oder für Draußen handelt. Hier haben wir einen Metalltisch mit „Dusty green" gestrichen und mit Antikwachs im Farbton „Brown" nachbehandelt. Das Wachs trugen wir mit einem Baumwolltuch auf, da wir nur einen ganz minimalen Patinaeffekt erzielen wollten. Unser Ziel war es, dass der Tisch zum alten Hocker mit seiner grünen Sitzfläche passen sollte. Wir finden, dass das recht gut gelungen ist. Wenn Sie eine Farbe benötigen, die genau zu einer Farbe eines anderen Möbelstücks passen soll, können Sie gezwungen sein, diese Farbe selbst anzumischen. Wie man hierbei am besten vorgeht, erfahren Sie im Einleitungskapitel dieses Buches.

Dusty green

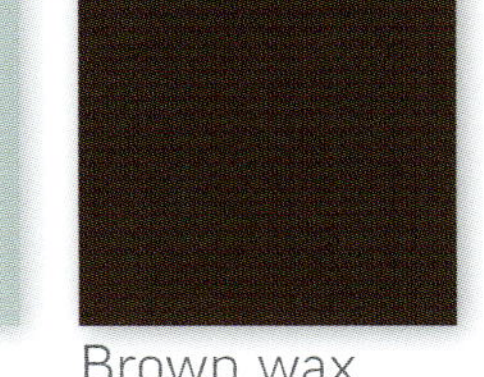
Brown wax

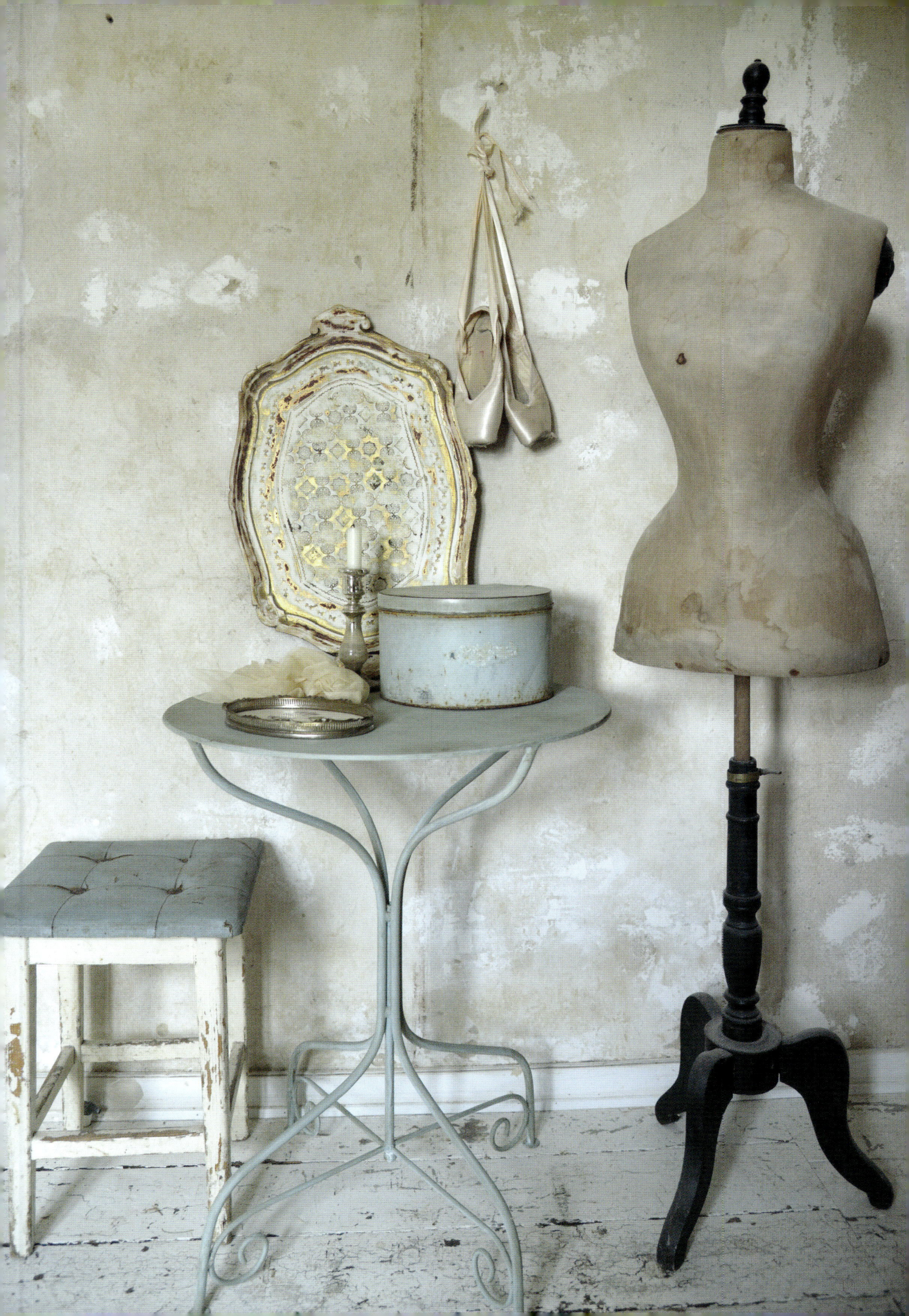

KAPITEL 11

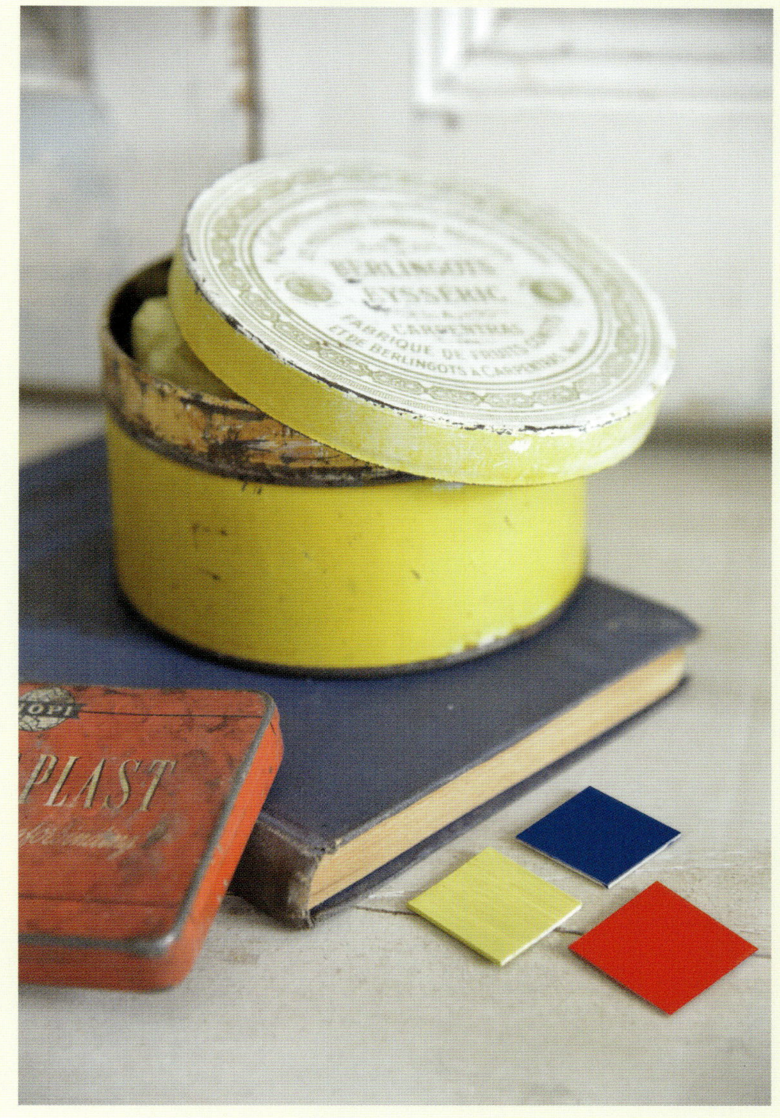

WARM BLUE, WARM RED UND WARM YELLOW

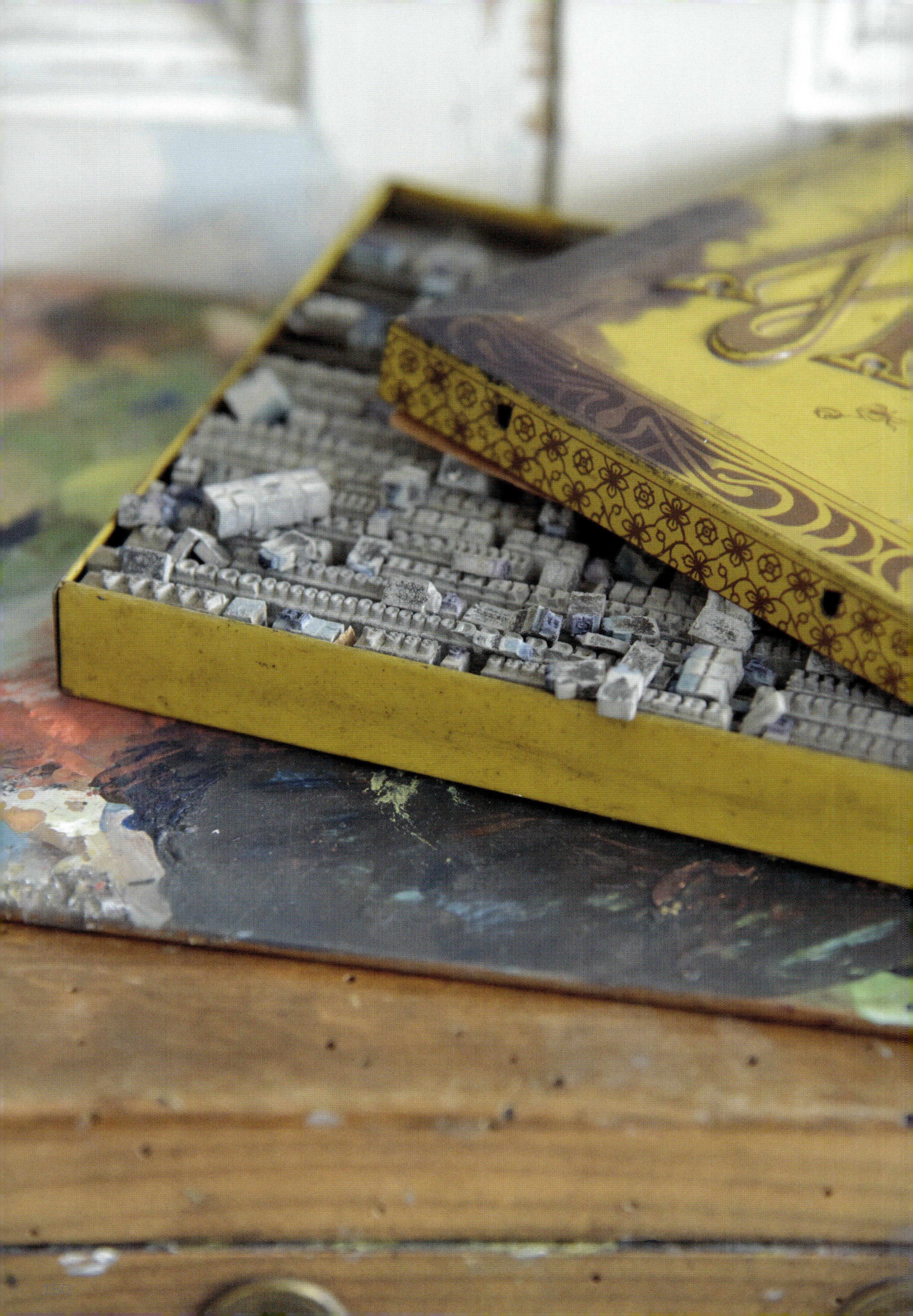

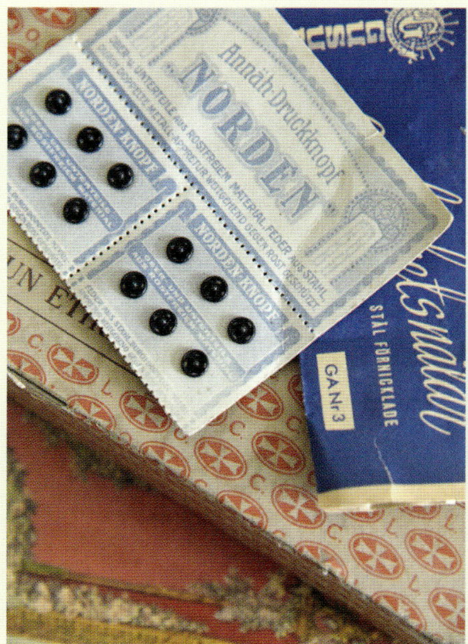

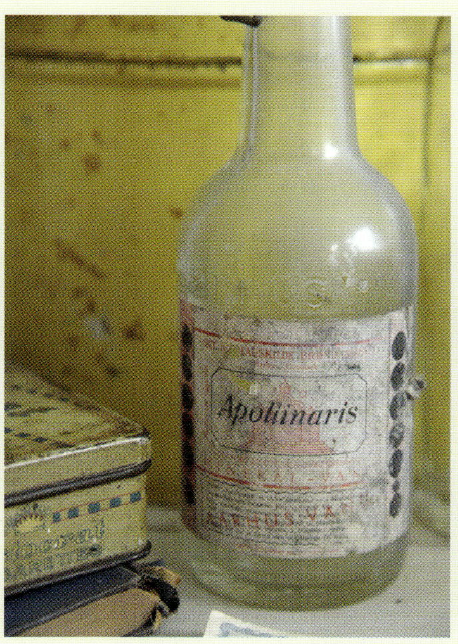

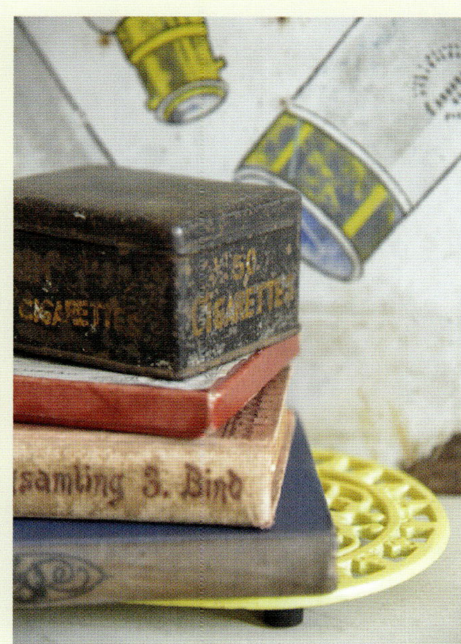

WARM BLUE, WARM RED UND WARM YELLOW

Die Basisfarben waren nicht Bestandteil unseres ursprünglichen Sortiments. Wir bemerkten allerdings schnell, dass diese Farben eine wichtige Rolle beim Mischen eigener Farbnuancen spielen. Eine Reihe entsprechender Anfragen unserer Vertriebspartner und Kunden bekräftigten uns in der Erkenntnis, dass diese Farben dringend benötigt wurden. Unter anderem gibt es eine Reihe an Blautönen, die wir ganz besonders mögen und die sich nun dank der blauen Basisfarbe problemlos zusammenstellen lassen. Auch das Rot ist in dem einen oder anderen Zusammenhang äußerst nützlich. Wie bekannt ist, sind wir ja keine besonders großen Freunde starker Farben, allerdings merken wir selbst, dass sich rote Nuancen immer häufiger in unsere Einrichtungsideen einschleichen. Mittlerweile geschieht es sogar, dass wir die Basisfarben – fast so wie sie sind – verwenden. Wir schreiben bewusst „fast", da wir nach wie vor der Meinung sind, dass diese Farben letztlich doch etwas zu stark sind, um für unseren Stil in Betracht zu kommen. Eine Nachbehandlung mit einem tönenden Antikwachs kann hier aber bereits eine Menge bewirken. Und dann sieht das mit den Basisfarben schon ganz anders aus! Sie können am Anfang dieses Buches einiges mehr über den Farbkreis und das Mischen von Farben erfahren. Inspiration für mögliche Anwendungsgebiete bekommen Sie hier in diesem Kapitel.

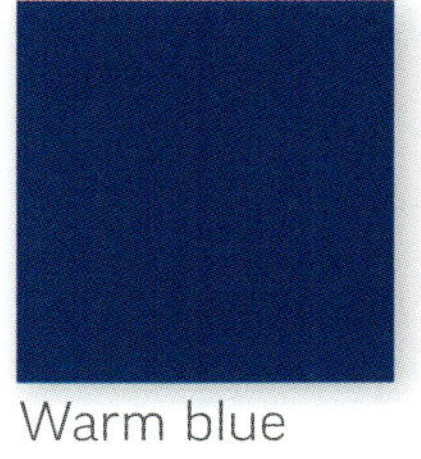
Warm blue

Warm red

Warm yellow

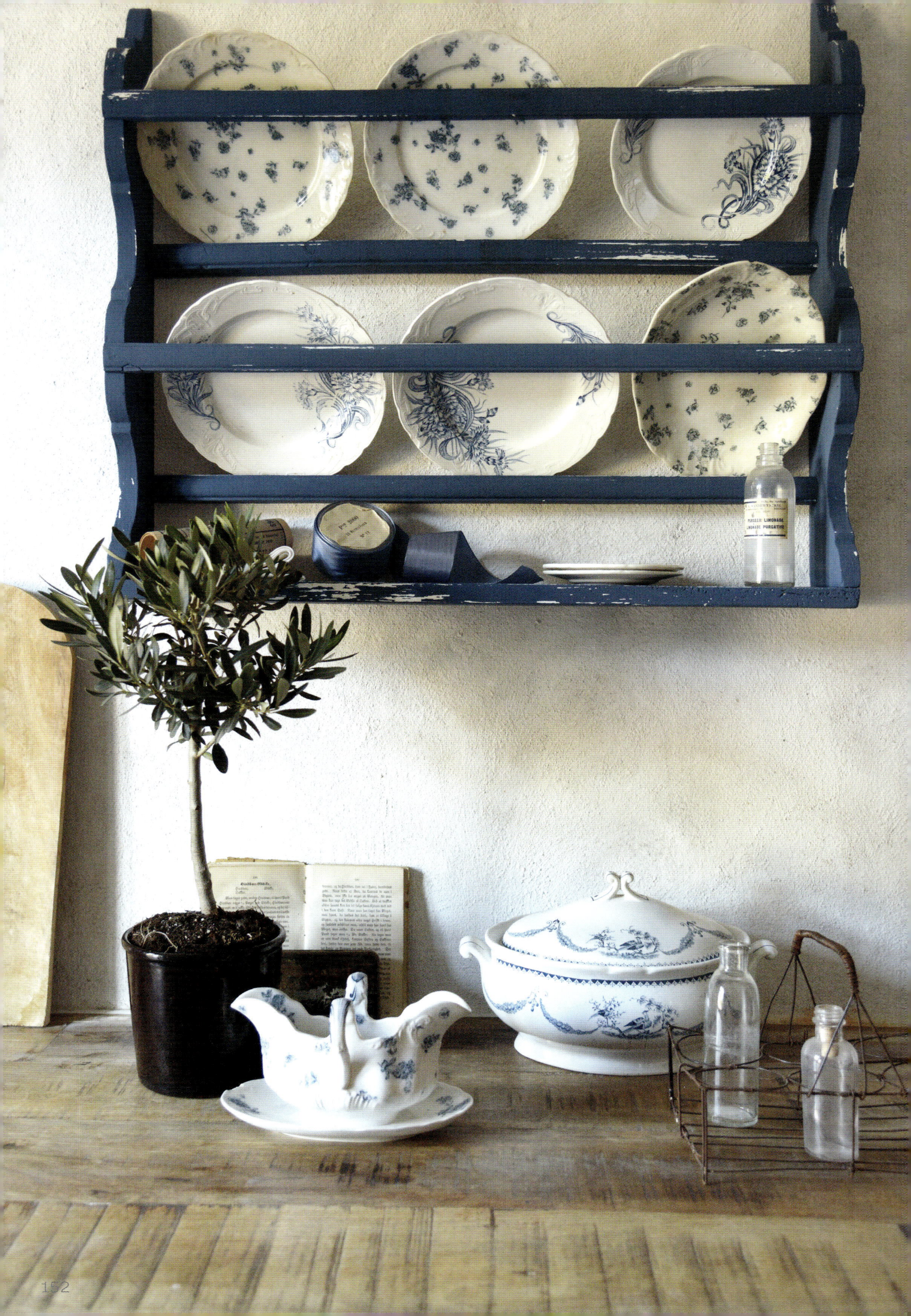

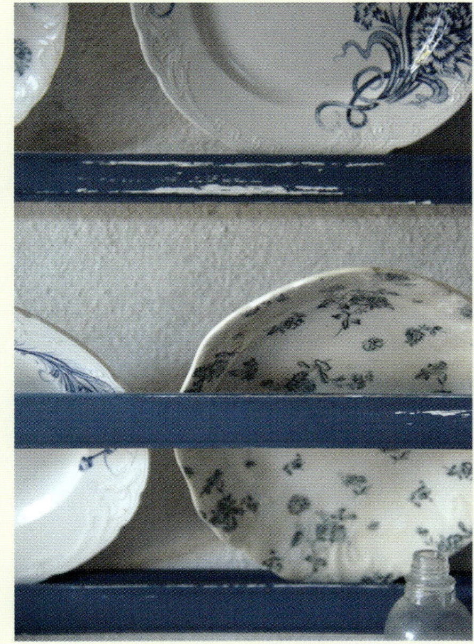

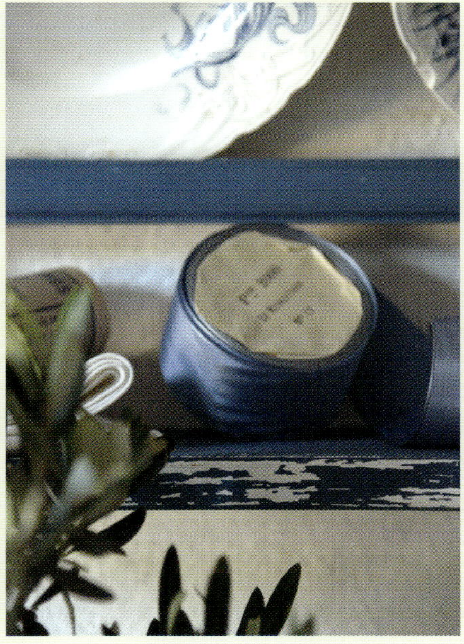

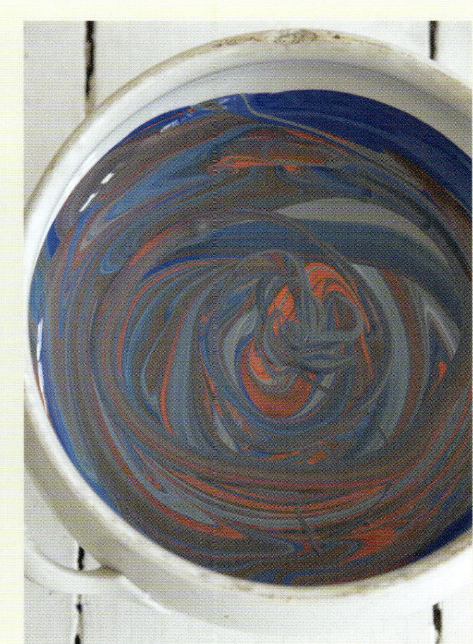

BLAUES TELLERREGAL

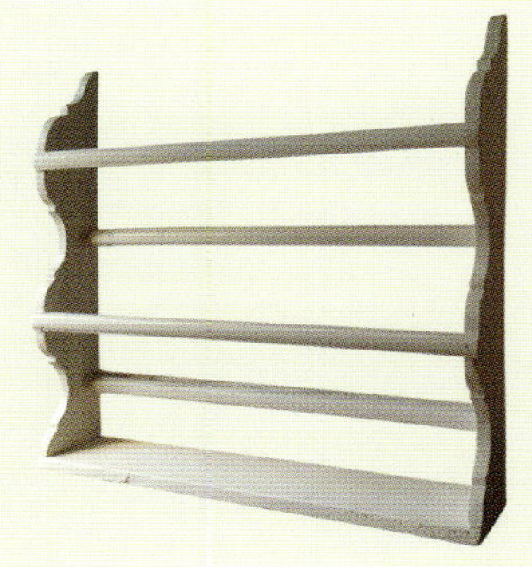

Hier ging es uns um ein richtiges Küchen-Blau – ungefähr, wie wir es von altem Porzellan kennen, nur ein wenig gedeckter. Wie sich herausstellte, war das gar nicht so einfach. Nach ein paar Mischversuchen waren wir jedoch am Ziel: Die Hauptfarbe ist „Warm blue" (20 Teile), die wir mit 10 Teilen „Petrol blue" und 10 Teilen „Chocolate brown" gemischt haben. Mit 3 Teilen „Warm red" und 3 Teilen „Antique cream" gelangten wir schließlich zu genau dem Farbton, nach dem wir gestrebt hatten. Mit dieser Mischung strichen wir das Regal zweimal, ließen es jeweils gut trocknen und schliffen schließlich die Kanten leicht mit etwas Sandpapier an – nur dort, wo ein Regal wie dieses üblicherweise Abnutzungserscheinungen aufweist. Zum Schluss trugen wir Antikwachs „Clear" mit einem Pinsel auf, um die Oberfläche etwas belastungsfähiger zu machen.

Warm blue

Warm red

Petrol blue

Chocolate brown

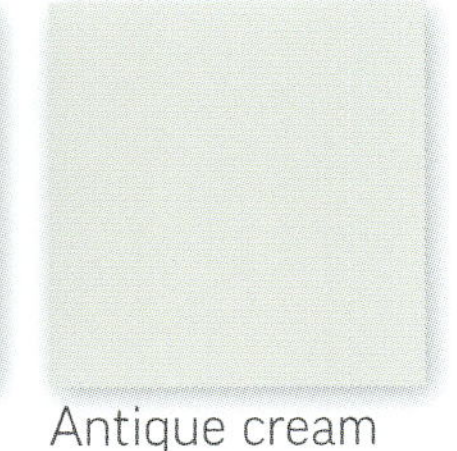
Antique cream

Clear wax

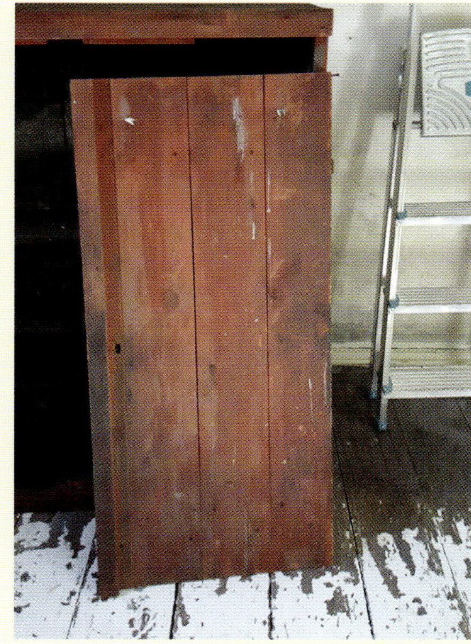

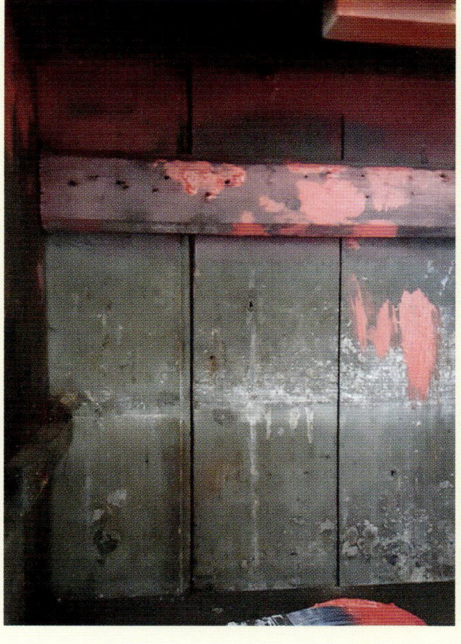

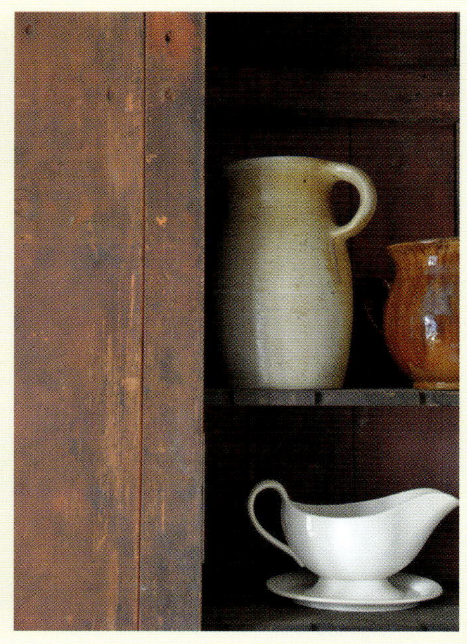

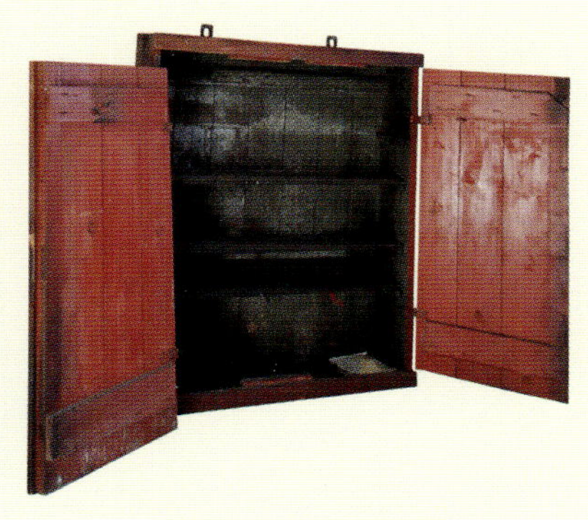

ROTER SCHRANK

Dieser rote Schrank ist eine ganz eigene Geschichte für sich. Wir entdeckten ihn vor langer Zeit auf einer Müllhalde. Seither stand er für Ewigkeiten im Keller. Der Anblick war erbärmlich – nicht nur wegen der einen Tür, die sich gelöst hatte. Nichtsdestotrotz hatte der Schrank auf der Vorderseite eine ganz besondere rote Farbe, die es uns irgendwie angetan hatte. Unser Ziel war es, diese rote Farbe auch auf die anderen Schrankoberflächen zu bekommen. Drinnen war der Schrank eher braun, während uns das Rot auf der Innenseite der Türen beinahe schon wieder etwas zu grell war. Die Außenseiten sahen hingegen ganz vorzüglich aus. Also versuchten wir, diesen Ton mit Hilfe von „Warm red" und „Chocolate brown" sowie unseren Antikwachsen „Brown", „Clear" und „Light brown" zu treffen. Unser Ziel war es, dass der Schrank von allen Seiten aus gleichartig wirken sollte. Mit einem Künstlerpinsel sowie einem kleinen Pinsel aus unserer eigenen Kollektion begannen wir, kleine rote Flecken und Striche aufzutragen. Wir ließen diese etwas antrocknen und nahmen dann einen trockenen Pinsel zur Hand, um die Farbe etwas auslaufen zu lassen – fast ein wenig wie beim Make-Up. An einigen Stellen tupften wir noch etwas braune Farbe auf die roten Türen. Im Inneren arbeiteten wir hingegen überwiegend mit der roten Farbe. Zwischendurch ließen wir die Farbe immer mal wieder gut durchtrocknen, bevor wir den Vorgang wiederholten. Diese Vorgehensweise erforderte viel Geduld, lohnt sich aber voll uns ganz. Zum Schluss kam das Antikwachs ins Spiel, und auch hier trugen wir es unterschiedlich stark auf. Der Tisch wurde mit einer 1:1-Mischung aus „French beige" und „Warm latte" gestrichen. Hier behandelten wir die Oberfläche mit den Antikwachsen „Light brown" und „Clear" nach.

Warm red

Chocolate brown

French beige

Warm latte

Brown wax

Light brown wax

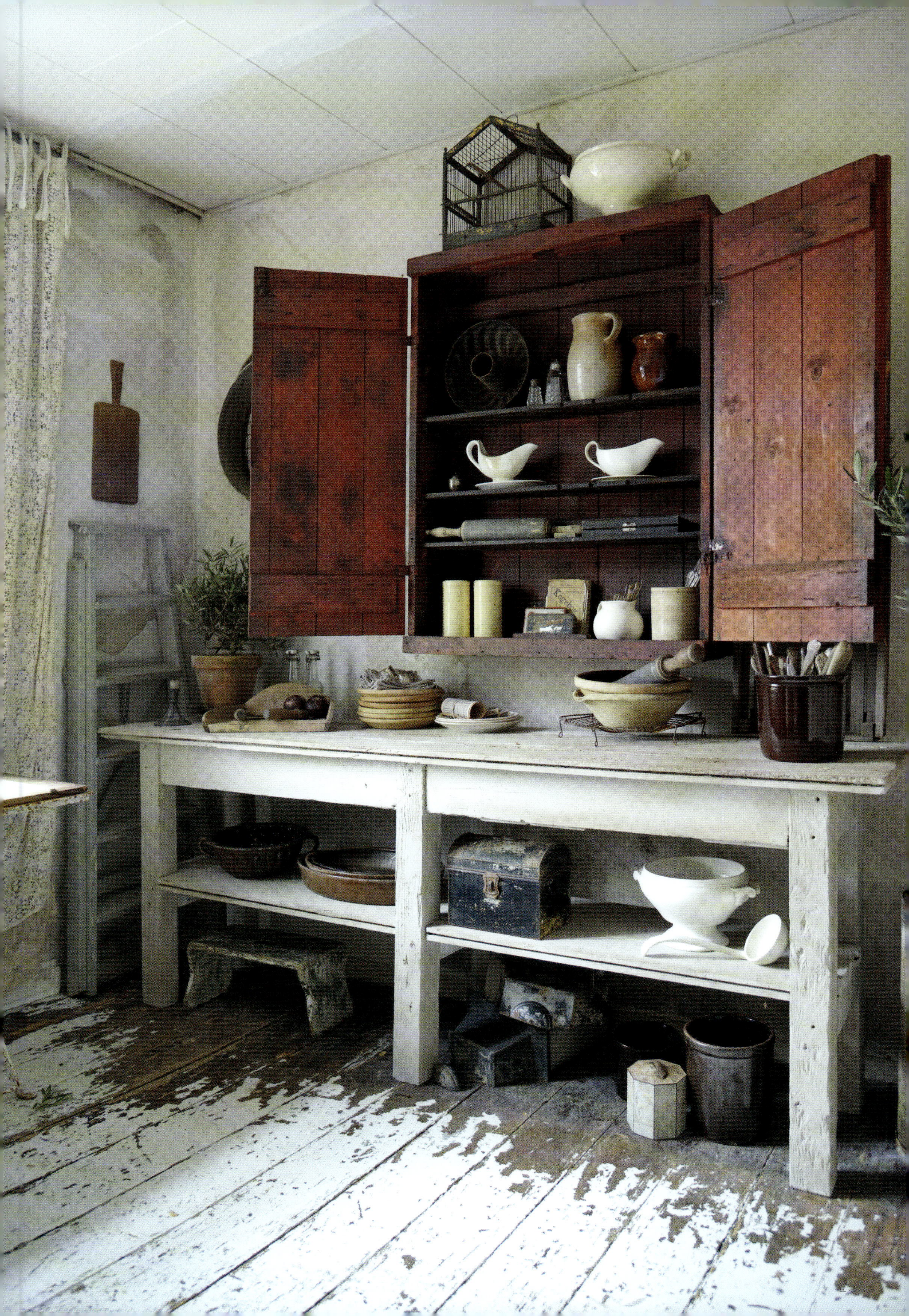

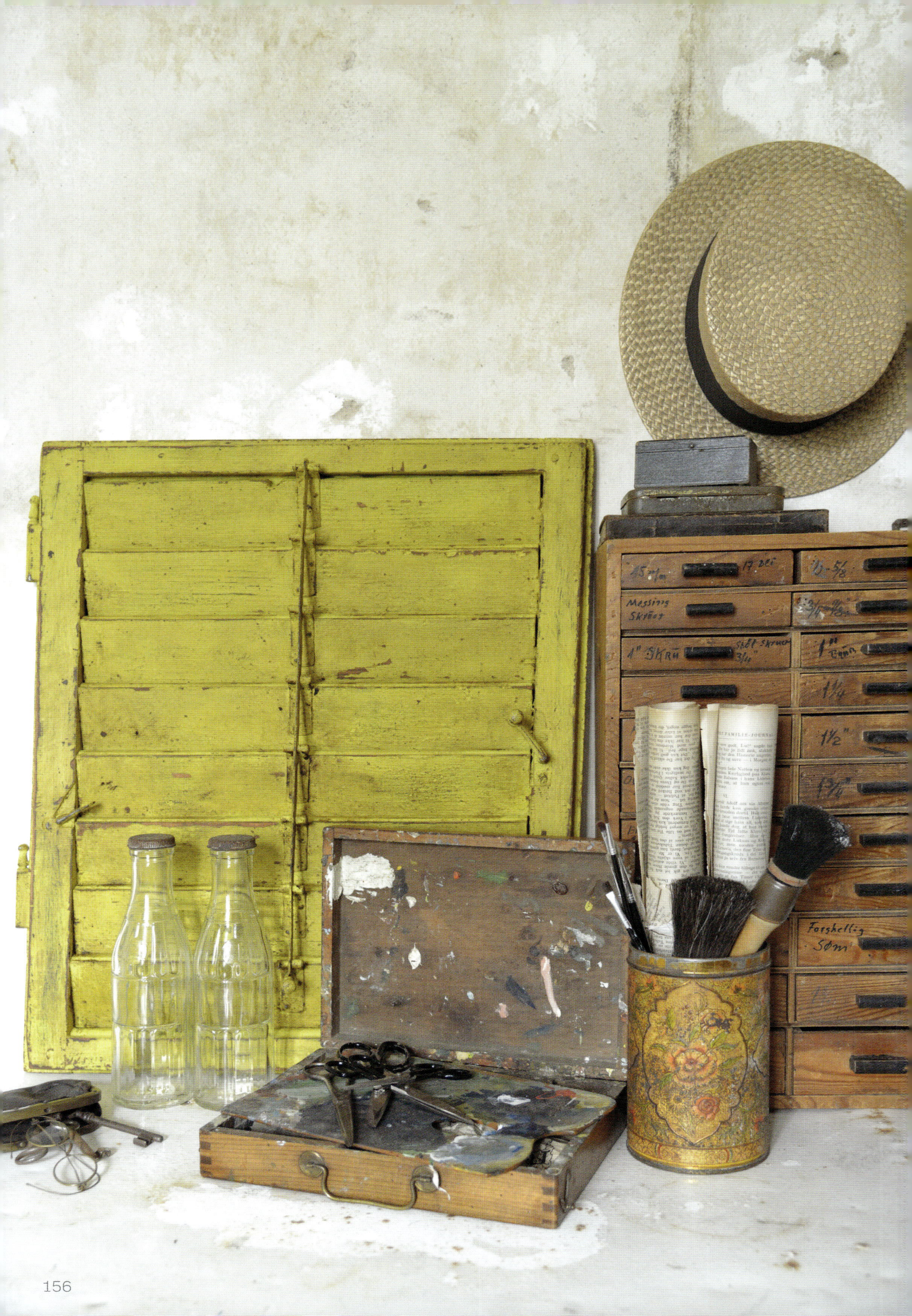
Messing
1¼
1½"
Forskellig
Søm

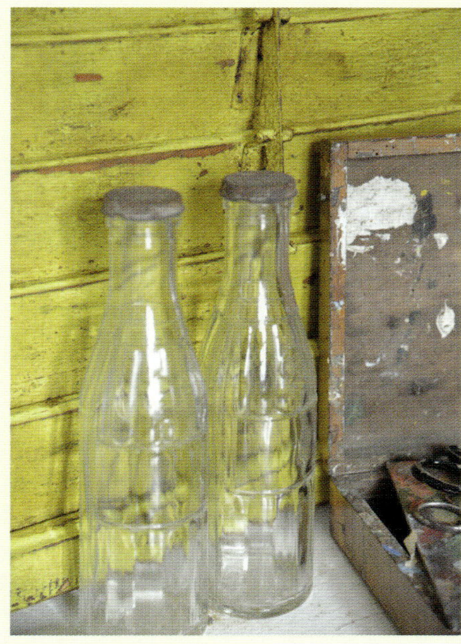

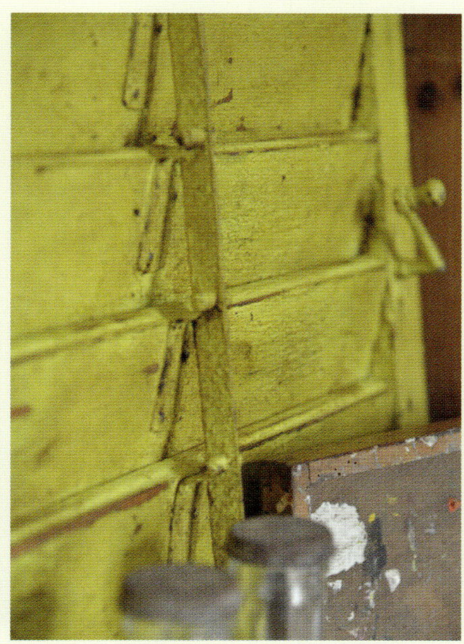

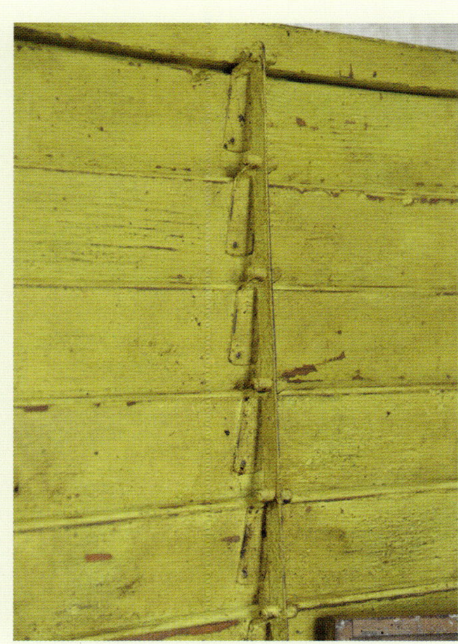

GELBE FENSTERLÄDEN

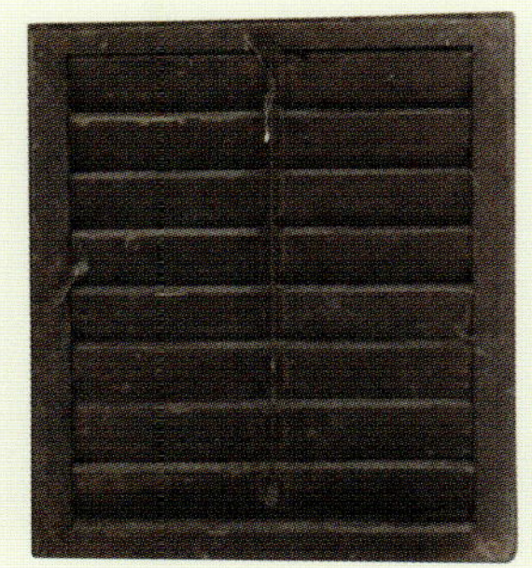

Gelb gehört gegenwärtig wirklich nicht zu unseren Lieblingsfarben. Es ist aber klar, dass wir dennoch auch für sie ein Anwendungsbeispiel zeigen wollen, zumal wir wissen, dass es viele Menschen gibt, die ein kräftiges Sonnenblumengelb sehr mögen und dieses Beispiel bestimmt zu schätzen wissen. Auch hier gilt die Grundregel der anderen Basisfarben, dass etwas braunes Antikwachs Wunder bewirkt. Wir strichen diese Fensterläden mit „Warm yellow", schliffen mit etwas Sandpapier nach und brachten abschließend die Antikwachse „Brown" und „Light brown" ins Spiel. Bei diesem Beispiel ist es deutlicher denn je, wie sehr diese getönten Wachse dazu beitragen, einem Einrichtungsgegenstand einen ganz besonderen Charakter zu verleihen. Das Möbelstück sieht schlagartig wie verwandelt aus: Es wirkt älter und authentischer. Wir gingen hiernach auf die Suche nach Accessoires, die farblich gut zu diesen Fensterläden passen könnten, und fanden diese gelb gemusterte Dose besonders hübsch.

Warm yellow

Brown wax

Light brown wax

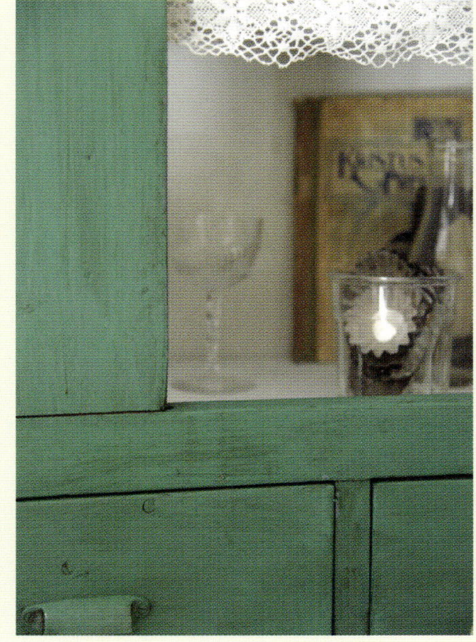

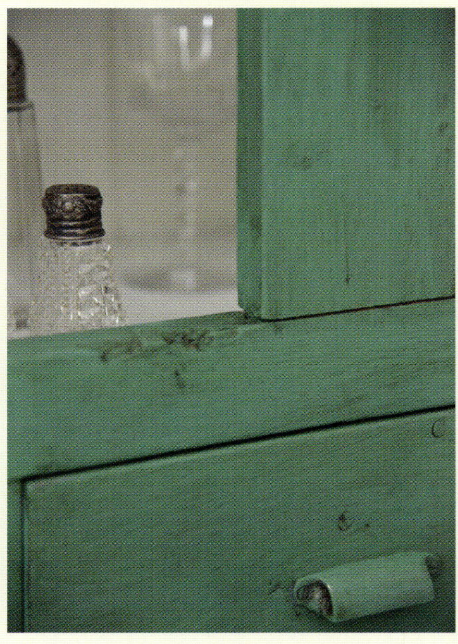

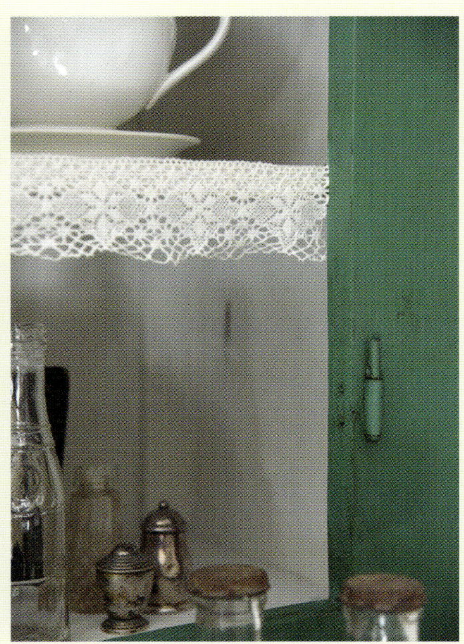

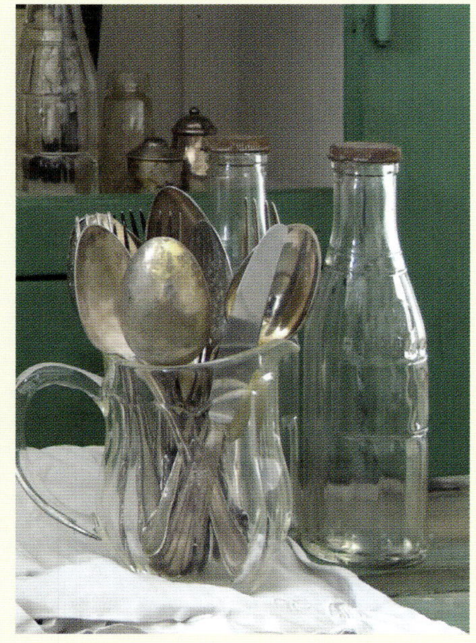

GRASGRÜNER SCHRANK

Eine der Farben, die es nicht annähernd in unserem Sortiment gibt, ist ein richtig sattes Grasgrün. Diese Farbe lässt sich allerdings mit Leichtigkeit aus unseren Basisfarben mischen. Aus der Farbenlehre wissen wir, dass wir aus der Mischung von Blau mit Gelb Grün erhalten. Das Mischverhältnis ist allerdings entscheidend dafür, welches Grün wir erhalten. Für den Schrank mischten wir 8 Teile „Warm yellow" mit 1 Teil „Warm blue". Auf der Innenseite des Schranks verwendeten wir ein neutrales „Antique cream". Beim Grün orientierten wir uns an der Dekorfarbe eines Porzellanservices, zu dem der Schrank passen sollte. Ursprünglich war der Schrank abgebeizt, und die Türen hatten Glaseinsätze. Wir entschieden uns jedoch dafür, die Türen komplett zu entfernen, damit das schöne Geschirr auch zu sehen ist. An den Vorderseiten der Regalböden befestigten wir etwas cremefarbene Spitze, so wie man es in alten Zeiten machte. Das gibt dem Schrank einen extra Pfiff. Zudem behandelten wir den Schrank mit Antikwachs im Farbton „Light brown" nach, um ihn etwas älter wirken zu lassen und die Farbe etwas gedeckter zu machen. Alternativ hätte man ein etwas gedeckteres Grün erhalten, wenn man der Mischung etwas „French beige" beigegeben hätte. Diesen Trick verwenden wir gerne, wenn uns eine Farbe zu dunkel oder zu grell ist.

Warm yellow

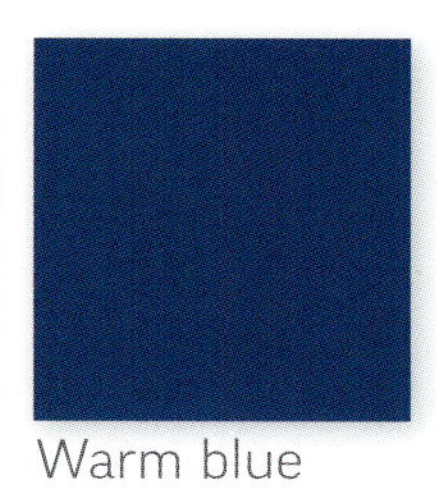
Warm blue

Antique cream

Light brown wax

French beige

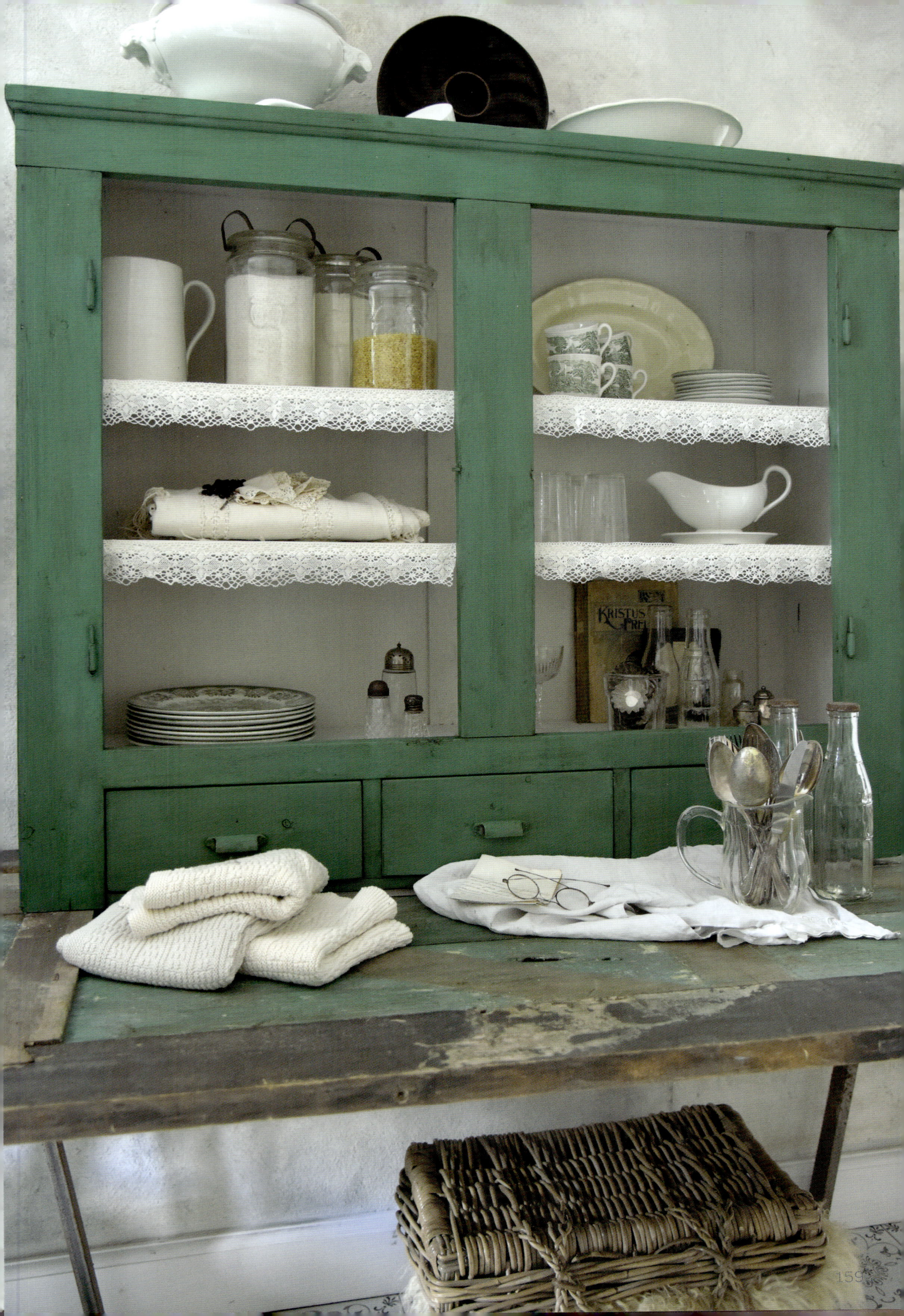